Gutachten D
zum 64. Deutschen Juristentag
Berlin 2002

VERHANDLUNGEN
DES VIERUNDSECHZIGSTEN
DEUTSCHEN JURISTENTAGES

Berlin 2002

Herausgegeben von der

STÄNDIGEN DEPUTATION

DES DEUTSCHEN JURISTENTAGES

BAND I

Gutachten

Teil D

VERLAG C.H. BECK MÜNCHEN 2002

Ist das deutsche Jugendstrafrecht noch zeitgemäß?

GUTACHTEN D

für den 64. Deutschen Juristentag

Erstattet von

PROFESSOR DR. HANS-JÖRG ALBRECHT

Direktor am Max-Planck-Institut für Ausländisches
und Internationales Strafrecht, Freiburg

VERLAG C. H. BECK MÜNCHEN 2002

ISBN 3406493475

Wilhelmstraße 9, 80801 München
Druck: Druckerei C. H. Beck Nördlingen
(Adresse wie Verlag)

Gedruckt auf säurefreiem, alterungsbeständigem Papier
(hergestellt aus chlorfrei gebleichtem Zellstoff)

Inhaltsverzeichnis

1. Einleitung

1.1 Einführende Bemerkungen

Im Jahr 1904 hat sich der 27. Deutsche Juristentag in Innsbruck zum ersten Mal unter dem Titel „Die strafrechtliche Behandlung der jugendlichen Personen“ und unter dem Eindruck der Jugendgerichtsbewegung mit einem jugendstrafrechtlichen Thema befasst.[1] Fast 100 Jahre später beschäftigt sich der Deutsche Juristentag nun ein zweites Mal mit einer jugendstrafrechtlichen Fragestellung.[2] Diesmal steht die Veranstaltung allerdings unter dem Titel: „Ist das Jugendstrafrecht noch zeitgemäß?“ Das Jugendstrafrecht ist also mit einem Fragezeichen versehen. Das war im Jahre 1904 nicht der Fall. Im Jahre 1904 war nämlich recht klar und im Prinzip auch nicht umstritten, dass nur ein Sonderstrafrecht für jugendliche Straftäter, oder eine Sonderbehandlung, die auf Erziehung anlässlich von als Symptomen verstandenen Jugendverfehlungen abzielt, angemessen sein könne. Insoweit haben sich zwischenzeitlich sichtlich Veränderungen ergeben, die nach Revisionen im Sinne einer Modernisierung und Anpassung des Jugendstrafrechts an neue Anforderungen und vor allem an neue Sichtweisen der Jugendkriminalität verlangen. Diese Veränderungen lassen sich unschwer in den kontrovers geführten Debatten der neunziger Jahre über die angemessene Reaktion auf steigende Kinder- und Jugendkriminalität, Gewalt und hier insbesondere Hassgewalt, persistierende kindliche und jugendliche Straftäter und die Rolle, die das (Jugend-)Strafrecht hierbei zu spielen hat, ausmachen.

Zum Zustand, zu den Entwicklungsrichtungen und zu dem zukünftigen Potential des Jugendstrafrechts lassen sich freilich – erwartungsgemäß – unterschiedliche Stimmen hören.[3] Einerseits wird kritisch moniert, dass sich die Jugendstrafrechtspraxis und das Jugendrecht insgesamt von den (im 19. Jahrhundert gelegten) Aus-

---

[1] Schriftführer-Amt der ständigen Deputation (Hrsg), Verhandlungen des Siebenundzwanzigsten Deutschen Juristentages 1904, mit den Gutachten von Groß sowie Klein zum Thema „Die strafrechtliche Behandlung der jugendlichen Personen“.

[2] Zu Geschichte des Jugendstrafrechts wie der sie tragenden Kräfte vgl insbesondere Fritsch, Die jugendstrafrechtliche Reformbewegung (1871–1923) 1999.

[3] Zusammenfassend Scholz, DVJJ-J 1998, S 3 ff.

gangspunkten immer mehr entfernten,[4] demnach eine Rückkehr zu hergebrachten Prinzipien erzieherischen Vorgehens gegen straffällige Jugendliche eingefordert. Andererseits sind Stimmen zu vernehmen, die den Bedarf an einer rechtsstaatlichen und liberalen, insbesondere aber die Eingriffsintensität begrenzenden Weiterentwicklung des Jugendstrafrechts betonen,[5] und somit offensichtlich weitere Distanz zu den Ausgangspunkten und historischen Grundlagen des Jugendgerichtsgesetzes herstellen wollen. Auf rechtsstaatliche Fortentwicklung berufen sich jedoch auch solche Vorschläge, die mit dem Anspruch antreten, das Jugendstrafverfahren schneller und im Hinblick auf repressive und präventive Eigenschaften sowie vor allem den Opferschutz effektiver zu machen.[6] Einigkeit besteht sicher darin, dass nur das präventiv Nützliche gewollt ist und dass Strafrecht und Freiheitsentziehung selbstverständlich Ausdruck einer ultima ratio staatlichen Handelns seien, bewährte Aussagen also, die nicht einmal mehr im Ansatz verdecken können, dass darunter völlig unterschiedliche Praktiken nicht nur verstanden, sondern auch implementiert werden können.[7]

Bereits nach Verabschiedung des 1. Gesetzes zur Änderung des Jugendgerichtsgesetzes von 1990[8] hat der Bundestag eine Entschließung angenommen, in der es heißt, dass möglichst schnell ein 2. Änderungsgesetz vorgelegt werden solle, das den weiteren Reformbedarf im durch das 1. Änderungsgesetz nur partiell reformierten Jugendgerichtsgesetz behandeln müsse.[9] Dass gegenwärtig ein nachdrückliches Interesse an der Reform des Jugendstrafrechts vorhanden ist, zeigt sich nicht zuletzt daran, dass nicht nur der Deutsche Juristentag 2002 das Thema „Jugendstrafrechtsreform" aufgreift. Die Deutsche Vereinigung für Jugendgerichte und Jugendgerichtshilfen hat in einer langen Reihe von Jugendgerichtstagen, und verstärkt in den neunziger Jahren, Reformfragestellungen bearbeitet, nicht zuletzt anlässlich des Regensburger Jugendgerichtstag 1992, der

---

[4] Miehe in Dölling (Hrsg), Das Jugendstrafrecht an der Wende zum 21. Jahrhundert. Symposium zum 80. Geburtstag von Dr. Rudolf Brunner 2001, S 141 ff.

[5] Frommel/Maelicke, NK 1994, S 28

[6] Vgl nur Beschluss des Bundesrates v 10. 11. 2000 BR-Dr 549/00.

[7] Vgl Kastner/Sessar (Hrsg), Strategien gegen die anwachsende Jugendkriminalität und ihre gesellschaftlichen Ursachen. Berichte der Enquete Kommission der Hamburger Bürgerschaft. Eine Dokumentation. 2001.

[8] Trenczek/Wimmer, DVJJ-Journal 1990, Nr 133, S 26 ff; Trenczek, DVJJ-Journal 1990, Nr 132, S 58 ff; Böttcher/Weber, NStZ 1990, S 561 sowie NStZ 1991, S 7; Viehmann, FuR 1991, S 256.

[9] Protokoll Deutscher Bundestag, 11/216. Sitzung, S 17091; aufgegriffen im Grußwort der Justizministerin des Landes Sachsen-Anhalt zum 25. Deutschen Jugendgerichtstag DVJJ-Journal 2001, S 333; zusammenfassend Trenczek, DVJJ-Journal 1990, Nr 132, S 58 f.

auch die Erörterung eines neues Jugendgerichtsgesetzes zum Inhalt der Arbeitssitzungen hatte.[10] Darüber hinaus widmete sich der Jugendgerichtstag des Jahres 2001 wiederum dem Thema der Jugendgerichtsgesetzreform[11] und die Deutsche Vereinigung für Jugendgerichte und Jugendgerichtshilfen hat eine Reformkommission eingesetzt, die nunmehr einen Zwischenbericht mit Vorschlägen zur Reform des Jugendgerichtsgesetzes vorgelegt hat.[12] Ferner veröffentlichte der Bundesvorstand der Arbeiterwohlfahrt im November 1993 ein Diskussionspapier zur Reform des Jugendhilfe- und des Jugendkriminalrechts.[13] Schließlich hat sich auch die Strafrechtslehrertagung des Jahres 2001 mit dem Thema Reform des Jugendgerichtsgesetzes bzw des Jugendstrafrechts beschäftigt.[14]

1.2 Bedürfnisse und Erwartungen an Reformen des Jugendgerichtsgesetzes

Übereinstimmung ist somit sicher darin festzustellen, dass Reformen oder wenigstens Veränderungen nötig sind. Freilich sind dann wieder die Erwartungen an Reformen und deren Zeitpunkt unterschiedlich. Die Unterschiede in den Erwartungen betreffen einmal die Reichweite von Reformen, die für notwendig angesehen werden, zum anderen die Folgen der Reformen, die einerseits erwartet und andererseits befürchtet werden. So wird beispw gefordert, über die prozessualen und sanktionsrechtlichen Bestandteile hinaus auch das materielle Strafrecht in eine Reform des Jugendstrafrechts einzubeziehen, wobei vor allem an Entkriminalisierung und Vereinfachung der tatbestandlichen Grundlagen der Strafbarkeit gedacht wird.[15] Die Frage möglicherweise prekärer Folgen stellt sich offensichtlich ins-

---

[10] Vgl hierzu DVJJ-Journal 3/2001, 25. Deutscher Jugendgerichtstag. Sonderheft zur Geschichte der Jugendgerichtsbewegung; DVJJ (Hrsg), Jugend im sozialen Rechtsstaat. Für ein neues Jugendgerichtsgesetz. Dokumentation des 22. Deutschen Jugendgerichtstages vom 26. bis 30. September 1992 in Regenburg 1996.

[11] Vgl die Zusammenfassungen und Beratungsergebnisse in DVJJ-Journal 2001 Heft 4.

[12] Vgl Zwischenergebnisse der Zweiten Jugendstrafrechtsreformkommission der DVJJ Vorschläge für eine Reform des Jugendstrafrechts. November 2001, abgedruckt in DVJJ-Journal 2001, S 345–358.

[13] Frommel/Maelicke, NK 1994, S 28

[14] Walter, ZStW 2001, S 743 ff, abgedruckt auch in DVJJ-Journal 2001, S 358 ff.

[15] So insb. Ostendorf in Hubert/Hochgesand (Hrsg), Entwicklungen im Bereich der Jugendstrafrechtspflege. 2. Bd Zur Zukunft des Jugendstrafrechts. Jugendstrafvollzug. Geschlossene Unterbringung. 1999, S 19 ff, S 32; ablehnend die Beratungsergebnisse des 22. Deutschen Jugendgerichtstages DVJJ-J 1992, S 271 ff, S 281.

besondere im Hinblick auf das wohl strittigste Thema, nämlich hinsichtlich der Frage, wie es ein neues Jugendstrafrecht mit dem Erziehungsprinzip halten solle. Unsicherheit im Hinblick auf die in diesem Zusammenhang möglichen Folgen von Reformen besteht insoweit, als bezweifelt wird, ob bei grundsätzlicher Reform mehr zu erwarten sei als ein „liberales Tatstrafrecht“,[16] also eine Miniaturausgabe des Erwachsenenstrafrechts, und ob man nicht ein vielleicht doch nicht ganz ausgeschöpftes Potential aufgebe, wenn auf die erzieherische Grundlegung und Zielsetzung verzichtet werde. Denn dem Jugendstrafrecht wird seit jeher Überlegenheit gegenüber dem Erwachsenenstrafrecht attestiert,[17] weil es nämlich das präventiv „bessere“ Recht sei.[18] Insoweit werden die Vielfalt des möglichen Reagierens und die Flexibilität der Prozeduren sowie ein hoher Grad an Individualisierbarkeit betont.[19] Gerade in diesem Zusammenhang werden auch immer wieder die Pionierfunktion und Vorreiterrolle des Jugendstrafrechts für allgemeine Reformen des Strafrechts hervorgehoben,[20] freilich auch „Trojanische Pferde“ beobachtet.[21] Woher der Optimismus allerdings rührt, lässt sich nicht einfach erschließen. Wenn hieraus freilich das zwingende Postulat gefolgert wird, die gesetzlichen Vorgaben für die Jugendgerichtsbarkeit seien derzeit nicht zu verändern,[22] dann steht hinter diesem Schluss eben die Befürchtung, Reformen könnten zu einer allgemeinen Verschärfung des Jugendstrafrechts führen, fallen sie in einen Zeitraum, in dem die öffentlichen Debatten durch eine polarisierende Thematisierung von Gewalt und durch Unsicherheitsgefühle geprägt sind. Zum anderen wird aber beklagt, dass das Jugendstrafrecht angesichts neuer Herausforderungen durch Gesellschaft, die Jugend, Jugendkriminalität und die so entstehenden Korrelate angemessene Antworten nicht mehr in der Lage sei zu geben.[23]

Betrachtet man die Entwicklung von Jugend, Kriminalität und Jugendstrafrechtspraxis aus einem empirischem Blickwinkel – der für

[16] Solte in Landesgruppe Baden-Württemberg in der DVJJ (Hrsg), Deeskalation – Über den angemessenen Umgang mit Jugenddelinquenz 1998, S 61 ff, S 69; Scholz, DVJJ-Journal 1995 Nr 150, S 290 ff.

[17] Vgl mit Nachweisen Ostendorf in Hubert/Hochgesand (Hrsg), (Fn 15), S 19 ff.

[18] Kerner/Sonnen, DVJJ-Journal 1997, S 339 ff; Däubler-Gmelin, RdJB 1999, S 269 ff, S 276; Ostendorf, ZRP 2000, S 103 ff, S 107.

[19] Stellungnahme von 55 Strafrechtsprofessoren und Kriminologen DVJJ-Journal 1998, S 203 ff.

[20] Maleczky, Jugendstrafrecht 3. Aufl 2001, S 13.

[21] Gerken/Schumann (Hrsg), Ein Trojanisches Pferd im Rechtsstaat 1988.

[22] Stellungnahme von 55 Strafrechtsprofessoren und Kriminologen DVJJ-Journal 1998, S 203 ff; ähnlich Kastner/Sessar (Fn 7).

[23] Hinz, ZRP 2000, S 107 ff; Initiative der CDU/CSU-Bundestagsfraktion gegen Gewalt und Extremismus, DVJJ-Journal 1993, S 103 f.

das Thema Jugendstrafrecht gleichermaßen selbstverständlich wie problematisch ist (denn simple Herstellung von Bezügen zu „Tatsachen" ohne Berücksichtigung des sozialwissenschaftlichen Theoriebestands ist unzureichend) –, dann sind die augenfälligen Veränderungen im Jugendstrafverfahren drastisch; sie ähneln in wesentlichen Bereichen den Veränderungen, die für das Erwachsenenstrafverfahren diagnostiziert werden. Es geht primär darum, dass sich die Gewichte von der Hauptverhandlung in das Ermittlungsverfahren verschoben haben. Die jugendkriminalpolitischen Strömungen der siebziger und achtziger Jahre, die unter anderem auf die Diversion und folgenlose Einstellung, partiell gar auf Nicht-Intervention ausgerichtet waren, haben sich in beeindruckender Art und Weise durchgesetzt und dazu geführt, dass heute der überwiegende Teil der jugendstrafrechtlichen Verfahren nicht in eine Hauptverhandlung vor dem Jugendrichter führt, sondern durch Einstellung gemäß § 45 JGG beendet wird. Zudem lässt sich ebenfalls begründet vermuten, dass der Orientierung an Konsens und Absprache im Jugendstrafverfahren – obschon dies bislang explizit wenig thematisiert wurde – ein ebenso großes Gewicht zuteil wird wie im Erwachsenenstrafverfahren.[24] Denn die allgemeine Entwicklung hat ja in Gestalt der starken Favorisierung der Verfahrenserledigungen gemäß § 45 JGG geradezu die Hauptvoraussetzung für eine solche Tendenz der Konsensualisierung des Verfahrens eröffnet. Freilich gilt hier, dass wir über die Empirie des Verfahrens gegen Jugendliche ebenso wenig wissen wie zum Verfahren der Erwachsenen, nimmt man die Einstellungen und wenige andere Punkte wie die Verfahrensdauer aus. Ferner verändert sich die Sanktionsstruktur – auch dies eine Parallele zur Erwachsenenstrafrechtspraxis. Den freiheitsentziehenden Sanktionen der Jugendstrafe und des Jugendarrests wird in den letzten Dekaden mit immer größerem Misstrauen begegnet, was sich in der Jugendstrafrechtspraxis in der nachhaltigen Reduzierung des Anwendungsbereichs vor allem des Jugendarrests gezeigt hat, freilich auch in der Zunahme der zur Bewährung ausgesetzten Jugendstrafen ihren Ausdruck findet. Mit diesen Verschiebungen verändern sich auch die Gruppen, deren Strafverfahren das Stadium des Jugendgerichts erreicht. Es sind tendenziell ältere Jugendliche, Heranwachsende und schwerere Straftaten,[25] vor allem wiederholte Straftaten, auf die sich Hauptverhandlung und die freiheitsentziehenden Sanktionen des Jugendgerichtsgesetzes konzentrieren (womit die Praxis

---

[24] Semrau/Kubink/Walter, MschrKrim 1995, S 34ff, mit dem Hinweis auf die von Strafverteidigern angegebene und betonte Nützlichkeit von so genannten „Richtergesprächen" zu Fragen der angemessenen jugendgerichtlichen Interventionen.

[25] Miehe (Fn 4), S 152.

insgesamt freilich partiell Reformen offensichtlich bereits vorweggenommen hat).[26]

In den jugendkriminalpolitischen Debatten der neunziger Jahre haben sich dann verschiedene Punkte herauskristallisiert, die auf solchen Reformbedarf verweisen, der durch das 1. Änderungsgesetz zum JGG 1990 nicht oder nur teilweise aufgegriffen worden ist.[27] Bei diesen durch die letzte größere Reform des JGG nicht gesetzgeberisch behandelten Punkten ging es um die Voraussetzungen der Jugendstrafe, die Rolle des Opfers im Jugendstrafverfahren, das jugendstrafrechtliche Sanktionensystem insgesamt, aber vor allem die Abgrenzung zwischen Erziehungsmaßregeln und Zuchtmittel sowie den Jugendarrest im Besonderen. Schließlich sind gesetzliche Grundlagen für den Vollzug der Untersuchungshaft und solche für den Jugendstrafvollzug angemahnt worden. Ansonsten ging es auch um die Angleichung an das allgemeine Strafverfahren und um den Kernbereich des Erziehungsbegriffs und ein Gesamtkonzept für ein „neues" Jugendstrafrecht. Modernisierungsforderungen haben ferner in diesem Zusammenhang auch Oberflächlichkeiten erfasst wie die Begrifflichkeit, die in den Debatten um ein Jugendstrafrecht wie in der Gesetzessprache noch den Geist der fünfziger und sechziger Jahre atmen, wenn beispw mit medizinischem Vokabular „Ambulanz" und „stationäre Behandlung", oder moralisierend „Zucht" und „schädliche Neigungen" eingeführt werden.[28]

Insbesondere ist es aber das Erziehungskonzept, und damit eine bislang als wesentlich erachtete Grundlage für ein gesondertes Strafrecht für junge Menschen, das offensichtlich Unbehagen schafft und Forderungen nach Reform auslöst. Das Unbehagen resultiert einmal aus Bedenken, die in der Betonung erzieherischer Zwecke partiell Benachteiligungen für jugendliche Tatverdächtige oder Angeklagte sehen, wenn beispw im Zusammenhang mit Haftprüfungsanträgen zur Untersuchungshaft auf einen „heilsamen Schock" oder den „taste of prison approach" verwiesen und die Rolle der die Freiheitsrechte betonenden Strafverteidigung als störend empfunden wird.[29] Zum anderen reflektiert das Unbehagen ein Dilemma, das freilich nicht spezifisch für das Jugendstrafrecht ist, sondern überall dort entsteht, wo durch strafrechtliche Sanktionen mit dem Zweck der Spezialprävention und zur Verhinderung weiterer Straftaten eingegriffen werden soll, mehr noch, wo Veränderungen in individuellen Motiv-

---

[26] In der Regel werden derartige Vorwegnahmen dann nach Inkrafttreten von Reformen festgestellt.

[27] Trenczek/Wimmer (Fn 8).

[28] Zur Reformbedürftigkeit in dieser Hinsicht vgl auch Trenczek/Wimmer (Fn 8).

[29] Vgl Werner-Schneider in Hubert/Hochgesand (Hrsg), (Fn 8), S 54 ff.

ausbildungen und darauf beruhende Handlungsanleitung und Verhaltensveränderungen angestrebt werden. Es geht um eine inhaltliche Bestimmung des Erziehungsbegriffs angesichts eines weitgehenden Konsens über die individuell eintretenden, schädlichen, aber unerwünschten Folgen von strafrechtlicher Sanktionierung, die sich unerbittlich den redlichen Erwartungen entgegensetzen. Nicht zuletzt wird dieses Dilemma auch in dem Zwischenbericht der Jugendstrafrechts-Reformkommission der DVJJ und in anderen Vorschlägen zur Reform des Jugendgerichtsgesetzes deutlich. Denn im Zwischenbericht der Reformkommission wird einmal vorgeschlagen, dass das Jugendgericht Jugendstrafe außer in Fällen von Tötungsdelikten und schwerster Gewalt gegen die Person nur dann verhängen dürfen soll, wenn der zum Zeitpunkt der Tat mindestens 16 Jahre alte Angeklagte wiederholt wegen schwerer Straftaten verurteilt wurde und andere Maßnahmen sich bisher als erfolglos erwiesen haben und auch künftig zur Verhinderung vergleichbarer Taten nicht ausreichen.[30] Dies kann nur heißen, dass nunmehr dieses Ziel, nämlich die Verhinderung weiterer Straftaten, durch die Jugendstrafe verfolgt werden muss (denn anders ist die Verhängung einer Jugendstrafe ja nicht zu begründen). Freilich liest man dann etwas später, dass in Anbetracht der unbestreitbar schädlichen Folgen auch eines erzieherisch gestalteten Jugendstrafvollzuges verhindert werden müsse, dass der Verurteilte dort länger als unbedingt erforderlich verweile.[31] Wenn das Jugendgericht aber für einen jungen Menschen etwas „unbestreitbar Schädliches“ angeordnet hat, dann offensichtlich aus anderen Gründen und das unbedingt Erforderliche kann lediglich in Generalprävention, Schuldschwere und Sicherung zu finden sein. Das Dilemma findet sich auch in der Bewertung und rechtspolitischen Einführung von Evaluationsforschung, wo einerseits gerne betont wird, dass die Wirksamkeit des Strafrechts, der Freiheits- und der Jugendstrafe in Form spezial- oder generalpräventiver Konsequenzen empirisch nicht nachgewiesen werden könnte, andererseits aber die Wirksamkeit alternativer Sanktionen ebenso gerne als empirisch bestätigt angesehen wird.[32]

Dieses Dilemma charakterisiert das Jugendstrafrecht und wird aller Voraussicht nach auch seine künftige Entwicklung begleiten. Jedenfalls ist nicht erkennbar, dass sich das Dilemma kurz- oder mittelfristig auflösen lässt, es sei denn um den Preis, dass sich das Gesetz entsprechender Anforderungen und Zielsetzungen enthält

---

[30] Jugendstrafrechts-Reformkommission der DVJJ (Fn 12), S 20f.

[31] Jugendstrafrechts-Reformkommission der DVJJ (Fn 12), S 23.

[32] Vgl hierzu beispw Frommel/Maelicke (Fn 5), S 30 und S 32, sowie Ostendorf ZRP 2000, S 103ff, S 106.

(was in ausländischen Gesetzgebungen durchaus zu beobachten ist). Jedoch wäre hiermit bloß eine Verlagerung des Problems in die Gerichtspraxis verbunden. Gerade im Jugendstrafrecht soll offensichtlich mit besonderem Nachdruck etwas erreicht werden, was einerseits verständlich und grundsätzlich auch unterstützungsfähig ist, andererseits Konflikte und kognitive Dissonanz auslöst. Mit einer sanktionierenden Reaktion auf die Straftat soll eben zu Recht nicht nur die distanzherstellende und abstoßende Wirkung (im Sinne der Demonstration des Ernstes der Zurückweisung der Straftat und des Straftäters) befördert, sondern gleichzeitig auch verhindert werden, dass sich der durch die Sanktion Betroffene und Zurückgewiesene allzu weit aus einer durch Inklusion definierten Gesellschaft entfernt oder gar vollständig ausgeschlossen wird. Nicht von ungefähr sind „Kombinationsmodelle" bzw „Vereinigungsmodelle" nicht bloß im Jugendstrafrecht so beliebt.[33]

1.3 Hintergründe der Reformdebatten

Die Frage eines zeitgemäßen Jugendstrafrechts ist selbstverständlich zuallererst vor dem Hintergrund der Entwicklungen von Kinder- und Jugendkriminalität zu beantworten und damit vor der Folie des Problems, auf das ein zeitgemäßes Jugendstrafrecht wohl immer nur ausgerichtet werden soll. Freilich gehört hierzu auch eine Fragestellung, die allerdings eher selten angesprochen und in die Analysen einbezogen wird. Mit Fragen nach der Beschaffenheit von Jugendkriminalität und Jugend in einer Gesellschaft sind Wahrnehmungsprozesse verbunden. Dabei handelt es sich nicht um einfache kognitive Prozesse, wie Michael Walter[34] und Fritz Sack[35] seit langer Zeit betonen, sondern um einen Prozess der Her- und Darstellung des Kriminalitätsproblems, der jedenfalls nicht nur auf die empirischen Grundlagen Bezug nimmt. Diese Perspektive ist schon deshalb erheblich, weil die Art der Wahrnehmung über verschiedene Mechanismen, und darunter insbesondere Prozesse der Entstehung von Unsicherheitsgefühlen und Kriminalitätsangst, bedeutende Auswirkungen auf die politische und gesetzgeberische Reaktion haben

---

[33] Vgl hierzu Walter (Fn 14).

[34] Walter Deutsche Richterzeitung 1998, S 354 ff; ders, Jugendkriminalität 2. Aufl, 2001.

[35] Sack in Programmleitung NFP 40 (Hrsg), Gewalttätige Jugend – ein Mythos? Bulletin Nr 4, 1999, S 5–36, S 8 f.

kann.[36] Es geht auch um einen sozial- und kriminalpolitischen Diskurs, in dem ein beständig aktivierbares Bedürfnis nach Problematisierung im Aufgreifen des Themas (Jugend-)Kriminalität zum Ausdruck gebracht wird, wobei diese Problematisierung in Zyklen unterschiedliche Formen der Kriminalität hervorhebt und dabei insbesondere die dafür Verantwortlichen benennt.[37] Gerade die streitigen Debatten um die Entwicklung der Jugendkriminalität, wie sie in den letzten Jahrzehnten immer wieder ausgetragen wurden, bieten Schlüssel für das Verständnis des Wahrnehmungsprozesses.[38] Es ist nämlich offensichtlich, dass die Erörterung der Jugendkriminalität wie der Jugendgewalt verschiedenen Zielsetzungen dienen kann und dass analytische und theoretische Interessen an der Erhebung und Aufbereitung von empirischen Informationen zur Jugendgewalt nicht unbedingt die Auslöser für die Thematisierung darstellen müssen.[39] Denn Jugendkriminalität und darüber hinaus die Gewaltkriminalität und harte Drogen (wobei beide Kriminalitätsformen fast ausschließlich im Zusammenhang mit jungen Männern problematisiert werden) bieten sich auch für Moralunternehmen an, handelt es sich doch hier um besonders eindrücklich verwendbare Gradmesser für die Integrationsleistungen einer Gesellschaft sowie andererseits für das Versagen der staatlich verfassten Gesellschaft wie ihrer Institutionen, darüber hinaus für die Begründung des unabweisbaren Bedarfs an gesellschaftlichen und sozial- und kriminalpolitischen Veränderungen.[40] Nicht umsonst ist die Feststellung steigender Jugendkriminalität und steigender Jugendgewalt politisch stets an die Identifizierung der hierfür Verantwortlichen gekoppelt. Unter ihnen rangieren heute an prominenter Stelle die neuen Medien,[41] freilich auch noch die alten Medien wie TV und Radio.[42] Natürlich stehen im Vordergrund überdies die Familie und das Versagen der Erziehungsinstitutionen, die schon in den siebziger Jahren als „Ursachen" der steigenden Jugend-

[36] Ostendorf (Fn 32), S 103 ff; Guder, DVJJ-Journal 1999, S 324 ff, S 324.

[37] Hubert in Hubert/Hochgesand (Hrsg), (Fn 15), S 280 ff, S 281.

[38] Vgl Heinz, DVJJ-Journal 1997, S 270 ff; Maase, KrimJ 1991, S 189 ff; Ohder, Gewalt durch Gruppen Jugendlicher. Eine empirische Untersuchung am Beispiel Berlins 1992, S 19 ff.

[39] Kreuzer, Zeitschrift für interdisziplinäre Wissenschaft 1994, S 967 ff, S 968; oder Walter, ZStW 2001, S 743 ff, S 743 mit dem Hinweis, dass oft genug jugendliches Verhalten eine Projektionsfläche bilde für Probleme, für die die Erwachsenenwelt die Verantwortung trage.

[40] Vgl nur einige der Beiträge in Bäuerle (Hrsg), Kriminalität bei Schülern, Band 1: Ursachen und Umfeld von Schülerkriminalität 1989 sowie Glogauer in Rolinski/Eibl-Eibesfeldt (Hrsg), Gewalt in unserer Gesellschaft. Gutachten für das Bayerische Staatsministerium des Inneren 1990, S 123 ff.

[41] Kreuzer (Fn 39), S 976 ff; Glogauer (Fn 40).

[42] Vgl Glogauer (Fn 40), S 128 f.

kriminalität benannt worden sind.[43] Hinzu treten Armut, Jugendarbeitslosigkeit, der Verlust von Perspektiven und Entwicklungschancen, die „Zwei Drittel-Gesellschaft", soziale Ungleichheit und soziale „Kälte", economic correctness und Globalisierung[44] sowie der Verlust informeller Kontrolle über junge Menschen in modernen Gesellschaften,[45] Merkmalsbereiche und Gefühlslagen gleichermaßen, die bereits in der ersten Hälfte des 20. Jahrhunderts in Anomietheorien der Kriminalität eine bedeutsame Rolle spielten[46] und in ihren Gegensätzen mit besonderem Nachdruck das Grundsatzprogramm einer Sozial- und Jugendpolitik entwerfen lassen, das erst zur Lösung des Jugendkriminalitätsproblems geeignet sei.[47]

Diese Überlegungen verweisen aber insgesamt darauf, dass sich in der Fragestellung nach der Entwicklung und der Bedeutung von Kinder- und Jugendkriminalität (und nach der Bedeutung des Jugendstrafrechts) heute ebenso wie in den sechziger[48] und siebziger Jahren[49] jeweils zwei konkurrierende Annahmen gegenüberstehen. Eine Annahme betont die Feststellung und Feststellbarkeit steigender Jugendkriminalität und Jugendgewalt sowie sich verändernder Qualität der Jugendgewalt. Dem steht die Vermutung gegenüber, dass sich in den immer wiederkehrenden Klagen über unbotmäßige, randalierende und gewalttätige Jugend Mythen äußern[50] und – wichtiger noch –, dass sich unabhängig von allen Veränderungen in den Verhaltens- und Vergesellschaftungsmustern junger Menschen die Fragestellung auch auf die Gründe für das Interesse an der Problematisierung und deren Folgen richten muss.[51] Schließlich wird einmal betont, dass mit dem Mittel des Strafrechts korrigierend in individuelle Lebensverläufe und gesellschaftliche Prozesse eingegriffen werden könne, während dem zum anderen entgegengehalten wird,

---

[43] Vgl Kaiser, Kriminologie 3. Aufl 1996, S 565 ff.

[44] Thesen des 24. Deutschen Jugendgerichtstages 1998, DVJJ-Journal 1998, S 295 ff, S 295.

[45] Toby in Tonry/Morris (Hrsg), Crime and Justice. An Annual Review of Research Bd 4, 1983, S 1 ff, S 1.

[46] Merton in Sack/König (Hrsg), Kriminalsoziologie 2. Aufl, 1974, S 283 ff.

[47] Vgl beispw Viehmann DVJJ-Journal 1993, S 106 ff, sowie Entschließungsantrag der SPD v 12. 11. 97 (BT-Dr. 13/8972), mit besonderer Betonung der Bekämpfung der Ursachen durch ganzheitlich ansetzende Prävention in Form von Armutsbekämpfung, Förderung kultureller Jugend- und Kinderarbeit, Unterbindung der Ausstrahlung gewaltverherrlichender Filme, Integrationshilfen für ausländische Jugendliche, verstärktem Einsatz des TOA und „Tertiärprävention" (beispw Anti-Aggressionstraining).

[48] Vgl nur Kaufmann, Steigt die Jugendkriminalität wirklich? 1965.

[49] Albrecht/Lamnek, Jugendkriminalität im Zerrbild der Statistik 1979; Kreuzer (Fn 39), S 967 f.

[50] Kreuzer, Kriminalistik 1980, S 67 ff.

[51] Sack (Fn 35).

dass Korrekturen lediglich durch angemessene Sozial-, Jugend- und Wirtschaftspolitik (oder durch die Gesellschaft selbst) möglich sind.

Wir sehen in der internationalen Kriminalpolitik jedoch auch Zeichen, die auf einen vollständigen Bruch mit der Kriminalpolitik der Reintegration und Resozialisierung der 60er Jahre, und damit mit dem Prinzip eines im Grundsatz freundlichen Umgangs mit Straftätern, insbesondere auch jugendlichen Straftätern, hindeuten. Hierzu zählt vor allem das Wiederaufleben von Techniken der Ausgrenzung und Stigmatisierung, die nicht zuletzt im Zusammenhang mit Maßnahmen wirksam werden, die aus der Jugendstrafrechtsreform und hier vor allem der Reform der jugendstrafrechtlichen Sanktionen hervorgehen. Die Stigmatisierung des Straftäters, einst im Zentrum einer Kriminalpolitik, die zur Vermeidung von schädlichen Nebenfolgen von Strafrecht und strafrechtlichen Sanktionen aufrief, wird offensichtlich gerade mit der Wiederbelebung des Gedankens an community empowerment und community justice wieder hoffähig.[52] Pratt hat in einer Untersuchung über die Postmodernität sich entwickelnder Strafensysteme in reichem Maße auf Beispiele aus den Jugendstrafrechtsreformen des anglo-amerikanischen Bereichs zurückgreifen können,[53] die zwar primär mit dem Schutz und Schutzbedürfnis der Öffentlichkeit begründet sind, im Kern jedoch Disziplinierung, die Drohung mit der Bloßstellung und damit vormoderne Stigmatisierung beinhalten.

Die Rolle der Kriminalpolitik hat sich ebenfalls verändert. Sie hat sich einerseits zunehmend politisiert und öffentlich gemacht; sie entfernt sich andererseits von einem Umgang mit Kriminalität und Straftätern, der einst fast ausschließlich Experten und den von ihnen entworfenen Konzepten der Rehabilitation und betont rechtsstaatlich ausgeformten Verfahren der Ermittlung, Aburteilung und Vollstreckung anvertraut waren. Die Kriminalpolitik ist expressiver, emotionaler und direkter geworden, sie dient heute als Instrument der Herstellung von Sicherheit und Sicherheitsgefühlen,[54] mit der Folge im Übrigen, dass der Zusammenhang zwischen Wissenschaft und Politik schwächer wird.[55] Denn der Bedarf an wissenschaftlich

---

[52] Vgl beispw Etzioni in National Institute of Justice (Hrsg), What can the Federal Government do to Decrease Crime and Revitalize Communities? 1998, S 21 ff, S 22, mit der Aussage: Stigmatisierung ist ein nützliches Instrument im Umgang mit Kriminalität".

[53] Pratt, British Journal of Criminology 2000, S 127 ff.

[54] Vgl hierzu Dinges/Sack in Dinges/Sack (Hrsg), Unsichere Großstädte? Vom Mittelalter bis zur Postmoderne 2000, S 1 ff.

[55] Dies wird nicht zuletzt auch sichtbar in den Auseinandersetzungen um die „Initiative der CDU/CSU-Bundestagsfraktion gegen Gewalt und Extremismus", abgedruckt in DVJJ-Journal 1993, S 111 ff.

gesicherten Aussagen zu Kriminalität und Straftäter wird mit Verlagerungen hin zu einer expressiven Kriminalpolitik geringer. Die Kriminalpolitik greift in diesem Prozess stärker auf Alltagstheorien und common sense-Konzepte zurück.

Die so skizzierten Entwicklungen haben auch die Jugendkriminalpolitik erfasst und europäische Beispiele der Gesetzgebung verweisen auf die dramatische Zunahme von medienwirksamer, sichtbarer und sofortiger rechtspolitischer Reaktion auf spektakuläre Einzelfälle der Jugendkriminalität, die überdies auf plakative und dem Alltagsverständnis angepasste Lösungen setzen.[56] Gerade der Bulger-Fall in England[57] demonstriert die neue Orientierung und im Übrigen lassen sich auch in Deutschland Beispiele finden, wie nicht nur der Fall „Mehmet" in München belegt, sondern auch die Reaktionen auf die zumeist von jungen Männern ausgehende Hassgewalt der neunziger Jahre.[58] In besonderer Prägnanz kommt die öffentlichkeitsorientierte kriminalpolitische Haltung in dem Programm „Tough Against Crime and Tough Against the Causes of Crime"[59] zum Ausdruck, mit der einmal die Erwartungen der Öffentlichkeit im Hinblick auf eine unmissverständliche Antwort auf Kriminalität, zum anderen die Forderungen nach wirksamer und früher Prävention zufriedengestellt werden sollen.

Die Reformbewegungen im Jugendstrafrecht sind schließlich Ausdruck allgemeiner Überlegungen zur Rolle und Funktion autoritativer Entscheidung und denkbarer Alternativen in Form von Mediation und restitutiver, auf Wiedergutmachung ausgerichteter (Straf-)Justiz,[60] schließlich in verschiedenen Ländern auch Ausdruck der allgemeinen Zielsetzung der Verwirklichung eines „minimalen" Strafrechts.[61]

Jedoch sollte darüber hinaus in Rechnung gestellt werden, dass die Dynamik von Reform und Entwicklungen auch im Bereich der Jugendjustiz und des Jugendstrafrechts maßgeblich durch die Ökonomie von Verfahren und Strafrecht angetrieben wird und im Übrigen von institutionellen Interessen und Lobbyisten abhängig ist.[62] In

---

[56] Vgl hierzu vor allem Walter (Fn 14), S 748.

[57] Graham, DVJJ-Journal 1998, S 317ff.

[58] Schumann, Strafverteidiger 1993, S 324ff (abgedruckt auch in DVJJ-Journal 1993, S 256ff).

[59] So das Programm von New Labour, vgl Graham, DVJJ-Journal 1998, S 317.

[60] Vgl beispw Frehsee in Albrecht ua (Hrsg), Festschrift für Horst Schüler-Springorum zum 65. Geburtstag 1993, S 379ff, S 393f sowie Walgrave (Hrsg), Restorative Justice for Juveniles 1998.

[61] Gimenez-Salinas y Colomer in Albrecht ua (Hrsg), (Fn 60), S 397ff, S 408.

[62] Darauf weist mit großem Nachdruck und wohl zu Recht Herz in Albrecht ua (Hrsg), (Fn 60), S 291ff, S 292f hin, die auch die Frage nach dem „cui bono" stellt (S 306).

den jugendkriminalpolitischen Auseinandersetzungen geht es schließlich um die Verteilung von Ressourcen (vor allem im Zusammenhang mit der Implementation der so genannten neuen ambulanten Sanktionen, also Soziale Trainingskurse und Betreuungsweisungen).[63] Gerade hier werden zu Recht „politisch-mediale Verstärkerkreisläufe" angenommen, die unterschiedlich motiviert sein mögen, aber eine sachliche Analyse der Probleme allemal eher verhindern denn befördern.[64]

1.4 Der Gang der Darstellung

Die Darstellung wird in einem ersten Schritt die verschiedenen Perspektiven skizzieren, aus denen sich Grundlagen für ein zeitgemäßes Jugendstrafrecht ableiten lassen. Diese Perspektiven geben ein Koordinatensystem an, das die Benennung von Art und Umfang des Bedarfs an Veränderungen erleichtert. Hieran schließen sich Ausführungen zu Jugendkriminalität, Jugendstrafrechtspraxis und ein selektiver Vergleich ausländischer Systeme des Jugendstrafrechts an.

Im Einzelnen betreffen die Schritte der Analyse

- Eine Bestandsaufnahme
  - der Jugendkriminalität und
  - der Reaktionen auf Jugendkriminalität
- Eine komparative Untersuchung der Trends des Jugendstrafrechts in Europa mit besonderer Berücksichtigung der
  - Zielsetzungen des Jugendkriminalrechts
  - Altersgrenzen strafrechtlicher Verantwortlichkeit
  - Sanktionssysteme
- Die Rahmenbedingungen des Jugendstrafrechts in Form
  - der Strafmündigkeitsgrenzen sowie anderer Altersgrenzen und
  - der Zielsetzungen des Jugendgerichtsgesetzes
- Die Institutionen des Jugendgerichtsverfahrens sowie Kooperationsformen
- Besonderheiten des Ermittlungsverfahrens und hier insbesondere
  - die Voraussetzungen der Diversion oder Einstellung des Jugendverfahrens

---

[63] Thesen des 24. Deutschen Jugendgerichtstages 1998 DVJJ-J 1998, S 295 ff; Scholz, DVJJ-J 1999, S 232 ff, S 246.

[64] Breymann in Albrecht/Backes/Kühnel (Hrsg), Gewaltkriminalität zwischen Mythos und Realität 2001, S 415 ff, S 418; vgl auch die Thesen des 24. Deutschen Jugendgerichtstages 1998 DVJJ-J 1998, S 295 ff, S 295.

- Den Ausschluss besonderer Verfahrensarten und die Rolle des Opfers
- Die Hauptverhandlung
- Das System der jugendgerichtlichen Rechtsfolgen, darunter insbesondere
  - Grundprinzipien der Anordnung jugendgerichtlicher Rechtsfolgen
  - Systematik der Rechtsfolgen
  - Inhalt der Rechtsfolgen
  - die Jugendstrafe
- Fragen der Strafvollstreckung und des Vollzugs
- Das System der Rechtsmittel.

2. Was bedeutet zeitgemäßes Jugendstrafrecht?

Die einleitenden Bemerkungen haben bereits gezeigt, dass sich die Antwort auf die Frage, ob das Jugendstrafrecht noch zeitgemäß ist, nicht einfach gestalten lässt. Denn die Beantwortung setzt voraus, dass angegeben werden kann, welche Perspektiven eigentlich bestimmen sollen, wie ein zeitgemäßes Jugendstrafrecht beschaffen sein muss. Die Frage nach dem zeitgemäßen Recht verlangt nach der Klärung derjenigen Rahmenbedingungen, die erkennen lassen, was als notwendig und angemessen durch allgemeine gesellschaftliche Entwicklungen sozusagen vorgegeben ist.

Die Frage nach dem zeitgemäßen Jugendstrafrecht lässt sich so auch zu beantworten versuchen als Übereinstimmung des Jugendstrafrechts mit unterschiedlichen Perspektiven, die (legitimerweise) Erwartungen und Ansprüche an das System des Jugendstrafrechts äussern.

Die Perspektiven beziehen sich zunächst auf die (empirische) Wirksamkeit des Jugendstrafrechts. Denn Erziehung und Prävention spielen nach wie vor eine bedeutende Rolle in modernen Gesellschaften. Mit diesen Zielen werden Ansprüche und Erwartungen verfolgt, die auf die Entwicklung und Veränderung von Verhaltensmustern zielen. Dabei geht es um die Verhaltensmuster in Gruppen (junger Menschen) wie auch in einzelnen Personen. Im Zentrum des Jugendstrafrechts stehen allerdings der einzelne Täter und die an ihn gerichteten Erwartungen, damit die Folgen der Anwendung von Jugendstrafrecht.

In den letzten Dekaden hat sich dann die Perspektive der Gesellschaft, vor allem in Gestalt der positiven Generalprävention in den Vordergrund geschoben, die Distanz zum einzelnen Straftäter enthält. Denn aus dieser Perspektive geht es um die Erwartungen der Gesellschaft und um die Einleitung von Normstabilisierungsprozessen. Normstabilisierung und der Schutz vor einer Erosion von Normen, die durch persistierende Enttäuschungen ausgelöst werden kann, waren sicher schon immer Kern der Zielsetzungen von Strafrecht und strafrechtlicher Sanktion. Was jedoch heute beobachtet wird, das ist ein gewisser Verlust an Unterstützung durch gesellschaftliche Eliten im Hinblick auf eine individualpräventive Ausrichtung des Rechts.[65] Dies mag erklärt werden durch Änderungen auch im Bereich der Jugendkriminalität, die – wenn auch nur am Rande – in den letzten Jahrzehnten neben sichtbarer Massenkriminalität Phänomene mit sich gebracht hat, die sich nicht mehr als Intragruppenkriminalität verstehen lassen, sondern in Gestalt von fremdenfeindlicher Gewalt oder Hassgewalt, politischer Gewalt und verschiedenen Formen der Sachbeschädigungen auf Bereiche richten, die gesellschaftlich sensibilisiert sind und Übergriffe mit sich bringen, die eine auf Erziehung und Resozialisierung beschränkte Perspektive erschweren. Jedoch hat sich das Jugendstrafrecht auch auf diese Erwartungen einzulassen.

Sodann ist an die Opferperspektive zu denken, die ebenfalls seit den achtziger Jahren die Tagesordnung der Rechtspolitik jedenfalls mitbestimmt und dazu beiträgt, den Fokus von dem Einzelnen wegzunehmen und nach anderen, ggfs konkurrierenden Interessen und deren Berechtigung zu fragen. Das Opfer hat legitime Ansprüche, denen im Erwachsenenstrafverfahren heute fast selbstverständlich Geltung verschafft werden. Neben Schadensausgleich geht es dabei auch um die Vertretung anderer und weitergehender Interessen, die mit der Aufarbeitung der Straftat, Sicherheitsgefühlen und grundsätzlich mit der Akzeptanz des Opfers verbunden sind. In diese Richtung gehen partiell auch die Ansätze des Täter-Opfer-Ausgleichs.[66] Tatsächlich verschieben sich mit dieser Perspektive die Gewichte weg vom Täter hin zur Tat.

Schließlich ist darauf hinzuweisen, dass ein zeitgemäßes Jugendstrafrecht auch ein Jugendstrafrecht sein sollte, das in Übereinstimmung mit internationalem Recht/vertraglichen Verpflichtungen und damit Menschenrechten steht, die teilweise auf junge Menschen (oder Kinder in der Sprache der Kinderrechtskonvention) ausgerichtet sind. Damit ist die Anpassung an Internationale Standards (und Kinderrechte) angesprochen und somit eine Perspektive, die lange Zeit nur im Hintergrund Beachtung fand.

Obschon sich Hinweise dafür ergeben – und in den einleitenden Bemerkungen wurde hierauf Bezug genommen –, dass die Kriminalpolitik heute nicht mehr das Interesse an gesichertem Wissen über die Wirkungsweisen und Wirkungen des Rechts zum Ausdruck bringt, das insbesondere die Entstehung und Entwicklung des Jugendstrafrechts befördert hat, gilt es nachdrücklich zu betonen, dass ein zeitgemäßes Jugendrecht an empirischen Grundlagen gemes-

---

[65] So jedenfalls der Erklärungsansatz von Garland, British Journal of Criminology 2000, S 347ff.

[66] Kerner in Wiedergutmachung für Kriminalitätsopfer – Erfahrungen und Perspektiven, Mainzer Schriften zur Situation von Kriminalitätsopfern 1999, S 27ff.

sen werden, und damit die Evaluationsperspektive aufgreifen muss. Die Schwierigkeiten und Probleme, die dann auftreten, wenn normative auf theoretisch empirische Systeme treffen, sind dabei zwar offenkundig.[67] Doch ist die permanente Herstellung der Übereinstimmung mit gesichertem Wissen erforderlich, um rationale Planung, Kontrolle und Evaluation sicherzustellen.

Die Perspektive der Öffentlichkeit lenkt die Aufmerksamkeit auf Akzeptanz und damit auf die Legitimation des Jugendstrafrechts. Hier sind Verbindungen vorhanden zur weiter oben angesprochenen Perspektive der positiven Generalprävention. Auch das Jugendstrafrecht bedarf der Stützung durch die Öffentlichkeit, wenn das Ziel von Rechtsgüterschutz erreicht werden soll. In gewisser Weise sind damit Darstellungserfordernisse verbunden, die sich vor allem auf Transparenz und Nachvollziehbarkeit von konsistenten und gleichmäßigen Reaktionen auf Jugendkriminalität beziehen. Jedoch ist allemal auch klar, dass sich (nicht nur) die Jugendkriminalpolitik in eine Richtung geändert hat, die einfachen (und leicht medial vermittelbaren) Lösungen den Vorzug gibt.[68] Gerade die Debatte über gefährliche (Sexual-)Straftäter hat auch das Jugendstrafrecht nicht unberührt gelassen.[69]

Die ökonomische Perspektive ist ebenfalls aufzugreifen, insbesondere im Hinblick auf Kosten-Analysen und hieraus folgend Kosten-Nutzen-Abwägungen. Zwar werden Kosten-Nutzen-Argumente in der kriminal- und jugendpolitischen Debatte gerne aufgegriffen, doch liegen bislang keine ökonomischen Analysen des Jugend- oder Jugendstrafrechts vor, auf deren Grundlage sichere Entscheidungen getroffen werden könnten.[70]

Die unterschiedlichen Perspektiven verweisen auf eine Veränderung in den Rahmenbedingungen der Jugendkriminalpolitik auch insoweit, als es in Zukunft mutmaßlich häufiger zu Konflikten kommen wird in der Frage, wie diese Interessen gegeneinander abgewogen und berücksichtigt werden sollen. Ein zeitgemäßes Jugendstrafrecht und eine darauf aufbauende Jugendstrafrechtspraxis haben sich diesen Konflikten und Interessengegensätzen zu stellen.

---

[67] Vgl hierzu im Einzelnen Albrecht Strafzumessung bei schwerer Kriminalität 1994.

[68] Von Wollfersdorff, RdJB 1999, S 319 ff.

[69] Vgl dazu BT-Dr 13/9062, S 15 sowie zusammenfassend Dessecker, StV 1999, S 678 ff.

[70] Zusammenfassend Albrecht in Caritas Schweiz (Hrsg), Ökonomie im Strafwesen. Werden die Mittel im Strafverfahren und im Strafvollzug effizient eingesetzt? 1996, S 5 ff.

3. Dringende Fragen und gesetzgeberischer Handlungsbedarf: Warum die Frage nach einem zeitgemäßen Jugendstrafrecht?

3.1 Entwicklungen und Strukturen der Jugendkriminalität

3.1.1 Zur Entwicklung der Kinder- und Jugendkriminalität: Neue Herausforderungen?

Der Bezugspunkt von Jugendkriminalpolitik ist selbstverständlich Jugendkriminalität und mit diesem Bezugspunkt sind empirische Ausgangsbedingungen in Stellung gebracht, deren Konfliktpotential eingangs angedeutet worden ist. Verschiedene Untersuchungen und Anhörungen versuchten in der letzten Dekade, Licht in das Phänomen der Jugend- und Kinderkriminalität sowie ihrer Trends und diese in einen Zusammenhang mit Reformbedürfnissen des Jugendstrafrechts zu bringen. Hierzu gehört auch der Erste Sicherheitsbericht der Bundesregierung, der im Jahre 2001 eine Einschätzung der Jugendkriminalität mit sich brachte.[71]

Nur wenig ist interkulturell und über die Zeit hinweg so beständig wie der altersabhängige Verlauf der Kriminalitätsbelastung.[72] Die kriminologische Forschung zeigt, dass – abhängig von der Art der Daten und der Art der Delikte – jedenfalls ein Höhepunkt der Belastung im späten Jugendalter und frühen Heranwachsendenalter liegt, und dass etwa mit Beginn des dritten Lebensjahrzehnts die Kriminalitätsbelastung kontinuierlich abnimmt. Entsprechendes gilt auch für den Anstieg und die Abnahme von Gewaltdelikten im Lebenslängsschnitt.

Auch belegt die Polizeiliche Kriminalstatistik einen Anstieg der Jugendkriminalität von den 50er Jahren bis in die siebziger Jahre.[73] Nach einer relativ beständigen Entwicklung in den achtziger

---

[71] In den für die Jugendkriminalpolitik relevanten Teilen abgedruckt in DVJJ-Journal 2001, S 399ff.

[72] Sampson/Laub, Annual Review of Sociology 1992, S 63ff; Ortmann, Abweichendes Verhalten und Anomie 2000.

[73] Kaiser (Fn 43), S 573ff.

Jahren[74] ergibt sich dann ab Ende der achtziger Jahre wiederum eine deutliche Zunahme der polizeilich registrierten Jugendkriminalität, die bis in das Jahr 1997 anhält und begleitet wird von einem deutlichen Anstieg der polizeilich registrierten Kinderkriminalität.[75] Jedoch bleibt nach wie vor der Anteil jugendlicher Tatverdächtiger (und damit ihr allgemeiner Einfluss auf Kriminalitätstrends) relativ gering.[76] Nicht zuletzt die so aufbereiteten Daten zur Kinder- und Jugendkriminalität haben aber die Diskussion um die Reformbedürftigkeit des Jugendstrafrechts (auch international)[77] weiter angefacht.

Zuwächse in der Belastung sind neben den Eigentumsdelikten vor allem auch in Deliktsbereichen der Gewaltkriminalität zu beobachten und dort bei Raubdelikten sowie der Körperverletzung.[78] Jedoch bleiben gerade die schwersten Gewaltdelikte, nämlich Tötungsdelikte, seit Anfang der siebziger Jahre relativ stabil. Für Tötungsdelikte ist anzumerken, dass Veränderungen überwiegend durch Versuche bedingt sind, weshalb in diesem Bereich Veränderungen in den Definitionsprozessen eine beachtliche Rolle spielen können.[79] Tötungsdelikte fallen bei Kindern in den letzten drei Jahrzehnten in einen Schwankungsbereich von 0,1 und 0,5/100000, bei Jugendlichen liegen die Belastungszahlen zwischen 3 und 4/100000. Eine erhebliche Zunahme ist dann in der zweiten Hälfte der achtziger Jahre bei Raubdelikten junger Menschen zu beobachten, die sich in den neunziger Jahren fortsetzt.[80] Freilich handelt es sich bei einem gewichtigen Teil der bei Raubdelikten erfassten Sachverhalte um den Straßenraub, eine Erscheinungsform des Raubes, die im Übrigen beträchtlichen regionalen Schwankungen unterliegt und damit unter Umständen auch unterhalb des Aggregatzustandes der Bundes- und Landespolizeistatistiken auf lokale Besonderheiten verweist.[81] Ferner

---

[74] Dölling in Bundesministerium der Justiz (Hrsg), Grundfragen des Jugendkriminalrechts und seiner Neuregelung 1992, S 38ff, S 41; Baurmann/Dörmann in Bundeskriminalamt (Hrsg), Aktuelle Phänomene der Gewalt 1993, S 11ff, S 42f.

[75] Pfeiffer in Tonry (Hrsg), Crime and Justice. A Review of Research. Bd 23 1998, S 255ff; Eisner in Eisner/Manzoni (Hrsg), Gewalt in der Schweiz. Studien zu Entwicklung, Wahrnehmung und staatlicher Reaktion 1998, S 13ff.

[76] Elsner/Steffen/Stern, Kinder- und Jugendkriminalität in München 1998, S 195ff.

[77] Tonry/Moore (Hrsg), Youth and Violence. Crime and Justice. A Review of Research, Bd 24 1998.

[78] Vgl zu Definitionen der Gewaltkriminalität und der hiermit zusammenhängenden Probleme Kürzinger in Kaiser ua (Hrsg), Kleines Kriminologisches Wörterbuch, 3. Aufl 1993, S 171ff.

[79] Vgl zur Problematik der Definition von Tötungsdelikten Sessar Rechtliche und soziale Prozesse einer Definition der Tötungskriminalität 1981.

[80] Vgl Pfeiffer ua, Ausgrenzung, Gewalt und Kriminalität im Leben junger Menschen 1998, S 14.

[81] Baurmann/Dörmann (Fn 74), S 42f.

zeigt eine genauere Analyse der Raubdelikte junger Menschen, dass in den jüngeren Altersgruppen zwar einerseits die Gewaltanwendung dominiert und die Drohung zurücktritt (was allerdings nicht sonderlich erstaunlich ist, da die einfache körperliche Gewalt gerade den Straßenraub kennzeichnet). Andererseits sind die durchschnittlichen Verletzungsfolgen offensichtlich nicht so intensiv wie bei Raubdelikten Erwachsener.[82] Jedoch mag gerade der Straßenraub besondere Auswirkungen auf das Sicherheitsgefühl der Bevölkerung, auch auf das Sicherheitsgefühl der jugendlichen Bevölkerung, haben. Ferner zeichnet sich ab, dass bei Jugendlichen der Bankraub bzw die räuberische Erpressung mit Waffen keine besondere Rolle spielt, was vor allem auch für die besonders schweren Formen des Raubs und der Erpressung, die von Geiselnahmen begleitet sind, gilt. Dieser Befund ist ebenfalls erwartungsgemäß, fügt er sich doch in die generelle Einsicht, dass die Straftaten Jugendlicher durch Spontaneität und geringe Planung geprägt sind.[83] Schließlich sind die materiellen Schäden der Raubdelikte Jugendlicher im Vergleich zu denen Erwachsener, mehr noch natürlich im Vergleich zu typischerweise als Erwachsenenkriminalität erscheinenden Wirtschaftsdelikten recht geringfügig.[84] Die Untersuchung von Pfeiffer ua[85] weist anhand eines Vergleichs der Jahre 1993 und 1996 für Hannover nach, dass der Zuwachs an polizeilich erfassten Raubstraftaten junger Menschen in diesem Zeitraum wesentlich auf Delikte mit einem Schadensbetrag von bis zu 25 DM zurückzuführen ist.[86] Dies dürfte – auch unter Beiziehung anderer Veränderungen im Erscheinungsbild junger Tatverdächtiger (wie beispw höhere Anteile von Ersttätern sowie jüngerer Altersgruppen, höhere Anteile von dem Opfer bekannten Tätern, weniger Verletzungen)[87] – dafür sprechen, dass sich abgrenzbare abweichende Verhaltensmuster in relativ kurzer Zeit schnell ausbreiteten und dass sich andererseits das Aufkommen „klassischer" und schwerer Raubdelikte nicht verändert hat. Denn die Zunahme an Tatverdächtigen ist zunächst einmal eine einfache Funktion der Zunahme aufklärungsgeeigneter Sachverhalte, und diese sind – wie die Forschung ausweist – ganz wesentlich dadurch bedingt,

---

[82] Dölling (Fn 74), S 53.

[83] Erster Periodischer Sicherheitsbericht, DVJJ-Journal 2001, S 399ff.

[84] Heinz in Kofler/Graf (Hrsg), Sündenbock Fernsehen? Aktuelle Befunde zur Fernsehnutzung von Jugendlichen, zur Wirkung von Gewaltdarstellungen im Fernsehen und zur Jugendkriminalität 1995, S 107ff, S 124; Dölling (Fn 74), S 53.

[85] Pfeiffer ua (Fn 80).

[86] So schon Ohder, Gewalt durch Gruppen Jugendlicher. Eine empirische Untersuchung am Beispiel Berlins 1992, S 97 mit der Schätzung im Übrigen, dass Raubdelikte mit dem Schwerpunkt der Bereicherungsabsicht wohl lediglich etwa 15% der dort erfassten durch Jugendliche begangenen Raubstraftaten ausmachten.

[87] Pfeiffer, Ch. ua (Fn 80), S 36f.

dass das Opfer über einen Tatverdächtigen entsprechende Auskünfte geben kann. Zur beschleunigten Zunahme von identifizierten Tatverdächtigen mag dann noch beitragen – und dies wird auch durch die weitaus schwächer ausfallende Zunahme an registrierten Raubstraftaten in den neunziger Jahren gestützt –, dass entweder vermehrt in Gruppen oder vermehrt in größeren Gruppen entsprechende Straftaten begangen werden. Dies muss die Aufmerksamkeit auf Gruppenprozesse lenken.[88]

Auch einfache und gefährliche Körperverletzungsdelikte von Kindern, Jugendlichen und Heranwachsenden haben ausweislich der Polizeilichen Kriminalstatistik in den sechziger und siebziger Jahren sowie seit 1989 sehr stark zugenommen. Für den hier feststellbaren Anstieg spielen offensichtlich ähnliche Prozesse wie diejenigen bei Raubdelikten die ausschlaggebende Rolle. Demgegenüber lässt das polizeilich registrierte Vergewaltigungsdelikt einen vollkommen anderen Trend erkennen. Die Tatverdächtigenziffern gehen in diesem Deliktsbereich (nicht nur) bei jungen Menschen eher zurück.[89] Die Zunahme registrierter Jugendgewalt lässt sich demnach auf neue Entwicklungen in den Bereichen des Raubs und der Körperverletzung zurückführen. Die Staatsanwaltschaft begegnet diesem Anstieg im Übrigen bis Mitte der neunziger Jahre mit vermehrten Diversionsentscheidungen und relativ stabilen Anklagequoten.[90]

Ansatzpunkte zur Beantwortung der allgemeinen Frage nach der Entwicklung der Schwere der Jugendkriminalität ergeben sich dann – freilich lediglich in Form einer bescheidenen Annäherung – aus einem Abgleich der polizeilichen Daten zu den Tatverdächtigen mit den Verurteilungsdaten.[91] Betrachtet man die Entwicklung der relativen Belastung mit Tatverdächtigen einerseits und die der relativen Belastungen mit Verurteilten andererseits, dann lässt sich ein eindeutiger Trend feststellen. Der Zunahme an Tatverdächtigen folgt ab den sechziger Jahren keine entsprechende Zunahme an Verurteilten, wie das Konstanzer Inventar zur Kriminalitätsentwicklung ausweist.[92] Vielmehr bleibt die Verurteiltenziffer (pro 100000 der jeweiligen Bevölkerungsgruppe) seit den sechziger Jahren im Wesentlichen auf demselben Niveau.[93] Für Tötungsdelikte ist ein gleichförmiger Verlauf festzustellen (bei etwa 1 Verurteilung eines Jugendlichen pro

---

[88] Vgl hierzu Ohder (Fn 86), mit dem Hinweis, dass (jedenfalls im Untersuchungsraum Berlin) erhebliche Anteile von Gewaltdelikten Jugendlicher (Raub, Körperverletzung) in größeren Gruppen (> 8 Personen) begangen werden.

[89] Baurmann, M. C., Dörmann (Fn 74), S 42f.

[90] Elsner/Steffen/Stern (Fn 76), S 66.

[91] Baurmann, M. C., Dörmann (Fn 74), S 39ff.

[92] www.uni-konstanz.de/rtf/kik/deutsche.htm.

[93] Vgl hierzu insgesamt Heinz (Fn 84), S 120ff.

100000 der Altersgruppe pro Jahr). Verurteilungen wegen Straftaten gegen die sexuelle Selbstbestimmung nehmen ab, während für Raub und Delikte der gefährlichen und schweren Körperverletzung seit Ende der 80er Jahre nach einem über lange Zeit stabilen Verlauf wieder eine deutliche Zunahme zu beobachten ist. Freilich liegen die Verurteilungsziffern insgesamt recht niedrig. Nun erklärt sich das immer stärkere Auseinanderklaffen zwischen Tatverdächtigen- und Verurteiltenziffern sicher durch den verstärkten Gebrauch der Einstellungsvorschriften des Jugendgerichtsgesetzes (§ 45 JGG) und die positive Aufnahme des Diversionsgedankens in der Jugendjustiz. Jedoch darf hierbei nicht übersehen werden, dass doch im Wesentlichen leichte Delikte vor allem bei Ersttäterschaft in den Diversionsbereich fallen.

Eine nähere Betrachtung der schweren Kinder- und Jugendkriminalität ergibt nicht nur, dass schwere Formen der Gewalt nach wie vor selten sind;[94] insbesondere Kinder stellen im Wesentlichen die Opfer von Gewaltkriminalität und nicht die Täter. Im Übrigen findet sich bei jungen Menschen im Falle von Gewaltdelikten eine erhebliche Überlappung von Täter- und Opferrollen. So sind ausweislich einer neueren Münchner Studie etwa zwei Drittel der als Opfer von Gewalttätigkeiten junger Menschen bekannt gewordenen Personen selbst als tatverdächtig (darunter ein Drittel wegen Mehrfachtäterschaft) aufgefallen, ein Befund, der bereits aus Dunkelfelduntersuchungen der siebziger Jahre bekannt ist und in Theorien des „Lebensstils“ zu der plausiblen Überlegung geführt hat, dass auch altersabhängige Lebensbedingungen und (Freizeit-)Verhaltensmuster gleichermaßen zu einem erhöhten Risiko der Täterschaft wie des Opferwerdens führt.[95]

Die in der öffentlichen Meinung, in der Rechtspolitik sowie im Minderheitenschutz besonders herausgehobenen Gewalttaten gegen Immigranten sowie verletzliche Gruppen, also Hasskriminalität und extremistische Gewalt, haben zu Recht die politische Aufmerksamkeit auf sich gezogen. Diese Gewalttätigkeit wird im Wesentlichen von jungen Männern ausgeübt. Die Gewalt ist darüber hinaus Teil von Gruppenaktivitäten und richtet sich gegen einzelne Personen, die allein wegen ihrer Zugehörigkeit zu einer bestimmten (ethnischen) Gruppe Ziel von Gewalt werden. Eben diese Gewalt und die diese Gewalt ausübenden Gruppen sind im Übrigen auch zum Streitpunkt bei der Frage geworden, ob und inwieweit in derartigen

---

[94] Vgl hierzu das Konstanzer Inventar zur Kriminalitätsentwicklung www.uni-konstanz.de/rtf/kik/deutsche.htm.

[95] Elsner/Molnar, Kriminalität Heranwachsender und Jungerwachsener in München 2001, S 234; Villmow/Stephan, Jugendkriminalität in einer Gemeinde 1986.

Zusammenhängen „akzeptierende Jugendarbeit“[96] angesetzt werden dürfe, um desintegrierende oder exkludierende Folgen bei jungen gewalttätigen Menschen so gering wie möglich zu halten.[97] Nur ein relativ kleiner Teil der jungen Tatverdächtigen ist allerdings der rechtsextremistischen Szene zuzuordnen, wie auch der Anteil der Hassgewalt an den für junge Menschen registrierten Gewalttaten gering ausfällt.[98] Berichtet wird von einem auffallend hohen Anteil, der auch durch Straftaten aus dem allgemeinen Kriminalitätsbereich vorbelastet ist, was auch zur Frage geführt hat, ob sich hinter diesen Phänomenen eine Verlagerung herkömmlicher Jugendgewalt verbirgt.[99]

Die Frage, was die Zunahme der offiziell registrierten Jugendgewalt, insbesondere auch die Zunahme an extremistischer und Hassgewalt, im Einzelnen ausgelöst hat, kann bis heute nicht sicher beantwortet werden.[100] Längsschnittdaten aus Befragungen, die mit den polizeilich erhobenen Informationen kontrastiert werden und Zusatzinformationen zu Delikt, Täter und Begehungsweisen liefern könnten, stehen nicht oder nicht für angemessene Perioden zur Verfügung. Soweit freilich Dunkelfeldbefragungen der siebziger und achtziger Jahre mit solchen aus den neunziger Jahren verglichen werden, fallen die Zuwächse tendenziell sehr viel geringer aus[101] und lassen für die letzten Jahre eher Hinweise auf eine Abnahme der Jugendkriminalität zu (was sich freilich auch mit den Daten der Polizeilichen Kriminalstatistik, den Befunden des Sicherheitsberichts und der internationalen Forschung deckt).[102]

Eine differenzierte Analyse der Münchner Gewaltkriminalität, die Kindern zugeordnet werden kann, zeigte für 1995, dass von 55000 Kindern 78 als tatverdächtig wegen 42 Gewaltdelikten auffielen, davon entfielen 31 auf die gefährliche Körperverletzungen und 11 auf Raubdelikte (also typische Straßenkriminalität und Rohheitsdelikte, die sich weitgehend in derselben Altersgruppe abspielen).[103] Die Delikte richteten sich ganz überwiegend gegen andere Kinder; nur in etwa 29% der Fälle kannten sich Täter und Opfer vorher

[96] Kohaus/Cladder-Micus, DVJJ-Journal 1995, S 347–353.

[97] Schumann, StV 1993, S 324ff; Frommel, DVJJ-Journal 1994, S 67–68.

[98] Solon, Der Kriminalist 1994, S 73ff, S 74.

[99] Boos, DVJJ-Journal 2001, S 30ff, S 32.

[100] Zusammenfassend Walter, 2001 (Fn 34), S 247ff.

[101] Oberwittler/Würger, Emmendinger Schülerbefragung zur Jugenddelinquenz 1999. Ergebnisbericht 1999; Albrecht, H.-J. MschrKrim 1998, S 381ff, S 394ff; Heinz MschrKrim 1998, S 399ff.

[102] Erster Periodischer Sicherheitsbericht, DVJJ-Journal 2001, S 402; Kivivuori, Trends in Juvenile Delinquency in Finland, 1995–1998. Publication no 161, 1999; www.albany.edu/sourcebook/.

[103] Steffen/Elsner, RdJB 1999, S 332ff, S 336.

nicht. Schließlich hat die Einschätzung der Delikte auf Aktenbasis ergeben, dass die Schwere der Sachverhalte insgesamt als gering einzustufen ist und die abstrakte Schwere der Deliktstatbestände zu erheblichen Fehlschlüssen verleiten kann. Diese Ergebnisse decken sich mit anderen Studien, wie beispw diejenigen zur Analyse der Kinderkriminalität in Bremen,[104] aus der sich ebenfalls ergibt, dass Kinderkriminalität ganz überwiegend „recht harmlose Entwicklungs- und Episodendelinquenz“ (wenn es sich nicht um Ladendiebstähle handelt, dann um Straftaten in Gruppen und unter Gleichaltrigen, die sich kennen) darstellt und nur ausnahmsweise ernst zu nehmende „Intensivdelinquenz“ zu beobachten ist. Die überwiegende Bagatellhaftigkeit der Jugendkriminalität ergibt sich auch aus Befragungsdaten.[105]

Als Konsequenz dieser Analysen der Kriminalitätsentwicklung in Gruppen junger Menschen werden vor allem Forderungen nach Entdramatisierung der Situationsbeschreibungen erhoben.[106] Dabei werden die Konstanz der Tatverdächtigenzahlen sowie die Bagatellhaftigkeit und die Episodenhaftigkeit der Jugendkriminalität betont.[107] Dies ist sicher richtig, denn Grundstrukturen der Jugendkriminalität sind tatsächlich stabil geblieben. Im Hinblick auf die Massenauffälligkeit ist zu bemerken, dass die Diebstahlskriminalität nach wie vor im Zentrum von Jugendkriminalität und insbesondere der Kinderkriminalität steht, ebenso wie Gelegenheitskriminalität oder Einmalkriminalität. Im Wesentlichen handelt es sich um eine Einschätzung, die zwar in unterschiedlichen Variationen vertreten, doch in den Kernbereichen von Forschung, Wissenschaft und Praxis geteilt wird.[108]

3.1.2 Kriminelle Karrieren und chronische Straftäter

Eine in der öffentlichen und veröffentlichten Meinung besonders herausgehobene Gruppe von Tätern betrifft die chronischen oder Karriere- und Intensivstraftäter, auf die allerdings bereits seit den

---

[104] Thomas, ZRP 1999, S 193 ff.

[105] Oberwittler/Blank/Köllisch/Naplava, Soziale Lebenslagen und Delinquenz Jugendlicher 2001, S 101.

[106] Vgl beispw Albrecht in Anhörung des Rechtsausschusses – Kinder- und Jugenddelinquenz –. Berlin, Mittwoch 9. 5. 2001; ähnlich Erster Periodischer Sicherheitsbericht, DVJJ-Journal 2001, S 401, wo von einer erheblichen Relativierung des Anstiegs der Kinder- und Jugendkriminalität die Rede ist.

[107] Antwort der Bundesregierung v 23. 7. 1997 auf eine Große Anfrage der SPD-Bundestagsfraktion „Jugendstrafrecht und Präventionsstrategien“ (BT-Dr 13/8284).

[108] Walter (Fn 14).

70er Jahren besonderes kriminalpolitisches und kriminologisches Augenmerk fällt.[109] Auch hier gibt es keine Informationen, die die Entwicklung oder Tendenzen in den Größenordnungen der als chronisch bezeichneten Straftäter für das letzte Jahrzehnt als besonders problematisch beurteilen ließen. Aus der Freiburger Kohortenuntersuchung, die verschiedene Geburtskohorten der siebziger und achtziger Jahre umfasst, kann allerdings mitgeteilt werden, dass die Zunahme in der Gesamtprävalenz von Tatverdächtigen, die im Verlauf der 80er und 90er Jahre beobachtet werden kann, offensichtlich nicht auf die häufig registrierten Tatverdächtigen zurückgeht, sondern ausschließlich auf die Zunahme von lediglich einmal oder gelegentlich registrierten Tatverdächtigen. Dies gilt für die Geburtskohorten der deutschen Staatsangehörigen ebenso wie für diejenigen der jungen Ausländer und (Spät-)Aussiedler. Entsprechende Befunde liegen auch für die Entwicklung der Jugendkriminalität in den USA vor.[110] Es sind demnach offensichtlich nicht wachsende Anteile an „Super Predators" oder an Karrieristen, die den Schub an als tatverdächtig registrierten jungen Menschen verursachen; vielmehr kommen immer größere Anteile aufeinander folgender Geburtskohorten in den neunziger Jahren einmal oder gelegentlich in Kontakt mit der Polizei.

Weiter ist bekannt, dass bis zu 5% der männlichen Angehörigen einer Geburtskohorte „kriminelle Karrieren" entwickeln,[111] die unterschiedlich definiert werden können, aber im Hinblick auf ein besonderes Phänomen international konsistente Befunde beobachten lassen. Auf diese Gruppe gehen nämlich bis zu zwei Drittel aller polizeilich registrierten Straftaten in dem jeweiligen Geburtsjahrgang zurück.[112] „Karrieristen" sind bislang allerdings prospektiv nicht (sicher) identifizierbar, jedenfalls nicht so identifizierbar, dass auf einer solchen Grundlage schon in einem frühen Stadium Interventionen begründet werden könnten, die auf die Verhinderung eben solcher Karrieren zielen.[113] Zwar enden Jugendkriminalkarrieren in der Regel mit dem Übergang in die Erwachsenenwelt, wobei die Übernahme von Erwachsenenrollen in der Berufs- und Arbeitswelt sowie die Entstehung fester Bindungen wohl ausschlaggebend sind;[114] ein kleiner Teil wird allerdings im Jungerwachsenenleben

---

[109] Hierzu auch Erster Periodischer Sicherheitsbericht, DVJJ-Journal 2001, S 399f.

[110] Cook/Laub in Tonry/Moore (Hrsg), Youth and Violence. Crime and Justice. A Review of Research. Bd 24 1998, S 27ff, S 51ff.

[111] Vgl zuletzt Oberwittler/Blank/Köllisch/Naplava (Fn 105), S 101.

[112] Elsner/Molnar (Fn 95), S 229.

[113] Vgl Heinz, Wolfgang MSchrKrim 1998, S 399ff. sowie die Stellungnahme von 55 Strafrechtsprofessoren und Kriminologen, DVJJ-J 1998, 203ff.

[114] Mischkowitz, Kriminelle Karrieren und ihr Abbruch 1993, S 382.

fortgesetzt und konterkariert die Alterskurve durch Stabilität in den abweichenden Verhaltensmustern. Insbesondere im Zusammenhang mit der in der internationalen Forschung übereinstimmend gemachten Beobachtung, dass Intensiv- und Karrieretäter bereits in früher Kindheit Verhaltensauffälligkeiten zeigen,[115] konzentrieren sich Forschungen auf die Erklärung der Stabilität in abweichenden Verhaltensmustern, die sich der Anpassung an die eingangs erwähnte Alterskurve der Kriminalitätsbelastung sperrt, ohne dass freilich sichere Erkenntnisse darüber vorliegen, was diese Stabilität bedingt und wie diese Stabilität gebrochen werden kann.[116] Die neueren Forschungsbefunde verweisen dabei auf eine erhebliche Variabilität in den Bedingungskonstellationen, die mit dem Ausstieg aus chronischen Verläufen der Kriminalitätsbegehung verbunden sind und geben im Übrigen immer wieder Anlass zu betonen, dass jugend- oder erwachsenenstrafrechtliche Sanktionen im Zusammenhang mit dem Ausstieg einen gewissen, wenn auch bescheidenen Unterschied ausmachen können, dass aber eben diese Sanktionen offensichtlich auch einen bedeutsamen Beitrag für die Entstehung und Stabilisierung der Verläufe leisten.[117] Insoweit muss es bei der Feststellung bleiben, dass „vernünftige, vorsichtige, zurückhaltende Sanktionen“ sich in der Bilanz gerade bei Karrieretätern noch am ehesten auswirken werden[118] (indem nämlich Entstehungs- und Stabilisierungsprozesse nicht zusätzlich gefördert werden).

3.1.3 Ethnisierung der Jugendkriminalität?

Weitere bedeutsame Bezugspunkte der Analyse von Jugendkriminalität stellen Gangs, Banden und Subkulturen dar. Allerdings ist zu betonen, dass Formen von Vergesellschaftung junger Männer immer Gruppenbildungen einschließen, die in der Jugendphase besondere und auch positive Funktionen wahrnehmen.[119] Großstädtische Gettos breiten sich andererseits aus; damit sind auch die Voraussetzungen für die Entstehung und Verbreitung von Gang-Kulturen und an7deren subkulturellen Ausprägungen von Jugendproblemen geschaffen.[120]

---

[115] Lay ua, MschrKrim 2001, S 119ff.

[116] Zusammenfassend Sampson/Laub (Fn 72), S 63ff, sowie Ortmann (Fn 72).

[117] Laub/Sampson in Tonry (Hrsg), Crime and Justice: An Annual Review of Research 2001, S 1ff.

[118] Kerner in Dölling (Hrsg), Das Jugendstrafrecht an der Wende zum 21. Jahrhundert. Symposium zum 80. Geburtstag von Dr. Rudolf Brunner 2001, S 99ff, S 124.

[119] Vgl die Beiträge in Breyvogel (Hrsg), Lust auf Randale. Jugendliche Gewalt gegen Fremde 1993.

[120] Vgl für Frankreich beispw Pattegay, Deviance et societe 2001, S 257ff.

Freilich hat sich die jugendkriminologische Aufmerksamkeit dann vor allem auf eine Veränderung in Gruppen junger Tatverdächtiger konzentriert, die auch als Ethnisierung der Jugendkriminalität bezeichnet und die in der polizeilichen Kriminalstatistik mit dem bekannten Ausweis einer überdurchschnittlichen Belastung von jungen Immigranten sichtbar wird. Die Studie von Steffen zur Entwicklung der Jugendkriminalität in Bayern bzw in München verweist ebenfalls auf eine herausragende Rolle der jungen Migranten für die Entwicklung der Zahl jugendlicher Tatverdächtiger insgesamt (freilich nicht für die Entwicklung der Kriminalität selbst).[121] Denn die Auswertungen der Daten zeigen eine beträchtliche Zunahme einmal der absoluten, zum anderen der relativen Belastungszahlen (Letzteres gemessen anhand der registrierten Wohnbevölkerung). Die Zunahme konzentriert sich dabei auf Jugendliche aus dem ehemaligen Jugoslawien und der Türkei, im Übrigen auf solche Jugendliche, die erst seit 1990 zugezogen sind. Hier fallen Gemeinsamkeiten mit den Problemen der Integration der so genannten „Spätaussiedler" auf. Offensichtlich versetzen heutige Immigrationsbedingungen Neuimmigranten in eben dieselbe prekäre soziale und ökonomische Lage. International übereinstimmend haben Forschungen zu den Ursachen dann ergeben, dass in multivariaten und demnach andere relevante Faktoren kontrollierenden Analysen die ethnische Zugehörigkeit bzw der Immigrantenstatus keine besondere Erklärungskraft für kriminelles Verhalten im Jugendalter besitzt.[122] Die Kriminalität der jungen Immigranten verweist auf klassische Theoriebestände in der Kriminologie, wie Desintegration, Kulturkonflikte, sozialen Stress sowie Bindungsprobleme.[123]

Die Folgen dieser Entwicklungen bestehen aber einmal in einem erheblichen Anteil von Immigranten an Tatverdächtigen und Verurteilten und in einer Reihe zusätzlicher Fragestellungen und Problemen, die sich hierdurch für das (Jugend-)Strafverfahren ergeben.[124]

3.1.4 Erklärungen der Jugendkriminalität

Hinsichtlich der Erklärungen wird partiell auf Ansätze zurückgegriffen, die eher die jugendkriminalpolitischen Sichtweisen wieder-

---

[121] Steffen in Bundeskriminalamt (Hrsg), Neue Sicherheitsstrategien gegen das Verbrechen 1999, S 91 ff.

[122] Oberwittler/Blank/Köllisch/Naplava, Soziale Lebenslagen und Delinquenz Jugendlicher 2001, S 78.

[123] Junger/Haen-Marshall, Journal of Research in Crime and Delinquency 1997, S 79 ff.

[124] Vgl hierzu das Sonderheft MschrKrim Ethnizität, Konflikt und Recht, März 1999.

geben. Denn die Hinweise, die Jugendkriminalität als spontanes, peripheres, ubiquitäres und vorübergehendes Verhalten betrachten, leisten nichts für die Betrachtung der eigentlich erheblichen Jugendkriminalität, die sich eben auf wenige (Intensiv-)Täter konzentriert und auch mit der Normalitätserwägung geht in der Regel ein Erklärungsverzicht einher. Außerdem gelten gerade für die Gruppen der Mehrfachauffälligen, dass offensichtlich die Umwelt, Familie, Nachbarschaft eben nicht über die Ressourcen verfügen, die notwendig wären, um die Probleme informell zu lösen. Hier wird manchmal weitgehend auf Abwarten gesetzt (mit dem selbstverständlich ebenfalls Erfolge erzielt werden können). Denn Aussteiger gibt es auf allen Karrierestufen und in allen Phasen einer kriminellen Karriere.

In der Erklärung von Jugendkriminalität und Jugendgewalt sind Faktoren, die die Verfestigung von Kriminalität im Lebenslängsschnitt betreffen, von solchen zu unterscheiden, die Gruppen mit geringer und höherer Kriminalitätsbelastung trennen. Dass abweichendes und kriminelles Verhalten in jungen Altersgruppen aber einen Höhepunkt erreicht, gilt als kulturell und zeitlich invariant und demnach (je nach Position) auch nicht als erklärungsfähig oder -bedürftig. Denn vor allem leichte Delikte sind im Dunkelfeld so weit verbreitet, dass eher die Unauffälligkeit das Besondere (und Erklärungsbedürftige) darstellt. Ferner gilt es solche Merkmale anzusprechen, die in sozialstruktureller Hinsicht die Entwicklung von Kriminalitätsraten zu erklären vermögen. Für das Jugendstrafrecht sind es somit vor allem die Lebenslängsschnittfaktoren, auf die es Einfluss zu nehmen gilt. Was die Trennung zwischen Mehrfachtätern und den eher Unauffälligen (auch Einmaltätern) betrifft, so verweisen die vorliegenden Untersuchungen immer wieder konsistent auf eine Reihe von Faktoren, die bereits seit langer Zeit als bedeutsam hervorgehoben werden. Die relevanten Merkmale, die Jugendkriminalität in dieser Hinsicht erklären, liegen in den Beziehungen zur Familie, im schulischen Bereich, also in klassischen Bindungsvariablen. Was ansteigende Jugendkriminalität und Jugendgewalt und Erklärungen auf der Aggregatebene im Längsschnitt betrifft, so wird auf die ethnische Heterogenität moderner Gesellschaften, auf kulturelle Heterogenität, auf das allmähliche Verschwinden unqualifizierter Arbeit und das Ansteigen der Anforderungen in Arbeit und Beruf verwiesen. Hieraus, so wird geschlossen, folgten Prozesse der Exklusion und der sozialen und ökonomischen Marginalisierung,[125] im Übrigen die Konzentration

[125] Breymann (Fn 64), S 420f.

von Problemgruppen in städtischen Teilgebieten.[126] Tatsächlich weisen neuere Studien zu sozialräumlichen Aspekten der Jugendkriminalität auf erhebliche Segregation als für die Jugendkriminalität bedeutsamer Faktor hin.[127] Andere Erklärungen heben darauf ab, dass die Kriminalität junger Menschen wohl kaum alleine über Sozialisationsprozesse oder mehr oder weniger früh angelegte Dispositionen im psychischen Bereich und in persönlichen Merkmalen verstanden werden kann. Kriminalität ist offensichtlich auch nicht bloß mechanische Reaktion auf aktuelle Lebensbedingungen, sondern, da es sich um Handlungen handelt, auf Auswahl angelegt, die wiederum sehr stark durch die aus dem jeweiligen sozialen und ökonomischen Kontext resultierenden Lagen bedingt ist, und damit auch ganz spezifischen Gelegenheitsmustern folgt.[128] Die Forschung zeigt insoweit – freilich ist diese Fragestellung nicht sonderlich gut bearbeitet[129] –, dass die Stärke des Zusammenhangs zwischen individuellen (Risiko-) Merkmalen und Delinquenz/Kriminalität durchaus sehr unterschiedlich entlang unterschiedlicher Nachbarschaften bzw sozioökonomischer Randbedingungen ausfallen und dass der unmittelbare sozioökonomische Kontext jedenfalls für junge Menschen mit mittleren Ausprägungen individueller Risikofaktoren bzw für junge Menschen ohne Risikofaktoren offensichtlich für die Auslösung von häufigen Straftaten bzw kriminellen Karrieren entscheidend sein kann.[130] Dies würde bedeuten, dass gerade in einer für das Jugendstrafrecht ganz zentralen Gruppe der soziale Kontext eine bedeutsame Rolle spielt und nicht (allein) die in Person, Familie oder Lebensbiographie ausgewiesenen protektiven Merkmale oder Risikofaktoren. Somit ist die Entwicklung im Lebenslängsschnitt einerseits nicht determiniert durch die früh angelegten Bedingungen, andererseits aber durch den sozio-ökonomischen Kontext beeinflusst. Weiter oben sind im Zusammenhang mit dem Abbruch krimineller Karrieren solche Lebensereignisse genannt worden, die offensichtlich mit dem Abbruch assoziiert sind, ohne diesen freilich erklären zu können. Denn die Frage, warum die einen feste Bindungen eingehen (können) und andere nicht, warum die einen berufliche Bindungen eingehen, andere wiederum nicht und wie sich

---

[126] Junger-Tas, Studies on Crime and Crime Prevention 1996, S 31 ff.

[127] Vgl zu Köln und Freiburg Oberwittler/Blank/Köllisch/Naplava (Fn 122), S 83 ff.

[128] Mansel/Hurrelmann, KZf SS 1998, S 102.

[129] Reiss in ders/Tonry (Hrsg), Communities and Crime. Crime and Justice. An Annual Review of Research 81986, S 10 ff.

[130] Wikstrom/Loeber, Criminology 2000, S 1109 ff. Peeples/Loeber, Journal of Quantitative Criminology 1994, S 141 ff. Vgl zu deutschen Forschungen, die ebenfalls auf die Relevanz des sozialen Kontextes verweisen Oberwittler/Blank/Köllisch/Naplava (Fn 122), S 96 ff.

dies dann im Zusammenhang mit Straffälligkeit auswirkt, ist einerseits wenig bekannt,[131] zum anderen sind diese Ereignisse durch das Jugendstrafrecht sowieso kaum beeinflußbar.

Hinsichtlich der Faktoren, die für die Entwicklung von Kriminalität im Lebenslängsschnitt junger Menschen eine Rolle spielen können, kommen nach wie vor dem Strafrecht selbst und der Jugendstrafrechtspraxis eine prominente Bedeutung zu. Denn ganz im Gegensatz zu den normativen Erwartungen, die durch das Jugendstrafrecht mit einer Intervention auf Jugendkriminalität verknüpft werden, wird der jugendstrafrechtliche Eingriff in empirischer theoretischer Hinsicht eher als kriminalitätsfördernd thematisiert.[132]

Gerade diese Fragestellung bedingt auch die Frage nach der Verteilung und Entwicklung strafrechtlicher Sanktionierung einerseits, sowie nach der Forschung zu den Wirkungen, die von Sanktionen oder im Rahmen von Sanktionen implementierten Programmen erwartet werden können, andererseits.

3.2 Jugendstrafrechtliche Sanktionen: Befunde der empirischen Sanktionsforschung

3.2.1 Wie entwickeln sich jugendstrafrechtliche Sanktionen?

Wird zunächst auf die aggregierten Daten zur Jugendstrafrechtspraxis eingegangen, dann kann die Entwicklung auch beschrieben werden als Ausdruck einer Jugendkriminalpolitik, die die gerade eben thematisierte kriminalitätsverstärkende Wirkung strafrechtlicher Sanktionen aufgreift. Freilich lässt sich ebenso gut die Verfahrensökonomie als Auslöser der Entwicklungen ansehen. Denn für die Entwicklung der Jugendstrafrechtspraxis wird vor allem die Zurückdrängung formeller Sanktionen zugunsten solcher informeller Art hervorgehoben.[133] Letztere sind durch das 1. Jugendgerichtsänderungsgesetz 1990 noch einmal gefördert worden. Ferner werden die Zurückdrängung stationärer Sanktionen zugunsten solcher ambulanter Art sowie der vermehrte Gebrauch helfender, betreuender und restitutiver Maßnahmen betont. Indikatoren hierfür seien der

[131] Laub/Sampson (Fn 117), S 1 ff.

[132] Breymann (Fn 64), S 421, mit dem Hinweis, dass die Justiz den Ausgrenzungsprozessen junger Menschen assistiere und mehr Kriminalität produziere, denn vermeide; vgl im Übrigen Sampson/Laub, Annual Review of Sociology 1992, S 63 ff.

[133] Heinz in Dölling (Hrsg), Das Jugendstrafrecht an der Wende zum 21. Jahrhundert. Symposium zum 80. Geburtstag von Dr. Rudolf Brunner 2001, S 63 ff.

Bedeutungsgewinn der Erziehungsmaßregeln sowie der Betreuung durch Bewährungshilfe nach Strafaussetzung zur Bewährung.

Jedoch verweist die Sanktionsentwicklung auf „Wellenbewegungen", die sich auch in einen Zusammenhang mit gesellschaftlichen Entwicklungen (Liberalisierung um die 68er Jahre, „Tendenzwende" ab dem Jahre 1975) stellen lassen. Ein Rückgang der freiheitsentziehenden Sanktionen ist in den 80er Jahren zwar festzustellen. Der Rückgang ist bis Ende der achtziger Jahre jedoch nicht sehr eindrucksvoll, wenn in Rechnung gestellt wird, dass der Anteil der mit freiheitsentziehenden Sanktionen belegten Jugendlichen und Heranwachsenden gerade etwa den Stand von vor 20 Jahren erreicht hat. Bei den Erziehungsmaßregeln lassen sich vor allem zwei Einflußtendenzen erkennen. In der zweiten Hälfte der 60er Jahre werden die Sanktionen tendenziell vom kurzen Einsperren als wichtigstem Sanktionsmittel auf die Geldauflage als nunmehr bedeutendste Sanktion umgestellt. Der zweite Modernisierungsschub zu Beginn der 80er Jahre führt zu einer vermehrten Anwendung erzieherischer Maßnahmen. Bedeutend ist bei der Diversionsentwicklung allerdings vor allem der steigende Anteil von Verfahrenseinstellungen auf staatsanwaltlicher wie richterlicher Ebene. Insbesondere auf der Ebene der Staatsanwaltschaft ist eine enorme relative Zunahme der Einstellungen aller Verfahren, die nach dem Jugendstrafrecht erledigt werden, zu verzeichnen. Dies geht einher mit der Verlagerung informeller Entscheidungen vom Gericht auf die Staatsanwaltschaft; dh es werden vermehrt Verfahren nach § 45 Abs 2 JGG eingestellt, während gleichzeitig ein relativer Rückgang der Verfahrenseinstellungen durch die Gerichte nach § 47 JGG und ein eindeutiger Rückgang der Anträge auf vereinfachtes Verfahren festzustellen ist.[134]

3.2.2 Starke Betonung der Verfahrenseinstellung und der Diversion (§§ 45, 47 JGG)

Die Jugendstrafrechtspraxis ist somit vor allem durch die Zunahme der Entscheidungen nach §§ 45, 47 JGG geprägt. Insgesamt wird nurmehr jeder dritte junge Beschuldigte, bei dem Staatsanwaltschaft und Gericht von hinreichendem Tatverdacht ausgehen, verurteilt. Zwei von drei Tatverdächtigen werden per Diversion aus dem Verfahren ausgeschieden.[135] Freilich wird diese Entwicklung in den

---

[134] Ludwig-Mayerhofer, Zeitschrift für Rechtssoziologie 1992, S 205ff.

[135] Heinz in Bundesarbeitsgemeinschaft für ambulante Maßnahmen nach dem Jugendrecht in der DVJJ (Hrsg), Neue ambulante Maßnahmen. Grundlagen – Hintergründe – Praxis 1999, S 160ff, S 195.

neunziger Jahren unterschiedlich beurteilt. Denn für die Strafverfolgungseinrichtungen und die Justiz stellt sich die häufigere Anwendung der Einstellungsvorschriften als ein Austausch der in Erziehungs- und Bundeszentralregisterauszügen ausgewiesenen Erledigungsformen bzw Sanktionsarten dar (bei gleicher Anzahl der Eintragungen und offensichtlich unbeirrter Fortsetzung der Straftaten durch die Adressaten),[136] für die Polizei wird demgegenüber teilweise Gesetzesungehorsam sichtbar.[137] Tatsächlich werden die gesellschaftlichen Entwicklungen (die rechtsextremistische Jugendgewalt, jugendliche Gangs, Immigrantenprobleme etc.) vor dem Hintergrund der als Deeskalation verstandenen Diversionspolitik unterschiedlich bewertet. Diese Wahrnehmungen deuten immer wieder auf die Unterschiede in der Gewichtung der Ziele der Generalprävention und der Individualprävention hin.[138]

Die Praxis macht nicht nur häufig, sondern vor allem regional extrem unterschiedlich von §§ 45, 47 JGG Gebrauch.[139] So kamen beispielsweise 1987 auf 100 Verurteilte in Baden-Württemberg 73 Verfahrenseinstellungen, in Hamburg dagegen 489.[140] Diese Diskrepanzen beruhen nicht auf einer unterschiedlichen Kriminalitätsstruktur oder auf Abweichungen in den Merkmalen der Täter in den einzelnen Bundesländern. Sie dürften vielmehr Ausdruck regional unterschiedlicher Strafpräferenzen sein. Unterschiedliche Reaktionsstile bestehen jedoch nicht nur zwischen den Bundesländern, sondern auch innerhalb eines Bundeslandes. So wurde in Baden-Württemberg im Rahmen des Projektes „Reaktionsalternativen im Jugendstrafrecht" eine Spannbreite der Einstellungsentscheidungen (§§ 45, 47 JGG) von 13,6% bis 100% festgestellt. Immerhin wird hierdurch belegt, dass ein hohes Maß von Verfahrenseinstellungen sowohl im justiziellen Bereich als auch der Bevölkerung gegenüber vertretbar ist. Belegt wird ferner, dass in zahlreichen Regionen die insoweit bestehenden Handlungsspielräume bei weitem noch nicht

---

[136] Solte in Landesgruppe Baden-Württemberg in der DVJJ (Hrsg), Deeskalation – Über den angemessenen Umgang mit Jugenddelinquenz 1998, S 61 ff, S 72.

[137] Braasch/Köhn/Kommoß/Winkelmann, Der Gesetzesungehorsam der Justiz 1997.

[138] Solte (Fn 136), S 73, wo ein Fallbeispiel für generalpräventive Wirkungen (nämlich die Zerschlagung einer Jugendgang) den individualpräventiv offensichtlich nicht zugänglichen Tatverdächtigen (und schließlich Verurteilten) gegenübergestellt und abgewogen wird.

[139] Heinz, ZRP 1990, S 7 ff; Heinz, DVJJ-Journal 1998, S 245 ff; so auch für Nordrhein-Westfalen Ludwig-Mayerhofer in Albrecht (Hrsg), Informalisierung des Rechts – Empirische Untersuchungen zur Handhabung und zu den Grenzen der Opportunität im Jugendstrafrecht 1990, S 47 ff.

[140] Heinz/Storz, Diversion im Jugendstrafverfahren der Bundesrepublik Deutschland 1992.

ausgeschöpft sind. Als Folge des zunehmenden Gebrauchs der Diversion bleibt in vielen Fällen die polizeiliche Vernehmung nicht nur der erste, sondern auch der einzige persönliche Kontakt des Beschuldigten mit den Instanzen der Strafverfolgung. Damit kommen Art und Inhalt der polizeilichen Gesprächsführung neues Gewicht zu.[141]

Im Zusammenhang mit der Diversionsorientierung wurden nicht nur präventive Gesichtspunkte kritisch angesprochen, gefragt wurde auch nach möglicher Intensivierung der sozialen Kontrolle Jugendlicher (net-widening). Die Forschungsbefunde lassen sich allerdings wohl so zusammenfassen, dass es eher zu einer Verminderung als zu einer Ausweitung sozialer Kontrolle kommt.[142]

Im Hinblick auf die Frage der Entscheidungskriterien werden einerseits die Orientierung an normativen Formalkriterien sowie organisatorische und bürokratische Bedingungen genannt.[143] Zum anderen kommt in der Entscheidung zur Diversion offensichtlich auch eine gewisse Tatorientierung zum Ausdruck;[144] ferner deutet sich in den Befunden empirischer Forschung an, dass die wirksamen Kriterien strukturell ähnlich der Entscheidungspraxis in Erwachsenenstrafsachen ausfallen dürften.[145] Im Vergleich mit der Handhabung der Einstellungsvorschriften des Erwachsenenstrafverfahrensrechts fällt aber auf, dass tendenziell weniger von Einstellungen Gerbrauch gemacht wird und dass insbesondere seltener auf folgenlose Einstellungen zurückgegriffen wird.[146] Betont wird im Übrigen eine Verkürzung der Verfahrensdauer durch die Diversion.[147] Schließlich haben die Untersuchungen zur Einstellungspraxis auch belegt, dass die Entscheidung, ein Strafverfahren nicht mit einer Einstellung gemäß § 45 JGG abzuschließen, auch mit einer niedrigeren Wahrscheinlichkeit von Einstellungen oder Diversion in Folgeverfahren und einer höheren Wahrscheinlichkeit zu schwereren Sanktionen verurteilt zu werden, zusammenhängt.[148]

---

[141] Spieß, Kriminalistik 1994, S 111 ff 48

[142] Micheel, Diversion als Ausweitung sozialer Kontrolle? 1994.

[143] Libuda-Köster, Diversion: Selbsteinschätzung und Realität staatsanwaltlichen Entscheidens. Eine Befragung nordrhein-westfälischer Jugendstaatsanwältinnen und Jugendstaatsanwälte 1992.

[144] Ludwig-Mayerhofer/Rzepka, MschrKrim 1998, S 17 ff; Heinz/Storz (Fn 140), S 47 ff.

[145] Herbort, Wer kommt vor Gericht? Die Entscheidung der Staatsanwaltschaft über Anklage und Einstellung im Jugendstrafverfahren 1992; Hügel in Heinz/Hügel (Hrsg), Erzieherische Maßnahmen im deutschen Jugendstrafrecht 1987, S 48.

[146] Vgl zusammenfassend Heinz/Storz (Fn 140), S 37 ff.

[147] Matheis, Intervenierende Diversion 1991; Heinz/Storz (Fn 140), S 43; Hering/Sessar, Praktizierte Diversion 1990, S 99 ff.

[148] Heinz/Storz (Fn 140), S 59.

Eine positive Entwicklung wird in Kombinationen der Diversion mit dem Täter-Opfer-Ausgleich hervorgehoben.[149] Die Auswertung der bundesweiten TOA-Statistik zeigt nämlich, dass der Täter-Opfer-Ausgleich größtenteils im Rahmen von Diversionsmodellen eingesetzt wird. Nach einem erfolgreichen TOA werden dann die Fälle in aller Regel eingestellt, ohne dass gegen den Beschuldigten eine weitere Sanktion ergeht. Die Bedenken, dass durch den TOA das Strafverfahren erheblich verzögert würde, bestätigen sich nicht.[150]

3.2.3 Prekärer Gebrauch der Untersuchungshaft

Eigentlich dürfte das Institut der Untersuchungshaft für Jugendliche angesichts der seit langer Zeit wirksamen Bestrebungen, die Untersuchungshaft für Jugendliche zu beschränken, und wegen des gesetzlich normierten Grundsatzes der Subsidiarität der Untersuchungshaft und der Pflicht, bei der Prüfung der Verhältnismäßigkeit der Untersuchungshaft „die besonderen Belastungen des Vollzuges für Jugendliche" zu berücksichtigen, in der Praxis keine große Rolle spielen. Tatsächlich kommt der Untersuchungshaft jedoch gerade bei Jugendlichen eine besondere Bedeutung zu.[151] Bei Jugendlichen kann nach wie vor von einem Verhältnis der sich in Untersuchungshaft Befindenden zu den sich in Strafhaft Befindenden von ca 1:1 ausgegangen werden.[152] Bei Heranwachsenden beträgt das Verhältnis ca 1 : 2 und bei Erwachsenen ca 1 : 4. Gegen Jugendliche wird demnach überproportional häufig Untersuchungshaft angeordnet. § 71 JGG wird dagegen kaum berücksichtigt, dh die Jugendrichter machen von der ihnen durch § 71 JGG eingeräumten Möglichkeit, Weisungen zu verhängen oder Leistungen nach dem KJHG anzuregen, anstatt auf die Untersuchungshaft zurückzugreifen, nicht in ausreichendem Maße Gebrauch. Die eigentliche Ursache für die relativ geringe Anzahl der Heimunterbringungen liegt nicht so sehr in einem fehlenden Verständnis der Justiz für den Nutzen dieser Maßnahme, sondern vielmehr in der fehlenden Unterbringungskapazität.[153] Fer-

[149] Zu den Erfahrungen in Österreich vgl Mischnick, Der Täter-Opfer-Ausgleich und der außergerichtliche Tatausgleich in der Behördenwirklichkeit 1998.

[150] Hartmann/Stroezel in Dölling (Hrsg), Täter-Opfer-Ausgleich in Deutschland – Bestandsaufnahme und Perspektiven 1998, S 149ff.

[151] Eisenberg/Tóth, GA 1993, S 293ff.

[152] Pfeiffer in Bundesministerium der Justiz (Hrsg), Grundfragen des Jugendkriminalrechts und seiner Neuregelung 1992, S 60ff.

[153] Flöhr, Die Anrechnung der Untersuchungshaft auf Jugendarrest und Jugendstrafe 1995; Staudinger, Untersuchungshaft bei jungen Ausländern 2001, S 58.

ner wird die Hälfte der in Untersuchungshaft genommenen jungen Straftätern anschließend mit nicht freiheitsentziehenden Sanktionen belegt.[154]

Die angestrebten U-haftreduzierenden Auswirkungen des 1. JGG-Änderungsgesetzen werden von gesellschaftlichen Entwicklungen (Öffnung der Grenzen, Wiedervereinigung, Migrationsströme) überlagert, die sich insbesondere in der enormen Zunahme der Immigranten ausgewirkt haben.[155] In Untergruppen und Teilbereichen werden dennoch einige Beobachtungen gemacht, die auf mögliche Auswirkungen der JGG-Novelle hindeuten. So könnte ein Einfluss der Reform auf die Haftpraxis im Gleichbleiben bzw leichten Rückgang der jugendlichen deutschen Abgeurteilten mit Untersuchungshaft gesehen werden, wobei insbesondere der deutliche Rückgang bei den 14- und 15jährigen im Jahr 1990 als eine Vorwegnahme der gesetzgeberischen Absichten interpretiert werden kann. In dieselbe Richtung weisen die tendenziell absinkenden Anteile der kurzen Haftdauer und der Vermögensdelikte im weiteren Sinn, was darauf hindeutet, dass sich die Untersuchungshaft nun auf schwerere Fälle konzentriert. Allerdings deutet eine Reihe von Befunden darauf hin, dass die Haftpraxis hinter den gesetzgeberischen Intentionen zurückbleibt; dass durchaus noch Spielräume bestehen, beweisen regionale Anordnungsdisparitäten.

Was die Haftvermeidung durch eine alternative Unterbringung betrifft, so wird zunächst auf eine hohe Akzeptanz der Haftvermeidung durch Justiz und Jugendhilfe verwiesen.[156] Ferner scheint sich ein Trend dahin gehend anzudeuten, spezifische Betreuungskonzeptionen für die als besonders schwierig beschriebene Klientel[157] der Haftvermeidung zu entwickeln.[158] Teilweise wird darauf verwiesen, dass es wohl grundsätzlich möglich sei, bei entsprechenden Voraussetzungen U-Haft unmittelbar durch die Platzierung in offenen Einrichtungen zu vermeiden;[159] andererseits wird auch die hohe Quote der „nicht planmäßigen Beendigungen“, insbesondere durch Entweichung betont.[160]

---

[154] Heinz (Fn 135), S 196.

[155] Jehle, Entwicklung der Untersuchungshaft bei Jugendlichen und Heranwachsenden vor und nach der Wiedervereinigung 1995.

[156] Lösel/Pomplun, Jugendhilfe statt Untersuchungshaft 1998, S 137.

[157] Lösel/Pomplun (Fn 156), S 134.

[158] Lösel/Pomplun (Fn 156), S 134f; Bindel-Kögel/Heßler, DVJJ-Journal 1997, S 297ff.

[159] Bindel-Kögel/Heßler, DVJJ-Journal 1997, S 297ff; Bühler, ZfStrVo 1995, S 278ff.

[160] Lösel/Pomplun (Fn 156), S 139f, mit einer Zusammenfassung der bisherigen Erkenntnisse zu Entweichungen, Straftatenbegehung bei Entweichung und Beendigung der Maßnahme durch Inhaftierung.

3.2.4 Struktur und Entwicklung der Rechtsfolgen des Jugendgerichtsgesetzes im Einzelnen

Die Struktur der jugendstrafrechtlichen Sanktionen war in den letzten Jahrzehnten auch oberhalb der Diversionsgrenze erheblichem Wandel ausgesetzt.[161] Dies gilt für die Verteilung innerhalb der Erziehungsmaßregeln wie innerhalb der Zuchtmittel und die Aussetzung der Jugendstrafe zur Bewährung und schließlich für die Verteilung der Sanktionen insgesamt. Auf der Basis des Konstanzer Inventars zur Sanktionsforschung[162] lässt sich im Hinblick auf die Struktur von Erziehungsmaßregeln, Zuchtmittel und Jugendstrafe beobachten, dass zwischen 1950 und Ende der neunziger Jahre insbesondere die Anteile des Jugendarrests stark zurückgehen und dass hierfür bis Ende der achtziger Jahre die Anteile der Erziehungsmaßregeln zunehmen. Dagegen bleibt der Anteil der Jugendstrafe relativ stabil, wohingegen die Anteile der zur Bewährung ausgesetzten Jugendstrafe (wohl ebenso stark wie in der Sanktionspraxis des Erwachsenenstrafrechts) zunehmen. Nach Inkrafttreten des 1. Jugendgerichtsänderungsgesetzes im Jahre 1990 gehen die Anteile der Erziehungsmaßregeln zurück, während dafür die Quoten der so genannten ambulanten Zuchtmittel (Verwarnung und Auflagen) erheblich an Bedeutung gewinnen.

Innerhalb der Erziehungsmaßregeln verschwindet zunächst die Fürsorgeerziehung schon bevor das 1. Jugendgerichtsänderungsgesetz formal die Abschaffung vollzog. Sodann verliert die Erziehungsbeistandschaft ihre in den fünfziger Jahren noch recht große Bedeutung. Sie beschränkt sich heute wie Maßnahmen nach § 12 JGG insgesamt auf Einzelfälle. Die Erziehungsmaßregeln konzentrieren sich demnach auf die Weisungen (und dort ist anzunehmen, dass ein recht erheblicher Anteil durch die Weisung gemeinnütziger Leistungen eingenommen wird).

Die Bedeutung der Jugendstrafe für die Struktur der jugendstrafrechtlichen Sanktionen bleibt über lange Zeit stabil. Dabei ist allerdings zu beobachten eine Zunahme längerer Jugendstrafen (zwischen 12 und 24 Monaten in den achtziger und neunziger Jahren.[163] Partiell wird demnach periodisch ein gewisser Trend zu einer Verschärfung der Sanktionierungspraxis festgestellt.[164]

---

161 Heinz, DVJJ-Journal 1996, S 105ff.

162 www.uni-konstanz.de/rtf/kik/.

163 Heinz in Bundesarbeitsgemeinschaft für ambulante Maßnahmen nach dem Jugendrecht in der DVJJ (Hrsg), Neue ambulante Maßnahmen. Grundlagen – Hintergründe – Praxis, S 160ff, S 191.

164 Böttcher in Vorstand der Münchener Juristischen Gesellschaft eV (Hrsg), Einheit und Vielfalt der Rechtsordnung. Festschrift zum 30jährigen Bestehen der Münchener Juristischen Gesellschaft 1996, S 79ff.

Insgesamt gesehen sind die neuen „ambulanten" Sanktionen des 1. Jugendgerichtsänderungsgesetzes wohl freundlich aufgenommen worden. Jedoch konzentriert sich der Gebrauch auf die gemeinnützigen Leistungen. Die besondere Betonung der theoretischen und rechtspolitischen Bedeutung des Täter-Opfer-Ausgleichs, der sozialen Trainingskurse und der Betreuungsweisungen entspricht nicht ihrem Aufgreifen in der Praxis; im Vordergrund bleiben die gemeinnützigen Leistungen und die Geldauflage. Die Strafverfolgungsstatistik des Jahres 1999 weist 93602 Verurteilungen mit der Hauptstrafe nach Jugendstrafrecht aus. Davon entfallen 81% auf Erziehungsmaßregeln und Weisungen. Der Jugendarrest macht freilich allein 18% aus, 59% der Verurteilungen betreffen Auflagen, wobei 29% auf die Verwarnung, 36% auf die Arbeitsleistung, 20% auf die Erziehungsmaßregeln und hierbei 19,5% auf die Weisungen entfallen. Die Heimerziehung nimmt einen Anteil von weniger als 0,01%, die Erziehungsbeistandschaft einen solchen von 0,3% ein. Was die Jugendstrafe betrifft, so liegt ihr Anteil im Jahre 1999 bei 19%. Etwa zwei Drittel davon werden zur Bewährung ausgesetzt (68%); 85% (77%) bei sechsmonatiger Jugendstrafe, 82% (73) bei Jugendstrafe von 6–9 Monaten, 75% (73%) bei Jugendstrafe von 9 bis 12 Monaten und schließlich 57% (65%) bei Jugendstrafe zwischen einem und zwei Jahren. Die Dauer der Jugendstrafe folgt einem typischen J-Verlauf, wobei sich die Jugendstrafen auf den unteren Bereich konzentrieren (6–9 Monate 34%; 9–12 Monate 22%, 1–2 Jahre 33%, 2–3 Jahre 8%, 3–5 Jahre 3% und schließlich Jugendstrafe zwischen 5 und zehn Jahren 0,5%).

Insgesamt betrachtet dominieren somit ganz eindeutig die Sanktionen, die gemeinnützige Arbeit, Geldauflage oder in Weisungen gekleidete entsprechende Rechtsfolgen sowie Bewährungsunterstellung (und mutmaßlich entsprechende Weisungen und Auflagen) enthalten.

3.2.5 Strafzumessung im Jugendstrafrecht

Die jugendrichterliche Praxis konzentriert sich demnach auf recht wenige und außerdem abstufbare (quantifizierbare), damit (miteinander) vergleichbare Sanktionen wie gemeinnützige Arbeitsstunden, die Geldauflage und Freiheitsentziehung. Untersuchungen zur Entscheidung über die Rechtsfolgen, die anlässlich der Jugendverfehlung verhängt werden, lassen insgesamt gesehen eine große Nähe der jugendrichterlichen Entscheidungspraxis zu derjenigen des Erwachsenenstrafrechts erkennen. Als wesentliche, unabhängige Einflussgröße wird die Tatschwere ausgewiesen. Freilich wird auch hervorgehoben, dass sich Richter im Jugendstrafverfahren bei der Urteilsfindung von der sozialen Herkunft und der Lebenssituation der Tatverdächtigen beeinflussen lassen und unterprivilegierte Jugendliche mit härteren Sanktionen rechnen müssten als Privilegierte.[165]

Eine neuere Untersuchung, die auf den Daten der Freiburger Kohortenuntersuchung basiert, belegt im Übrigen, dass sich das Strafzumessungsverhalten im Längsschnitt, also die Reaktion auf wiederholte Straffälligkeit im Vergleich zur Erwachsenenstrafzumessungspraxis nicht unterscheidet. Die Strafzumessung im Längsschnitt nach dem Jugendstrafrecht ist ebenso wie die allgemeine Strafzumessungspraxis geprägt durch eine beständig zunehmende Eskalierung der Strafe[166] und damit durch eine deutliche Orientierung an Vorstrafen bzw Strafmaßen, die in vorhergehenden Urteilen ausgeworfen wurden.

Abbildung: Durchschnittliche Sanktions- und Deliktsquanten im Jugendstrafrecht im Verlauf wiederholter Sanktionierung

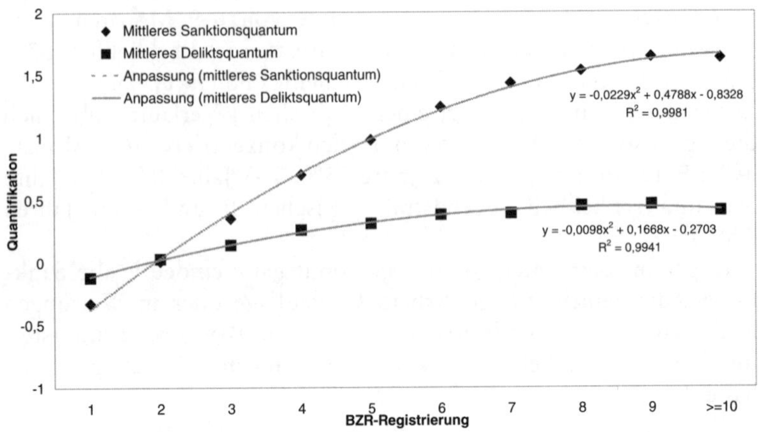

Die Abbildung zeigt die durchschnittlichen Sanktions- und Deliktsquanten im Bereich des Jugendstrafrechts. Diese Quanten können im Sinne eines Maßstabs für die Sanktionsschwere und Deliktsschwere interpretiert werden. Dargestellt über die Registrierungen hinweg ergibt sich aus ihnen der durchschnittliche Sanktionshärte- und Deliktsschwereverlauf.

Bei der Berechnung der Quanten zeigt sich, dass ein großer Teil der Varianz in den Sanktionen durch die Variablen Tatschwere und Vor-

[165] Hartmann, Der soziale Bonus im Jugendstrafverfahren. Zum Einfluß sozialbiographischer Daten auf die Urteilsfindung 1994.

[166] Höfer, Strafschwereentwicklung 2002.

strafenbelastung erklärbar ist. Die hohe Varianzaufklärung erstaunt, insbesondere im Jugendstrafrecht, denn sie steht im Widerspruch zu der Forderung nach einer individualisierten Strafzumessung. Die Abweichung der Strafzumessungspraxis vom normativen Modell offenbart sich darüber hinaus bei der Art des Einflusses der Vorstrafenbelastung. Die Analyse ergibt im Jugendstrafrecht eine schematische Strafschärfung aufgrund von Schwere und Anzahl der Vorstrafen. Nach dem normativen Programm soll eine solche aber gerade verhindert werden. Der eskalierende Effekt der Vorstrafen zeigt sich dann auch in der Sanktionshärteentwicklung (Abbildung). Im Verlauf von Registriertenkarrieren steigt die Sanktionshärte kontinuierlich an. Für das Jugendstrafrecht lässt sich der Verlauf mit einem Polynom zweiter Ordnung beschreiben, dh der Anstieg ist zu Beginn einer Karriere am größten und nimmt dann ab. Dies gilt auch für die Deliktsschwere, allerdings mit einer geringeren Steigung. Als Folge fallen im Jugendstrafrecht mit zunehmender Karrieredauer Sanktionshärte und Deliktsschwere immer weiter auseinander. Die Bedeutung der Vorstrafenbelastung führt zu einer Eigendynamik im Sanktionshärteverlauf.[167] Insgesamt zeigt sich damit hinsichtlich der Sanktionspraxis eine weitgehende Übereinstimmung zwischen Jugendstrafrecht und Allgemeinem Strafrecht. Darüber hinaus findet sich kein Anhaltspunkt für eine mildere Sanktionierung im Jugendstrafrecht.[168]

Die Verhängung des Höchstmaßes der Jugendstrafe ist offensichtlich beschränkt auf Heranwachsende und Verurteilungen wegen Mordes. Jedenfalls entfallen fast alle der insgesamt 74 zwischen 1987 und 1996 verhängten Jugendstrafen von 10 Jahren auf diese Gruppe bzw auf diesen Tatbestand.[169] Bei den Kapitalverbrechen Mord und Totschlag wird fast ausschließlich auf Jugendstrafe als Sanktionsmittel der Tat erkannt. Auch die Strafhöhe ist nach den Forschungsbefunden deutlich an die Strafzumessung im Erwachsenenbereich angelehnt. Insgesamt wird festgestellt, dass die Jugendstrafe vorwiegend als „Schuldstrafe" zur Vergeltung eingesetzt werde und demgegenüber kaum Anhaltspunkte für eine spezialpräventiv orientierte Anwendung als „Erziehungsstrafe" vorhanden seien. Als Grund dieser Praxis wird auch eine unreflektierte Projektion der Strafzumessungsgründe des Erwachsenenstrafrechts auf das Jugendstrafrecht diskutiert.[170]

---

[167] Hering, Mechanismen justizieller Eskalation im Jugendstrafverfahren 1993.

[168] Vgl dazu im Einzelnen Höfer (Fn 166).

[169] Schulz, MschrKrim 2001, S 310ff.

[170] Weber, Die Anwendung der Jugendstrafe. Rechtliche Grundlagen und gerichtliche Praxis 1990.

Die Struktur der Strafzumessung, die durch diese Befunde ausgewiesen ist als eine an der Deliktsschwere und an der Vorstrafenbelastung orientierte Entscheidung, legt ferner die Grundlagen dafür, dass im Prozess dieser Entscheidungen eine Auswahl stattfindet, die dann zu dem führt, was als Struktur der Rückfälligkeit bekannt ist. Wenn immer wieder darauf hingewiesen wird, dass die Rückfallraten nach Jugendstrafe extrem hoch seien (ca 80% je nach Rückfalldefinition)[171] und dass die Raten nach Jugendarrest nicht weit darunter lägen,[172] wenn ferner darauf verwiesen wird, dass die Rückfallraten nach folgenloser Verfahrenseinstellung nur sehr geringfügig seien, dann entspricht dies der Logik der Strafzumessungsentscheidungen, die im individuellen Verlauf die Sanktionen entlang erwartbarer Abstufungen eskalieren und damit einen Prozess der Selektion implementieren, der zwangsläufig am Ende eine Gruppe enthält, hinsichtlicher derer nicht Legalbewährung, sondern weitere Straftaten erwartet werden müssen. Dieser Prozess der Auswahl intensiviert sich im Laufe der letzten Dekaden. Mit zunehmenden Angeboten an Alternativen zur Jugendstrafe und zur vollstreckten Jugendstrafe werden die Abstufungen einerseits feiner, andererseits verengt sich der Auswahlprozess in der Anwendung der Jugendstrafe auf eine Hochrisikogruppe.

Die empirischen Untersuchungen zu den jugendgerichtlichen Entscheidungen sprechen schließlich für eine Schlechterstellung von Heranwachsenden im Vergleich mit Erwachsenen in Form der häufigeren Verhängung von Freiheitsstrafe und tendenziell auch höheren Strafen.[173] Entsprechende Ergebnisse liegen für Einzeldeliktsbereiche wie beispw Diebstahlsdelikte im Vergleich der Sanktionierung junger und erwachsener Straftäter vor.[174]

Die Forschungsbefunde lassen dann von erheblichen Unterschieden im regionalen Vergleich ausgehen,[175] eine Beobachtung, über die auch in der Erwachsenenstrafrechtspraxis immer wieder berichtet wird. Regionale Differenzen gehören offensichtlich zu den Grundelementen eines jeden Strafjustizsystems, das Auswahl zulässt und an der Individualisierung von Entscheidungsfolgen interessiert ist; deshalb wird auf Möglichkeiten der Reduzierung von Unterschieden große Aufmerksamkeit gelegt, im Übrigen der Unterschied auch für

---

171 Heinz, Info der DVJJ Baden-Württemberg, 1989.

172 Breymann (Fn 64), S 417; zusammenfassend Schwegler, Dauerarrest als Erziehungsmittel für junge Straftäter 1999, S 104ff.

173 Pfeiffer, Neuere kriminologische Forschungen zur jugendrechtlichen Sanktionspraxis in der Bundesrepublik Deutschland in Bundesministerium der Justiz, Grundfragen des Jugendkriminalrechts und seiner Neuregelung 1992, S 60ff.

174 Pfeiffer, StV 1991, S 363ff.

175 Laue, DVJJ-Journal 1994, S 320ff, für den Jugendarrest.

die Evaluation der Folgen der unterschiedlichen Behandlung genutzt.

3.2.6 Die Behandlung der Heranwachsenden

Heranwachsende werden weitgehend nach Jugendstrafrecht abgeurteilt im Falle konventioneller schwerer Straftaten; im Falle von Straßenverkehrsdelikten erfolgt überwiegend die Aburteilung nach Erwachsenenstrafrecht. Anklagen wegen Mordes führten in den neunziger Jahren fast ausnahmslos zu Verurteilungen nach Jugendstrafrecht; dasselbe gilt für den schweren Raub. Die Unterschiede in den JGG-Raten entlang der Tatbestände reflektieren wohl weniger die substantiellen Kriterien des § 105 JGG denn administrative Bequemlichkeit einerseits sowie die Umgehung hoher Mindeststrafandrohungen andererseits.[176] Fragt man nach der Verhängung langer Freiheitsstrafen oder gar der lebenslangen Freiheitsstrafe bei Heranwachsenden, dann kann lediglich auf die Strafvollzugsstatistik zurückgegriffen werden, wo entlang des Alters auch differenziert wird nach der Vollzugsdauer. Für den Zeitraum von 1971 bis 2000 wurden zum 31. 3. des jeweiligen Jahres insgesamt 10 Heranwachsende erfasst, deren erwarteter Vollzug in die Klasse der 10- bis 15-jährigen Freiheitsstrafen fällt, darüber hinaus wurden 4 Heranwachsende gezählt, die lebenslange Freiheitsstrafe verbüßen.[177] Ab 1995 bleiben diese Kategorien allerdings leer.

Die Frage, welche Faktoren die weitgehende Anwendung des Jugendstrafrechts bei Straftaten Heranwachsender bedingen, wird unterschiedlich beantwortet, so wie auch die Folgen, die daran anschließen, unterschiedlicher Beurteilung unterliegen. Jedenfalls wird auf Ungleichmäßigkeit in der Handhabung hingewiesen

3.2.7 Veränderungen im Jugendstrafvollzug

Entwicklungen in der Handhabung des Jugendstrafrechts lassen sich nicht zuletzt in den Strukturen und Tendenzen des Jugendstrafvollzugs ablesen. Im Jugendstrafvollzug zeigt sich, welche Gruppen als besonders problematisch empfunden werden und welche Problembereiche demnach für das Jugendstrafrecht in den Vordergrund drängen.

---

[176] Kölbl, Zentralblatt für Jugendrecht 1998, S 10ff.
[177] Statistisches Bundesamt Reihe 4.1 Strafvollzug 1971–2000.

Bis Anfang der 80er Jahre bleibt die Zahl der 14–17-jährigen Gefangenen recht stabil. Sie sinkt dann drastisch bis Anfang der 90er Jahre, um dann wiederum deutlich zuzunehmen. Jedenfalls bis Anfang der neunziger Jahre wurde das Sinken der Zahl der inhaftierten Jugendlichen abgebremst durch das Ansteigen der Zahl der ausländischen Jugendstrafgefangenen. Freilich wird der Trend zur Zunahme in den neunziger Jahren primär getragen durch die Zunahme von jugendlichen Strafgefangenen mit deutscher Staatsangehörigkeit. Anfang des 3. Jahrtausends ist der Stand von 1970 – jedenfalls gemessen an absoluten Zahlen – wieder erreicht. Die Jugendjustiz reagiert damit offensichtlich zunächst auf die Zunahme von bestimmten Formen der Jugendgewalt sowie auf ausländische Minoritäten mit zunehmendem Gebrauch der Jugendstrafe. Die Zahl ausländischer Jugendgefangener steigt kontinuierlich bis Ende der neunziger Jahre. Auch verändert sich die Struktur der Jugendgefangenen im Hinblick auf die Anlassstraftaten. Dies zeigen die Daten der Zugänge in die zentrale Jugendstrafvollzugsanstalt Adelsheim (Baden-Württemberg). Dort ergibt sich zwischen 1974 und 1999 eine ganz erhebliche Veränderung der Deliktsstruktur. Denn waren im Jahre 1974 noch etwa 55% der an einem Stichtag gezählten Jugendstrafgefangenen wegen Diebstahlsdelikten inhaftiert, so reduziert sich dieser Anteil im Jahre 1999 auf etwa 28%. Demgegenüber nehmen Drogendelikte sowie Gewaltdelikte drastisch zu.[178] Die Strafvollzugsstatistik für den Bund weist freilich für das Jahr 2000 bei Jugendlichen noch einen Eigentumsdeliktsanteil von 37% aus.[179]

Auch die ethnische Zusammensetzung des Jugendstrafvollzugs wandelt sich schnell und reflektiert damit die allgemeinen sozialen Veränderungen. Der baden-württembergische Jugendstrafvollzug ist im Jahre 1974 noch fast ausschließlich (98,5%) durch Gefangene bestimmt, die deutsche Staatsangehörige und in Deutschland geboren sind. Im Jahre 1999 nimmt diese Gruppe noch 39% ein; dafür sind 28% im Ausland geborene ausländische Staatsangehörige, 14% in Deutschland geborene ausländische Staatsangehörige und schließlich knapp 20% im Ausland geborene deutsche Staatsangehörige.[180]

---

[178] Walter in Landesgruppe Baden-Württemberg in der DVJJ (Hrsg), Entwicklungen und Perspektiven in der Jugendstrafrechtspflege. INFO 2000, S 81 ff, S 92

[179] Statistisches Bundesamt Reihe 4.1 Strafvollzug 2000, 2001, S 17.

[180] Walter (Fn 178), S 95.

3.3 Was ist über die Wirksamkeit nicht freiheitsentziehender Sanktionen und Jugendstrafvollzug bekannt?

Evaluationsforschung hätte gerade im Jugendstrafrecht dort anzusetzen, wo es um den Anspruch geht, solche Faktoren zu beeinflussen, die zu der nachhaltigen Stabilität in abweichendem Verhalten führen oder sich solcher Instrumente zu bedienen, die den Ausstieg aus einer prekären Entwicklung hin zu chronischer Kriminalität fördern. Jedoch findet methodisch abgesicherte Evaluationsforschung, insbesondere in Form kontrollierter Experimente, in der Jugendstrafrechtspflege nicht im eigentlich gebotenen Ausmaß statt.[181] Die Durchsicht der empirischen Studien, die sich auf die Identifizierung von Auswirkungen unterschiedlicher Behandlung oder unterschiedlicher Sanktionierung beziehen, zeigt, dass im Bereich des Jugendkriminalrechts zum einen (und im Vergleich zu Erwachsenensanktionen) weniger Forschung vorhanden ist und dass zum anderen die vorhandene Forschung in methodischer Hinsicht in erheblichem Umfang keine aussagekräftigen Befunde zu Wirkungen (unterschiedlicher Inhalte von Interventionen) zulässt.[182] Die vorliegenden Rückfalluntersuchungen zur Jugendstrafe bzw zum Jugendstrafvollzug operieren entweder ohne Kontrollgruppen[183] oder bei der Verwendung von Kontrollgruppen mit selektiver Erfassung der (unterschiedlichen) „Behandlung" und einer Parallelisierung von Kontroll- und Vergleichsgruppe, die jedenfalls Alternativerklärungen von beobachteten Unterschieden nicht ausschließen kann.[184] Freilich liegen die mitgeteilten Rückfallquoten so hoch und die be-

---

[181] Schumann in Bremer Institut für Kriminalpolitik, Experimente im Strafrecht – Wie genau können Erfolgskontrollen von kriminalpräventiven Maßnahmen sein? 2000, S 34ff.

[182] Egg ua in Rehn ua (Hrsg), Behandlung „gefährlicher Straftäter" 2001, S 321ff, insb S 340ff, wo für Deutschland und Österreich zwischen 1968 und 1996 25 Studien zu Straftäterbehandlungsprogrammen identifiziert wurden, die bestimmten Standards einer Meta-Evaluation grundsätzlich genügten; darunter fielen drei Studien, die (auch) jugendliche Straftäter einbezogen. Keine dieser Studien ist freilich zur Überprüfung von Kausalaussagen geeignet.

[183] Schalt, Der Freigang im Jugendstrafvollzug 1975; Wiesbrock, Probleme des offenen Jugendstrafvollzugs und seiner Bewährung 1971; Rosig, Rückfälligkeit und Bewährung bei unbestimmt verurteilten Jugendlichen und Heranwachsenden 1970.

[184] Nolting, Freigänger im Jugendstrafvollzug 1985; Gatz, Erfolg, Misserfolg und Rückfallprognose bei Straffälligen, die eine bestimmte Jugendstrafe verbüßten 1967; Frankenberg, Offener Jugendstrafvollzug, Vollzugsbedingungen und Legalbewährung von Freigängern aus der Jugendstrafvollzugsanstalt Rockenberg/Hessen 1999.

richteten Unterschiede sind in der Regel so gering, dass jedenfalls insgesamt der begründete Eindruck entsteht, dass es sich bei Jugendstrafgefangenen allemal um eine hoch selektierte Gruppe handelt, hinsichtlich derer Erwartungen an Verhaltensänderungen nur auf der Basis hoch spezifischer und intensiver Interventionen, wenn überhaupt, gerechtfertigt sein dürften. Die Evaluation basiert dann vor allem auch auf der Eigen-Evaluation in der und durch die Praxis; sie ist theoretisch und methodisch wenig reflektiert und spiegelt im Wesentlichen – ebenso wie im Übrigen allgemeine (rechtspolitische) Aussagen zu den Wirkungen von Jugendstrafrecht – das Alltagsverständnis wider.[185] Diese Diagnose gilt insbesondere auch für besonders hervorgehobene neue intermediäre Sanktionen (Soziales Training, gemeinnützige Arbeit) oder den Täter-Opfer-Ausgleich, wo empirische Evaluationsforschung im eigentlichen Sinne und im Hinblick auf Einstellungs- und Verhaltensänderungen bislang noch nicht durchgeführt worden ist.[186] Insoweit überrascht auch nicht, dass nicht bloß in der Justizpraxis nach wie vor gängige Vorstellungen über die Rolle von Sanktionen und des Jugendstrafrechts insgesamt dominieren,[187] die den Gedanken an frühe Intervention, schnelle Bestrafung und Strafe als Erziehung aufgreifen. So finden sich häufig Aussagen, wie die, es sei anerkannt, dass Sanktionen am besten wirkten, wenn ein Bezug zur Tat hergestellt werden könne und Prototyp einer solchen Sanktion sei der Täter-Opfer-Ausgleich.[188] Tatsächlich gibt es kaum empirische Forschungen zur Wirksamkeit des TOA, geschweige experimentell angelegte Untersuchungen, die aussagekräftige Daten zur Frage der Wirkungen und der Wirksamkeit im Hinblick auf die präventiven und verhaltensändernden Folgen liefern würden.

---

[185] Vgl beispw Jetter-Schröder in Landesgruppe Baden-Württemberg in der DVJJ (Hrsg), Entwicklungen und Perspektiven in der Jugendstrafrechtspflege INFO 2000, S 27 ff, S 35 f.

[186] Rössner in Gutsche/Rössner (Hrsg), Täter-Opfer-Ausgleich. Beiträge zur Theorie, Empirie und Praxis 2000, S 7 ff, S 26; vgl auch Kraus/Rolinski, MschrKrim 1992, S 32 ff, wo Rückfall nach Sozialem Training, freilich ohne Kontrollgruppe, untersucht wird. Insoweit bleibt die mitgeteilte Rückfallrate von etwa 56% eigentlich ohne Relevanz; siehe sodann Keudel, Die Effizienz des Täter-Opfer-Ausgleichs 2000, wo ebenfalls keine Kontrollgruppe einbezogen wurde. Hier dürfte aber die mitgeteilte Rückfallquote von 26% (S 110) nach drei Jahren den Raten entsprechen, die auch nach anderen Erledigungsarten zu erwarten sind.

[187] Löhr, ZRP 1997, S 280 ff, mit besonderer Berücksichtigung der Wirkungen von strenger werdenden Sanktionen auf die Entwicklung von kriminellen Karrieren, wobei die Jugendstrafe im Vergleich zu Weisungen etc. schlechter abschneide; vgl hierzu auch umfassend Kerner in Kerner/Dolde/Mey (Hrsg), Jugendstrafvollzug und Bewährung 1996, S 3 ff.

[188] Ostendorf, Protokoll, S 17.

Die Untersuchung der individualpräventiven Effizienz von Diversionsmaßnahmen erbrachte bislang das Ergebnis jedenfalls einer Gleichwertigkeit von formellen und informellen Erledigungsarten.[189] Insbesondere ist in diesem Zusammenhang auf Untersuchungen hinzuweisen, die zwar keine experimentellen Ansätze beinhalten, aber wegen der beträchtlichen Unterschiede im Einstellungsverhalten der Jugendstaatsanwaltschaften jedenfalls quasi-experimentelle Ansätze nutzen konnten.[190] Die Analyse des Rückfalls nach Einstellung hat im Vergleich mit förmlich Sanktionierten nicht nur zu dem Ergebnis geführt, dass jedenfalls Gleichwertigkeit im Verhältnis Einstellung nach § 45 JGG und förmlichem Verfahren und jugendrichterlicher Sanktionierung besteht. Die Untersuchungsergebnisse lassen auch einen rechtspolitisch sehr folgenträchtigen Schluss zu, nämlich den, dass eine intensivere Reaktion gerade bei Ersttätern zu unterbleiben hat, wenn geringere Rückfallraten angestrebt werden. Die Befunde zeigen nämlich, dass durchaus gewichtige Effekte dann auftreten, wenn Einstellungen und normales jugendrichterliches Verfahren in der Gruppe der Ersttäter einander gegenübergestellt werden. In der Gruppe der Erstauffälligen ergeben sich niedrigere Rückfallquoten für den Fall der Einstellung. In der Gruppe der bereits Vorbelasteten unterscheiden sich die Rückfallraten dagegen nicht.[191] Damit zeichnen sich auch Effekte ab, die das aus der Ökonomie bekannte Theorem des Grenznutzens heranziehen lassen. Auch jugendstrafrechtlich begründete Interventionen nutzen sich demnach rasch ab und versprechen zunächst (kurzfristig) in den Erstkontakten eher dann Erfolg, wenn „weniger getan wird".[192] Dies deckt sich mit den weiter oben angesprochenen Befunden zur Entwicklung von kriminellen Karrieren und chronischer Kriminalität. Aus der internationalen Längsschnittforschung wird nämlich gefolgert, dass strafrechtliche Sanktionen für die Auslösung und die Stabilisierung von Karrieren Effekte mit sich bringen, während ihre Rolle bei einem Ausstieg aus der kriminelle Karriere eher marginal erscheint.[193]

So sind es aber insbesondere die jugendstrafrechtlichen Reaktionen auf Jugendliche in schwierigen sozialen Lagen sowie Karriere-

---

[189] Crasmöller, Wirkungen strafrechtlicher Sozialkontrolle jugendlicher Kriminalität. Eine empirische Analyse der spezialpräventiven Effekte staatsanwaltschaftlicher Diversion 1996; Karger/Sutterer in Kaiser/Kury (Hrsg), Kriminologische Forschung in den neunziger Jahren 1993, S 127 ff.

[190] Vgl hierzu insbesondere Heinz/Storz, Diversion im Jugendstrafverfahren der Bundesrepublik Deutschland 1992, S 56 ff; vgl auch Kalpers-Schwaderlapp, Diversion to nothing 1989.

[191] Heinz/Hügel, Erzieherische Maßnahmen im deutschen Jugendstrafrecht 3. Aufl 1987; vgl hierzu auch Kerner (Fn 187), S 61.

[192] Kerner (Fn 187), S 66; Heinz/Storz (Fn 140), S 61.

[193] Zusammenfassend Laub/Sampson (Fn 117), S 1 ff.

jugendliche, auf die sich die Aufmerksamkeit richten muss, auch dahingehend, welchen Inhalt die jugendstrafrechtliche Sanktion haben sollte. Gerade diese Gruppen haben in den neunziger Jahren im Hinblick auf Ausgestaltung der jugendstrafrechtlichen Reaktion und die präventive Effizienz Diskussionen hervorgerufen. Dabei standen unter anderem erlebnispädagogische Maßnahmen im Zentrum der Debatten. Zwar wird die Effizienz erlebnispädagogischer Maßnahmen durchaus als vorhanden eingeschätzt.[194] Doch beruhen die Bewertungen eher auf einzelfallgestützten Betrachtungen.

Ein weiterer Ansatz betrifft die sichere Heimunterbringung von jugendlichen Delinquenten, von der ebenfalls präventive Effekte erwartetet werden,[195] und die insgesamt eine Diskussion auslöste, die sich auch auf die Frage erstreckt, wie gegenüber mehrfach auffälligen Kindern reagiert werden sollte. Insgesamt standen 1993 in Deutschland etwa 130 Plätze in 9 Einrichtungen zur Verfügung, die eine geschlossene Unterbringung erlauben,[196] in weiteren 3 Heimen zudem 30 Plätze zur Vermeidung von Untersuchungshaft.[197] Die Anzahl hat sich bis 1998 weiter reduziert.[198] Freilich wird bei der Auseinandersetzung häufig übersehen, dass eben auch geschlossene Heime keine Hochsicherheitstrakte darstellen, sondern eben Heime bleiben. Deshalb sind nach den Erfahrungen auch mit geschlossener Heimunterbringung die Probleme jedenfalls des Entweichens und des Sichentziehens nicht zu lösen.[199] Immerhin sind es gerade die geschlossenen Heime, in denen Entweichungen am häufigsten beobachtet werden, was sich mit Erfahrungen zur ehemaligen Fürsorgeerziehung deckt.[200] Für diesen Bereich wird deshalb vorgeschlagen, über Maßnahmen der intensiven Betreuung als Alternative nachzudenken.[201]

Die Analyse der internationalen (im Wesentlichen englischsprachigen und auf Nordamerika bezogenen) Evaluationsforschung, die Maßnahmen bei jugendlichen Straftätern zum Gegenstand hat, kann sich nunmehr auf verschiedene Meta-Evaluationen stützen. Die Beurteilung von Diversionsmaßnahmen ergibt hierbei keine Unter-

---

[194] Kastner/Sessar (Fn 7), S 287.

[195] Wolffersdorff in Hubert/Hochgesand (Hrsg), Entwicklungen im Bereich der Jugendstrafrechtspflege. 2. Bd Zur Zukunft des Jugendstrafrechts. Jugendstrafvollzug. Geschlossene Unterbringung 1999, S 129–150.

[196] Sonnen, DVJJ-Journal 1994, S 287.

[197] Kastner/Sessar (Fn 7), S 287.

[198] Staudinger (Fn 153), S 58.

[199] Vgl hierzu auch Lösel/Pomplun (Fn 156).

[200] Wolffersdorff (Fn 195), S 137, wobei jedoch offen bleiben muss, ob dies auf Auswahlprozesse zurückzuführen ist.

[201] Kerner/Sonnen, DVJJ-Journal 1997, S 339 ff; so auch Magdeburger Initiative DVJJ-Journal 1999, S 4 ff.

schiede im Vergleich zu förmlichen Gerichtsverfahren.[202] Whitehead/Lab stützen sich auf die Metaanalyse von 50 zwischen 1975 und 1984 durchgeführten Evaluationsuntersuchungen mit der Aussage, dass Interventionen im Wesentlichen keine positiven Effekte nach sich zögen und manche gar das Problem verschlimmerten.[203] Freilich ergeben sich in einer anderen Metaevaluation gewisse Vorteile von kognitiv ausgerichteten Programmen.[204] Auch Andrews ua folgern aus einer zusammenfassenden Analyse von 80 Studien einen rückfallmindernden Effekt, jedoch nur bei genauer Anpassung der Programme an sehr spezifische Problemlagen für Hochrisikofälle.[205] Positive Effekte unter spezifischen Bedingungen wurden ferner durch Lipsey nachgewiesen.[206] Nordamerikanische Untersuchungen belegen demgegenüber den seit langer Zeit bekannten Befund der empirischen Sanktionsforschung auch für neuere Alternativen, den Befund nämlich, dass vorhandene Strafzumessungsalternativen nur relativ geringe Effekte auf die Legalbewährung und insbesondere auf die Entwicklung krimineller Karrieren haben.[207] Dies zeigt sich auch in neueren deutschen Untersuchungen, wenn diese Kontrollgruppen einbeziehen. So wird in einer Evaluation des Anti-Aggressivitäts-Trainings in einer Jugendstrafvollzugsanstalt bei weitestgehender Parallelisierung der Kontrollgruppe für die Behandelten wie für die Unbehandelten eine Quote des Rückfalls mit Gewaltdelikten von etwa 35% festgestellt[208] (was in diesem Fall freilich zu dem Schluss führen müsste, dass ein solches Trainingsprogramm eben keine besonderen, offensichtlich angestrebten Wirkungen mit sich bringt).

Versucht man eine Zusammenfassung der internationalen Evaluationsforschung zu Fragen der präventiven Wirksamkeit unterschiedlicher Behandlungsansätze und Reaktionsformen im Zusammenhang mit jungen Straftätern, dann lässt sich im Hinblick auf Behandlungsansätze festhalten, dass zwar deutlich wird, dass unter bestimmten Bedingungen Wirkungen in Form geringerer Rückfallquoten beobachtet werden können. Freilich ist wenig bekannt darüber, wie Wirkungen zustandekommen und insbesondere auch, ob und wie sich das Alter im Zusammenhang mit Präventionsbemühungen aus-

---

202 Gensheimer ua in Apter/Goldstein (Hrsg), Youth violence: Programs and prospects 1987, S 39ff, S 50.

203 Whitehead/Lab, Journal of Research in Crime and Delinquency 1989, S 276ff, S 276.

204 Izzo/Ross, Criminal Justice and Behavior 1990, S 134ff.

205 Andrews ua, Criminology 1990, S 369ff.

206 Lipsey in Cook ua (Hrsg), Meta-Analysis for explanation: A casebook 1992.

207 Gottfredson, Effects of Judges Sentencing Decisions on Criminal Careers. National Institute of Justice 1999; zusammenfassend Kerner (Fn 118), S 99ff.

208 Ohlemacher/Sögding/Höynck/Ethe/Welte, DVJJ-Journal 2001, S 380ff.

wirkt.[209] Letzteres verweist auf das Fehlen von vergleichender Evaluationsforschung im Hinblick auf unterschiedliche Altersgruppen oder entlang des Alters.

Die Dominanz der Verfolgung von Erziehung und Resozialisierung durch Jugendstrafrecht führt demnach zu Überforderung und unrealistischen Erwartungen bei bloß punktuell und als kurze Episoden denkbaren und konzeptualisierbaren Interventionen. Dies gilt vor allem auch für die Erwartungen generalpräventiver Wirkungen, die sich auf eine Verschärfung von Strafen stützen.[210] Belege hierfür finden sich nicht zuletzt in der Cambridge Somerville Youth Study, die auf der Basis eines kontrollierten Experiments den Befund nach sich zog, dass intensiver „behandelte" Kinder und Jugendliche langfristig schlechteres Legalbewährungsverhalten zeigten als nicht behandelte Jugendliche.[211]

3.4 Prävention und Jugendkriminalrechtssystem

Präventive Ansätze haben auch im Kontext der Kinder- und Jugendkriminalität Konjunktur.[212] Dabei geht es heute lediglich auf der politischen Ebene noch um generalpräventive Folgen des Jugendstrafrechts, sei es in negativer, sei es in positiver Hinsicht. Die Forschungen zu diesen Fragestellungen haben nämlich mit Nachdruck darauf hingewiesen, dass das Jugendkriminalrechtssystem und jugendstrafrechtliche Sanktionen keinen besonderen Stellenwert in der Entwicklung jugendlicher Verhaltensmuster haben.[213] Das Strafrecht nimmt in sozialen Lernprozessen eine marginale und durch Variation der Strafen kaum manipulierbare Rolle ein.[214] Was Kosten-Nutzen-Kalküle bei jungen Menschen und damit Ansatzpunkte für negative Generalprävention betrifft, so hat die Forschung gezeigt, dass sich derartige (prinzipiell für Abschreckung zugängliche) Kalküle eher bei marginalisierten und benachteiligten Jugendlichen finden; bei diesen wiederum fallen der perzipierte Nutzen von Straftaten recht hoch sowie die perzipierten Kosten von Straftaten (Sanktionen) recht niedrig aus, so dass im Rahmen der Variationsbreite der

---

[209] Gibbons, Cirme & Delinquency 1999, S 272 ff.

[210] Heinz, MschrKrim 1998, S 399 ff.

[211] McCord, The American Psychologist 1978, S 284 ff.

[212] Däubler-Gmelin, RdJB 1999, S 275, mit dem Hinweis freilich auch, dass in der Prävention das Rad häufig neu erfunden werde. Dem ist zuzustimmen.

[213] Vgl nur Schumann, Jugendkriminalität und die Grenzen der Generalprävention 1987.

[214] Kerner (Fn 207), S 107.

Sanktionierung im Rahmen des Jugendstrafrechts auch insoweit nicht mit präventiven Ergebnissen gerechnet werden darf.[215]

Demgegenüber spielen heute international zwei Schlüsselkonzepte eine bedeutsame Rolle, nämlich die Community (im Sinne kommunaler Kriminalitätsprävention) sowie die Verantwortlichkeit (im Sinne des Aufbaus von Strukturen, die dem jungen Straftäter gerade aus dem unmittelbaren sozialen Kontext heraus die Verantwortlichkeit für Straftaten demonstrieren).

Darüber hinaus geht es auch um eine Vernetzung der formellen Instanzen sozialer Jugendkontrolle mit anderen präventiv bedeutsamen Bereichen, insbesondere aber auch um eine Vernetzung und Abstimmung innerhalb der Kontroll- und mit Prävention befassten Institutionen.[216] Das Stuttgarter Haus des Jugendrechts stellt einen solchen Ansatz dar, mit dem die lange Zeit kritisch betrachtete, aber heute eher positiv bewertete Kooperation und Abstimmung zwischen Polizei und Justizorganisationen einerseits sowie der Jugendhilfe und anderen Trägern primärer Prävention andererseits gefördert werden sollen.[217] Jugendrechtshäuser verstehen sich auch als „Partner im kommunalen Netz" und als Repräsentanten einer „Rechtspädagogik", die recht umfassend angelegt ist.[218] Freilich lassen sich solche Entwicklungen auch in anderen europäischen Ländern beobachten. Der Crime and Disorder Act 1998 hat für englische Gemeinden die Pflicht eingeführt, so genannte Jugendjustizpläne zu erstellen und umfassende Einrichtungen für die Implementation des Jugendrechts zu schaffen (Sec 38, 40).[219] Zuständig für Koordination und Umsetzung werden „Youth Offending Teams", die sich zusammensetzen aus Sozialarbeit, Polizei, Bewährungshilfe sowie Vertretern der Erziehungs- und Gesundheitsbehörden.

Ferner werden Partizipation und jugendliche Eigenverantwortlichkeit hervorgehoben.[220] Damit entsteht grundsätzlich eine neue Sichtweise von Jugend, die sich nicht nur abhebt von der klassischen Konzeption des jungen Menschen, wie sie als Ausgangspunkt die Entstehung des Jugendrechts ausgangs des 19. Jahrhunderts beein-

---

215 Hierzu Blinkert, Soziale Welt 1981, S 86 ff; zusammenfassend im Übrigen Schöch in Festschrift für Hans-Heinrich Jescheck, 1985, S 1081 ff.

216 Gabriel/Holthusen/Schäfer, RdJB 1999, S 346 ff, mit berechtigten Hinweisen auf die Notwendigkeit von Evaluation.

217 Gabriel/Holthusen/Schäfer (Fn 216), S 351, freilich müssen auch hier die Probleme der Gewichtung zwischen Jugendstrafverfahren und Straftatorientierung einerseits und Jugendhilfe andererseits aufgegriffen werden (S 349 f).

218 Vgl zu Stand und Zielen von „Jugendrechtshäusern" in Deutschland v. Hasseln, DRiZ 2000, S 430 f.

219 Zusammenfassend Bottoms/Dignan in Tonry (Hrsg), Comparative Juvenile Justice. Crime and Justice – A Review of Research (im Erscheinen 2002).

220 Magdeburger Initiative Forum zu Jugend und Kriminalität 1999, S 26.

flusst hat.[221] Diese Sichtweise führt auch weg von der Wohlfahrtskonzeption des Jugendstrafrechts, indem sie Partizipationsrechte und Verantwortlichkeit betont. Besonders deutlich wird dies in Forderungen oder Erwartungen, den „Adultozentrismus" des Jugendrechts aufzugeben zugunsten einer „Politik der Anerkennung" und einer Perspektive, die Jugendpolitik und Jugendrecht stärker in den Gesamtzusammenhang von Politik einerseits und Recht andererseits stellt.[222] Entsprechende Perspektiven werden gefördert durch eine am Opfer und an restitutiver Justiz orientierte Kriminalpolitik.[223] Dies aber kann nichts anderes heißen, als dass Jugendkriminalpolitik eben stärker Kriminalpolitik werden sollte; insgesamt wird das Jugendkriminalsystem aber konzeptuell stärker in Strukturen allgemeiner Sozialkontrolle einbezogen.

---

[221] V. Trotha, KZfSS 1982, S 254 ff.

[222] Lucke, DVJJ-Journal 2001, S 335 ff, S 340.

[223] So Schelkens in Walgrave Restorative Justice for Juveniles 1998, S 159 ff, S 159.

4. Komparative Perspektiven: Wohin gehen Trends in ausländischen Systemen des Jugendstrafrechts?

4.1 Einleitung: Besonderes Jugendstrafrecht und Erziehungsziel als Ausgangspunkte

Wenn im Folgenden zu komparativen Perspektiven Stellung genommen wird, dann geht es nicht um Vollständigkeit der Darstellung der normativen, organisatorischen und justizpraktischen Modelle des Umgangs mit Straftaten junger Menschen. Schließlich ist auch nicht Zielsetzung die jeweils differenzierte Darstellung des einzelnen Systems. Vielmehr verbindet sich mit den folgenden Ausführungen die Zielsetzung, die Variationsbreite der Zugänge und einzelner Ansätze in der Lösung bestimmter Probleme oder Fragestellungen herauszuheben und insbesondere Trends in der Entwicklung von Jugendstrafrechtssystemen vorzustellen.

In der westlichen Welt haben sich zwar ausgangs des 19. und zu Beginn des 20. Jahrhunderts überall Systeme des Jugendrechts oder des Jugendstrafrechts durchgesetzt, in denen auf strafrechtlich abweichendes Verhalten von Kinder und Jugendlichen unter der Zielsetzung von Erziehung reagiert wird.[224] Doch sind die Unterschiede immer noch erheblich. So ist vor allem auf die in den USA fast überall vorhandene Möglichkeit Jugendliche nach Erwachsenenstrafrecht aburteilen zu lassen hinzuweisen, insbesondere aber die dort gleichfalls in 23 Einzelstaaten vorhandene Gesetzgebung, die die Verhängung und Vollstreckung der Todesstrafe für Straftaten zulässt, die ein Täter als Jugendlicher (16- oder 17-Jähriger) begangen hat. [225]

Im Übrigen hat sich in Europa aber ebenso wie in Nordamerika die Orientierung an der Erziehung junger Straftäter durchgesetzt. In den kontinentalen Systemen der Jugendkontrolle stehen damit einerseits die Straftat als Auslöser des Jugendstrafverfahrens im Vordergrund, andererseits die Interpretation dieser Tat als etwas, was zu-

[224] Vgl hierzu auch die Präambel der Recommendation No R (87) 20 of the Council of Europe's Expert Committee on Juvenile Delinquency (1989), wo der Entwicklungsprozess der Jugend betont und deshalb ein erzieherischer Charakter aller jugendstrafrechlicher Interventionen gefordert wird.

[225] Vgl zusammenfassend Wilson, Juveniles and the Death Penalty. Coordinating Council on Juvenile Justice and Delinquency Prevention, November 2000.

nächst nicht den Bedarf an Strafe, sondern Bedarf an Erziehung signalisiert.[226] Ferner waren die sechziger und siebziger Jahre in allen europäischen Ländern durch eine Jugendkriminalpolitik charakterisiert, die auf weniger Freiheitsentziehung (durch Untersuchungshaft und Freiheitsstrafe) und auf mehr Diversion setzte,[227] wobei die Auslöser einmal in Verfahrensökonomie, zum anderen aber in der Rezeption des labeling approach zu sehen sind, wobei der Letztere vor allem eine Sichtweise gefördert hat, die auch unerwünschte (und nicht beabsichtigte) Folgen der Anwendung gutgemeinter helfender oder strafender Interventionen in die rechtspolitischen Erwägungen einbezieht.

Andererseits haben sich in den neunziger Jahren wiederum Gegenbewegungen ergeben, die einen Trend zu einer „Verstrafrechtlichung" des Jugendstrafrechts oder der (Wieder-)Annäherung des Jugendstrafrechts an das Erwachsenenstrafrecht in Gang setzten. Die Gründe hierfür werden auch in Veränderungen der Jugendkriminalität und ihrer Kontexte gesehen. Denn überall verändern sich die Phänomene der Jugendkriminalität. Insbesondere ist es die Gettoisierung der Jugendkriminalität, die Entstehung von „Problemgebieten" in den modernen Großstädten, die Hand in Hand gehen mit der Zunahme von jungen Immigranten in der Gruppe der Jugendstraftäter sowie der Entstehung von Schattenwirtschaften der Drogen sowie Subkulturen, die sich offensichtlich gegenüber einem auf sesshafte und prinzipiell integrierte junge Straftäter ausgerichteten Jugendstrafrecht in verschiedener Hinsicht als resistent erweisen.[228]

4.2. Ziele des Jugendstrafrechts

Das neue österreichische Jugendstrafrecht hat als Zielsetzung die Verhinderung von Straftaten eingeführt und es unterlassen, weitergehende Zielsetzungen wie Erziehung zu benennen. § 5 Nr 1 des Jugendgerichtsgesetzes 1988 besagt unter dem Titel „Besonderheiten der Ahndung von Jugendstraftaten", dass die Anwendung des Jugendstrafrechts vor allem den Zweck habe, den Täter von strafbaren Handlungen abzuhalten. Freilich sind an den Scharnieren der Diversion und weiterer Sanktionsweichenstellungen auch Belange der Generalprävention (in ihrer negativen Ausprägung) zu berück-

[226] Vgl beispw für Portugal Miranda Rodriguez, Criminologie 1999, S 101 ff, S 101.
[227] Vgl beispw für Frankreich Aubusson de Cavalry, Criminologie 1999, S 90 f.
[228] Vgl beispw Aubusson de Cavalry (Fn 227), S 83 ff.

sichtigen (vgl beispw § 7 sowie §§ 6, 12, 13 in Verbindung mit § 14 öJGG),[229] Im Übrigen orientiert sich das österreichische Jugendstrafrecht an den Sanktionen und den Strafzumessungsregeln des Erwachsenenstrafrechts, wobei freilich Besonderheiten wie der Außergerichtliche Tatausgleich und die einer Ausdehnung der (auch teilweise) zur Bewährung aussetzbaren Freiheitsstrafe hervortreten.

Die Prävention von Jugendkriminalität sieht nunmehr auch das neue englische Jugendstrafrecht als Hauptziel vor.[230] Freilich geht das englische Jugendstrafrecht in der differenzierten Formulierung von Zielsetzungen, die eine gewisse Annäherung an Entwicklungen im allgemeinen Strafrecht bringen, weiter. Denn ausweislich der Operationalisierung, die das englische Innenministerium im Hinblick auf das Hauptziel der Prävention vorgenommen hat, soll Prävention erreicht werden dadurch, dass eine schnelle Reaktion der Justiz erfolgt, und dass gewährleistet wird, dass sich der junge Straftäter der Verantwortung für die Straftat stellt. Ferner müssen in jeder Intervention die Ursachen der Straftat angesprochen werden. Schließlich ist die Strafe auf die Straftat zuzuschneiden; sie muss proportional zur Tat und zur Bedeutung von vorangegangenen Straftaten ausfallen; die Wiedergutmachung ist zu fördern und die elterliche Verantwortlichkeit zu betonen.[231]

Schottland hat dagegen das einheitliche System von Jugendrecht beibehalten, mit dem straffällige Kinder und Jugendliche sowie solche, die wegen anderer Bedingungen Wohlfahrtsmaßnahmen erhalten sollen, von Verfahren und Interventionen her gesehen gleich behandelt werden. Zuständig hierfür sind Jugendhilfekommissionen, die freilich bei Bestreiten der Tatvorwürfe den Fall an das lokale Amtsgericht abgeben, wo dann eine (normale) Hauptverhandlung durchgeführt wird, die die Aufgabe hat, den Schuldvorwurf zu untersuchen. Im Falle eines richterlichen Schuldspruchs geht der Fall zurück zur Erziehungskommission, die die jugendwohlfahrtsrechtlichen Folgen festlegt. Im Vordergrund steht dabei allein das Kindeswohl.

Im Wesentlichen verfolgen die europäischen Reformen die jeweiligen besonderen Entwürfe der strafrechtlichen Reaktion auf Jugendkriminalität weiter, wobei auch auf die Besonderheit hinzuweisen ist, dass insbesondere die skandinavischen Länder die besonderen Re-

---

229 Vgl hierzu im Einzelnen Maleczky, Jugendstrafrecht, 3. Aufl 2001, S 19.

230 Crime and Disorder Act 1998, S 37; zusammenfassend Bottoms/Dignan in Tonry (Hrsg), Comparative Juvenile Justice. Crime and Justice – A Review of Research (im Erscheinen 2002).

231 Home Office 2000.

geln für Jugendliche nie aus dem allgemeinen Strafrecht lösten. Freilich ist darauf hinzuweisen, dass die Besonderheiten des jeweiligen Jugendstrafrechts bzw der jeweiligen Sonderbehandlung junger Straftäter immer aus dem Blickwinkel der Besonderheiten der jeweiligen nationalen Systeme des Strafrechts in formeller und materieller Hinsicht zu sehen sind. Das nationale Jugendstrafrecht ist immer vor dem Hintergrund der strafrechtlichen Kultur, die sich in Strafrahmen, Mindest- und Höchststrafenandrohungen, der Strafzumessungspraxis etc. abbildet, schließlich auch in einer Verfahrenskultur ihren Ausdruck findet, zu interpretieren.

4.3 Altersgrenzen der strafrechtlichen Verantwortlichkeit

In europäischen Ländern lässt sich nach wie vor erhebliche Variation im gesetzgeberischen Umgang mit der Übergangsperiode der Jugend beobachten.[232] Dies gilt für die Altersgrenzen der relativen und absoluten Strafmündigkeit wie für die Einführung von Zwischenstufen, wie beispw diejenige der Heranwachsenden. So finden sich in Holland die Altersgrenzen 12 Jahre für die relative Strafmündigkeit und 18 Jahre für die vollständige Strafmündigkeit. Für Portugal wird eine relative Strafmündigkeit bei 12 Jahren angesetzt, wobei hier jedoch bloß erzieherische Interventionen zulässig werden. Die volle strafrechtliche Verantwortlichkeit setzt erst mit dem Erreichen des 16. Lebensjahres ein.[233] Dasselbe gilt für Spanien, wo die volle Strafmündigkeit und die Geltung des Erwachsenenstrafrechts bei 16 Jahren, die Zuständigkeit des Jugendgerichts bei 12 Jahren einsetzen.[234] In Schweden beginnt die Strafmündigkeit bei 15 Jahren; in Dänemark liegt die Grenze ebenfalls bei 15 Jahren. Frankreich hat die relative Strafmündigkeit bei 13 Jahren festgelegt und die volle Strafmündigkeit wird bei 18 Jahren angesetzt.[235]

In England hat der Crime and Disorder Act 1998 (auch eine Reaktion auf den weithin bekannt gewordenen Fall Bulger) erhebliche Veränderungen für die Strafmündigkeitsgrenze mit sich gebracht. Denn nach Inkrafttreten des Crime and Disorder Acts gelten Kinder ab dem Alter von 10 Jahren als strafmündig. Vor Inkrafttreten des Gesetzes war eine widerlegliche Vermutung für die Strafmündigkeit

---

[232] Walgrave/Mehlbye (Hrsg), Confronting Youth in Europe – Juvenile Crime and Juvenile Justice 1998.

[233] Miranda Rodriguez, Criminologie 1999, S 101 ff, S 101.

[234] Gimenez-Salinas Y Colomer (Fn 61), S 405.

[235] Aubusson de Cavarly (Fn 227), S 83 ff.

in Kraft.[236] Die volle Strafmündigkeit tritt mit 18 Jahren ein, wobei allerdings Heranwachsende bis zum Jahre 2000 nicht zu Erwachsenengefängnis verurteilt werden durften, sondern nur zu einer Unterbringung in einer Jugendhaftanstalt. Der Powers of the Criminal Court Act 2000 hat freilich (zwingend) die lebenslange Freiheitsstrafe für Heranwachsende nicht nur für Mord, sondern auch für eine Reihe anderer schwerer Verbrechen eingeführt. Für Kinder und Jugendliche kann ebenfalls unbestimmte und bis zu lebenslängliche Haft, zudem auch bei bestimmten Delikten Haft bis zur Obergrenze der für Erwachsene angedrohten Freiheitsstrafe angeordnet werden. Für 14- bis 17-Jährige wird Freiheitsentzug bis zur Obergrenze der für Erwachsenen geltenden Strafen ferner auf fahrlässige Tötung im Straßenverkehr ausgedehnt. Die Beschränkungen für Heranwachsende sollen jedoch in Kürze geändert werden mit der Konsequenz, dass Heranwachsende dann in vollem Umfang Erwachsenenstrafen unterfallen.[237] Für unter 10-Jährige wurde in England ebenfalls durch den Crime and Disorder Act 1998 die Möglichkeit eingeführt, für den Fall von Straftaten oder anti-sozialem Verhalten Weisungen durch das Familiengericht verhängen zu lassen (in einem – wie Bottoms/Dignan sagen – quasi-Strafverfahren), und zwar auf Antrag der Sozialbehörden.[238]

In Schottland beginnt zwar die Strafmündigkeit mit acht Jahren, freilich unterfallen erst die 16-Jährigen dem Erwachsenenstrafrecht, während für Kinder zwischen 8 und 15 Jahren eine Aburteilung nach Erwachsenenstrafrecht nur auf Veranlassung durch den Lord Advocate möglich ist (gegenwärtig werden etwa 0,5% aller Jugendstraftaten von 8–15-Jährigen vor ein Erwachsenengericht gebracht). Eine schottische Kommission zur Reform des Jugendrechts hat vorgeschlagen, die Mindestaltersgrenze der Strafmündigkeit ganz aufzugeben und statt dessen Altersgrenzen für die strafrechtliche Verfolgbarkeit von Kinder- und Jugendstraftaten festzusetzen.[239]

Österreich sieht bei einer Altersgrenze von 14 Jahren für die relative Strafmündigkeit die volle Strafmündigkeit nunmehr wieder bei

---

[236] Zusammenfassend Crofts, ZStW 1999, S 728 ff.

[237] Vgl Bottoms/Dignan (Fn 219).

[238] Jedoch sind in den Pilot- und Experimentier-Regionen in einem fast zweijährigen Zeitraum lediglich zwei dieser Weisungen verhängt worden, was so interpretiert wird, dass ein Bedarf für eine solche Befugnis offensichtlich nicht besteht, vgl hierzu Bottoms/Dignan (Fn 219).

[239] Scottish Law Commission Discussion Paper, Juli 2001, die Kommission hat sich auch dagegen ausgesprochen, auf die strafrechtliche Verfolgung von Straftaten von Kindern zwischen 12 und 15 Jahren zu verzichten, legt aber als untere Grenze für die Einleitung von Strafverfahren gegen Kinder das Alter von 12 Jahren fest.

Erreichen des 18. Lebensjahres vor. Damit sind die 18-Jährigen vollständig in das Erwachsenenstrafrecht einbezogen. Jedoch gilt für die Tatbegehung im Alter von 18 bis 20 Jahren ein besonderer Strafmilderungsgrund gemäß § 34 Nr 1 öStGB. In der Schweiz beginnt die relative Strafmündigkeit derzeit noch bei 7 Jahren; vorgesehen ist ein neues Jugendstrafrecht, das die Altersgrenze auf 10 Jahre anheben wird. Jedoch sind für 7–14-Jährige nur Wohlfahrtsmaßnahmen zulässig.

In den USA liegt die volle Strafmündigkeit in 3 Staaten bei 16 Jahren, in weiteren 10 Staaten tritt die volle Strafmündigkeit mit 17 Jahren, im Übrigen mit 18 Jahren ein.

Insgesamt gesehen freilich stellt Deutschland mit der grundsätzlichen Einbeziehung der Heranwachsenden in das Jugendstrafrecht eine Ausnahme dar. Denn im Wesentlichen beginnt die absolute Strafmündigkeit bei 18 Jahren, wobei freilich Einschränkungen in der Verhängung und der Dauer von Freiheitsstrafe sichtbar werden. Unterhalb dieser Grenze dürften folgende Grundmodelle unterschieden werden können:

- Grundsätzliche Anwendung von Jugendwohlfahrtsmaßnahmen mit Ausnahmen für eine strafrechtliche Reaktion,
- Geltung eines besonderen Jugendstrafrechts,
- Geltung des allgemeinen Strafrechts mit Jugendwohlfahrtsausnahmen.

Die untere Grenze (für die relative Strafmündigkeit) unterhalb derer bloß Jugendwohlfahrtsmaßnahmen zulässig sind, liegt in Europa zwischen 7 Jahren (Irland) und 16 Jahren (Belgien).

Im Übrigen ist eine Regelung, die derjenigen des § 3 JGG entsprechen würde, soweit ersichtlich nur in Österreich vorhanden. Dort bezieht § 4 Abs 2 öJGG freilich andere Kriterien der Strafbarkeit ein und enthält ein umfassendes Konzept der Entkriminalisierung. Denn in § 4 Abs 2 Nr 1 öJGG wird entsprechend § 3 JGG die Strafbarkeit ausgeschlossen, wenn der Jugendliche aus bestimmten Gründen noch nicht reif genug war, das Unrecht der Tat einzusehen oder entsprechend einer solchen Einsicht zu handeln. Ferner wird die Strafbarkeit aber auch dann ausgeschlossen, wenn ein Jugendlicher vor Vollendung des 16. Lebensjahres ein Vergehen begeht, kein schweres Verschulden vorliegt und nicht aus besonderen Gründen die Anwendung von Jugendstrafrecht geboten ist, um den Jugendlichen von strafbaren Handlungen abzuhalten. Schließlich verweist Nr 3 auf die Anwendbarkeit von § 42 öStGB, wo eine materiellrechtliche Entkriminalisierung von Bagatellstraftaten vorgesehen wird.

4.4 Zuständigkeiten: Jugendgerichte, Erwachsenengerichte und Verfahren

Unterschiede liegen auch vor bezüglich der Zuständigkeitsbereiche von Jugendgerichten (wenn solche überhaupt vorgesehen sind, was in Dänemark, Schweden und Schottland nicht der Fall ist). In Belgien, Italien, Frankreich und Holland sind Jugendgerichte gleichzeitig auch für Jugendwohlfahrtsmaßnahmen zuständig, während in England/Wales wie in Deutschland das Jugendgericht allein für Straftaten Jugendlicher zuständig ist.

Besondere Anstrengungen zur Beschleunigung von Verfahren insbesondere im Falle von Wiederholungstätern, sind in England offensichtlich erfolgreich unternommen worden.[240] Außerdem hat das französische Jugendstrafrecht ein im Erwachsenenverfahren übliches Schnellverfahren, nämlich die comparution immediate,[241] in Ansätzen im Jahre 1996 übernommen, um das Verfahren effektiver zu gestalten.[242]

4.5 Diversion

Diversionsmaßnahmen spielen überall eine erhebliche Rolle. Doch während in Holland, England und Irland (teilweise) die Polizei die Aufgabe übernimmt, beispw eine informelle Verwarnung auszusprechen oder andere Diversionsmaßnahmen einzuleiten, ist es in anderen Systemen die Staatsanwaltschaft, die darüber entscheidet, ob ein Sachverhalt zur Anklage kommt oder ob das Verfahren eingestellt wird. Freilich kennen Belgien und Frankreich (ähnlich dem Erwachsenenstrafverfahren) den Ermittlungsjugendrichter, dem die Aufgabe obliegt, den Sachverhalt zu untersuchen und die entsprechenden verfahrensbezogenen Entscheidungen zu treffen.

---

240 Die Ansätze, beispw durch gesetzliche Vorgaben für die maximale Zeit zwischen Anzeige und Verurteilung im Crime and Disorder Act 1998 scheinen recht erfolgreich. Im Jahre 2001 betrug die durchschnittliche Verfahrensdauer für jugendliche Wiederholungstäter noch etwa 2 Monate, vgl hierzu umfassend Bottoms/Dignan (Fn 219).

241 Hierzu Albrecht, Simplification of Criminal Procedure: Settlements out of Court – A Comparative Study of European Criminal Justice Systems 2001.

242 Nothhaft in Dünkel/van Kalmthout/Schüler-Springorum, Entwicklungstendenzen und Reformstrategien im Jugendstrafrecht im internationalen Vergleich 1997, S 129ff, S 151f.

Diversionsmaßnahmen haben in Europa dazu geführt, dass das jugendrichterliche oder gerichtliche Verfahren zu einer Ausnahme wurde. So werden in Schweden etwa 15% der grundsätzlich anklagefähigen Fälle tatsächlich in einer Gerichtsverhandlung aufgearbeitet. Der überwiegende Teil wird in summarischen Verfahren, durch Einstellung oder durch die Diversion zur Jugendwohlfahrt auf der staatsanwaltschaftlichen Ebene erledigt.[243] Ähnlich liegen die Quoten in Holland[244] und in Österreich.[245]

Besondere Bedeutung hat die Diversion (auch im Zusammenhang mit dem so genannten aussergerichtlichen Tatausgleich in Österreich) bekommen. Gerade in Österreich ist zu beobachten, dass die Diversion ganz wesentlich den Bedarf an besonderer Berücksichtigung des jugendlichen Alters aufgreift. Denn zunächst sieht als erste Stufe der Reaktion § 6 öJGG für solche Straftaten, die im Höchstmaß mit Freiheitsstrafe von 5 Jahren bedroht sind,[246] eine Einstellung des Jugendstrafverfahren zwingend dann vor, wenn eine mit Auflagen versehene „Diversion" aus individualpräventiven Gründen (zur Verhinderung weiterer Straftaten) nicht geboten ist. § 7 öJGG ermöglicht die Diversion (bedingte Einstellung) im Zusammenhang mit der Anordnung der Zahlung eines Geldbetrages, von gemeinnütziger Arbeit, der Anordnung einer Bewährungszeit, eines außergerichtlichen Tatausgleichs oder der Schadenswiedergutmachung als Regelerledigung des Jugendstrafverfahrens. Sie ist nur dann nicht zulässig, wenn entweder general- oder individualpräventive Gründe entgegenstehen.

Das englische System des Jugendstrafverfahrens ist durch die polizeiliche Zuständigkeit für Diversion charakterisiert, die freilich lediglich eine Verwarnung beinhalten kann. Das System erfuhr jedoch eine radikale Änderung durch den Crime and Disorder Act 1998 (Sec 65–6). Während vor 1998 Verwarnungen auch mehrfach eingesetzt werden konnten, sieht das neue Recht nunmehr vor, dass eine Verwarnung nur noch im Falle von Ersttätern und im Falle

---

[243] Vgl Janson in Tonry (Hrsg), (Fn 219).

[244] Vgl Junger-Tas in Tonry (Hrsg), (Fn 219).

[245] Stangl in Bundesministerium der Justiz (Hrsg), Grundfragen des Jugendkriminalrechts und seiner Neuregelung 1992, S 225 ff.

[246] Zu berücksichtigen ist hier freilich, dass die Strafandrohungen des österreichischen Strafgesetzes bei weitem nicht die Höhe der deutschen Strafrahmen erreichen. So sind beispw für alle schweren Diebstahlsformen in Österreich Obergrenzen von 5 Jahren vorgesehen. Ferner fallen die für Jugendlichen typischen Straßenraubfälle in der Regel ebenfalls unter einen Tatbestand mit einer Obergrenze der Freiheitsstrafenandrohung von 5 Jahren (§ 142 II). Im wesentlichen sind es somit Tötungsdelikte, schwere Formen des Raubes und die schwere Vergewaltigung, die aus dem Geltungsbereich der §§ 6, 7 des österreichischen Jugendgerichtsgesetzes herausfallen.

nicht zu schwerer Straftaten erteilt werden darf. Im Übrigen ist dann nur noch einmal eine weitere Verwarnung möglich, die als „letzte Warnung" verstanden und ausgesprochen wird.

Mit der Entwicklung der Diversion kommt der Staatsanwaltschaft immer größere Bedeutung zu. In Frankreich entfaltet sich ein System der Einstellung, das mit Bedingungen versehen ist, unter denen die Mediation, die Wiedergutmachung sowie (im Falle von Drogenkonsum) die Zwangsbehandlung eine erhebliche Rolle spielen.[247] Auch in Holland hat sich die Diversionspolitik geändert. Anstelle folgenloser Einstellungen wird seit einer Gesetzesänderung im Jahre 1995 nunmehr der Schwerpunkt auf eine Diversion gelegt, mit der dem jugendlichen Straftäter zusätzliche Folgen auferlegt werden (im Wesentlichen Wiedergutmachung und die Teilnahme an so genannten „HALT"-Programmen, in denen jugendliche Straftäter Wiedergutmachungsleistungen erbringen).[248]

In der Fortentwicklung der Diversionsansätze im Jugendstrafrecht wird in Europa derzeit verstärkt auch auf Täter-Opfer-Ausgleich sowie auf Wiedergutmachung abgehoben.[249] Ferner werden Vorteile eines „restorative justice" Modells betont.[250]

4.6 Untersuchungshaft

Andererseits liegen auch erhebliche Unterschiede im Hinblick auf die Möglichkeit des Einsatzes von Zwangsmaßnahmen vor. In Frankreich kann beispw. nur mit erheblichen Einschränkungen die so genannte „garde a vue" (polizeiliche Festnahme) ab dem Alter von 10 Jahren für die Zeit der polizeilichen Ermittlungen angeordnet werden.[251] Für 13–16-Jährige ist neben der garde a vue auch die Anordnung von Untersuchungshaft zulässig, freilich nur für Delikte, für die der Jugendgerichtshof zuständig ist. Ab dem Alter von 16 Jahren kann dagegen Untersuchungshaft in allen Bereichen angewendet werden. Freilich ist die Obergrenze der Dauer der Untersuchungshaft reduziert (zu den Einzelheiten Art 11 der Ordinance 2 Fevrier 1945). Auch das österreichische Jugendstrafrecht sieht Be-

---

[247] Aubusson de Cavalry (Fn 227), S 94.

[248] Vgl Junger-Tas (Fn 244).

[249] Vgl beispw für das französische Jugendstrafrecht Hothhaft in Dünkel/van Kalmthout/Schüler-Springorum Entwicklungstendenzen und Reformstrategien im Jugendstrafrecht im internationalen Vergleich 1997, S 129 ff, S 147 f.

[250] Walgrave/Mehlbye (Fn 232).

[251] Aubusson de Cavalry (Fn 227), S 88.

schränkungen der Anordnung der Untersuchungshaft durch Maßnahmen der Jugendwohlfahrt und Beschränkungen der Haftgründe (vgl zu den Einzelheiten § 35 öJGG) für Jugendliche vor. Im englischen Recht ist die Untersuchungshaft für Jugendliche zwischen 12 und 17 Jahren dadurch beschränkt,[252] dass prinzipiell immer (Ausnahme ist eine mögliche Verurteilung zu unbestimmter [lebenslanger] Freiheitsentziehung, vgl hierzu weiter unten) an die lokalen Jugendwohlfahrtsbehörden zur Unterbringung in einer Jugendeinrichtung abgegeben werden muss, es sei denn, der Schutz vor schweren Gefahren für die Öffentlichkeit stünde entgegen.[253] In der Schweiz sind, ähnlich der Situation im deutschen JGG, einerseits die Haftgründe enger gefasst, zum anderen sind Alternativen zur Untersuchungshaft zu berücksichtigen.[254]

4.7 Jugendstrafrechtliche Sanktionen

Was die Rechtsfolgen des Jugendstrafrechts betrifft, so scheint sich durch die neueren Reformen die immer schon erhebliche Variation noch zu verstärken. In Frankreich sind die Strafandrohungen für Jugendliche im Alter von 13 bis unter 16 Jahren halbiert (auch für die Geldstrafe),[255] bei Androhung von lebenslanger Freiheitsstrafe wird die Obergrenze auf 20 Jahre festgesetzt (zu den Einzelheiten vgl Art 20, 2 L No 92–1336, vom 16. 12. 1992). Ab dem Alter von 16 Jahren dagegen können die Erwachsenenstrafandrohungen zur Anwendung gebracht werden; jedoch ist eine besondere Begründung notwendig, warum der Milderungsgrund der Jugend nicht berücksichtigt wurde (Art 20, 2 L No 92–1336 vom 16. 12. 1992). Ein ähnliches Sankionen-System für jugendliche Straftäter ist in Österreich in Kraft. Auch in Österreich sieht das Jugendgerichtsgesetz keinen besonderen (und wie im deutschen Jugendgerichtsgesetz in verschiedene Interventionsmittel untergliederten) Katalog von Rechtsfolgen vor, sondern lehnt sich insgesamt an das Sanktionensystem des Erwachsenenstrafrechts an. Jedoch gelten Besonderheiten der Art, dass die Strafrahmen des Besonderen Teils des StGB durch § 5 öJGG

[252] Zu Einzelheiten vgl auch Graham in Dünkel/van Kalmthout/Schüler-Springorum Entwicklungstendenzen und Reformstrategien im Jugendstrafrecht im europäischen Vergleich 1997, S 101 ff, S 113 f.

[253] Ward Young Offenders. Law, Practice and Procedure 2001, S 58 ff.

[254] Zusammenfassend bereits Heine/Locher, Jugendstrafrechtspflege in der Schweiz 1985, S 16 ff.

[255] Raymond, Droit de l'Enfance et de l'Adolescence 1995, S 276.

geändert werden. An die Stelle der Androhung einer lebenslangen Freiheitsstrafe tritt die Androhung einer Freiheitsstrafe von einem bis zu fünfzehn Jahren, wenn die Tat von einem mindestens 16-Jährigen begangen wurde, ansonsten tritt an die Stelle der lebenslangen Freiheitsstrafe eine Strafandrohung von einem bis zehn Jahre. Eine Strafandrohung von 10 bis 20 Jahren wird durch eine solche von 6 Monaten bis 10 Jahre ersetzt. Das Höchstmaß der sonstigen Freiheitsstrafenandrohungen sowie der Geldstrafe wird pauschal auf die Hälfte herabgesetzt. Jedoch entfallen die Mindeststrafandrohungen. Die Besonderheiten, die in der Ahndung von Jugendstraftaten Berücksichtigung finden, betreffen dann eine Einschränkung bei der Verhängung von bestimmten Geldstrafen und Verfall, die nur dann möglich sind, wenn sie das „Fortkommen" der Verurteilten nicht gefährden (§ 5 Nr 6 öJGG), sowie die Aufhebung der Obergrenzen von zwei bzw drei Jahren (§§ 43, 43a öStGB) für den Fall der vollständig oder teilweise ausgesetzten Freiheitsstrafe (§ 5 Nr 9 öStGB). Freiheitsstrafen gegen Jugendliche können demnach immer ganz oder teilweise zur Bewährung ausgesetzt werden, die auch als Teilaussetzung möglich ist.

In Schweden orientiert sich die Strafzumessung an einem „neoklassischen" Modell des so genannten Strafwerts (bzw der Tatproportionalität), der auch für junge Menschen Anwendung findet. Jedoch kann das Gericht einen unter 21-Jährigen Angeklagten an den Sozialausschuss überweisen, wenn Maßnahmen nach dem Sozialdienstgesetz oder dem Jugendfürsorgegesetz in Betracht kommen. Eine solche Abgabe ist aber nur dann zulässig, wenn gegebenenfalls in Verbindung mit Geldstrafe (bis zu 200 Tagessätze) oder in Verbindung mit gemeinnütziger Arbeit (20 bis 100 Stunden) die Maßnahme unter Berücksichtigung des Strafwerts der Tat, der Art der Straftat und der Vorstrafen als hinreichender Eingriff anzusehen ist (Kap 31, § 1). Die Überweisung kann in geeigneten Fällen auch verbunden werden mit der Schadenswiedergutmachung (Kap 31, § 1 V). Bei Jugendlichen unter 18 Jahren darf Freiheitsstrafe nur unter besonderen Umständen verhängt werden (Kap 31, § 1a). Statt auf Freiheitsstrafe ist regelmäßig auf Unterbringung in geschlossener Fürsorge (Erziehung) zu erkennen, wobei der Zeitraum der geschlossenen Unterbringung zwischen 14 Tagen und 4 Jahren bemessen werden darf (Kap 31, § 3 II). Allerdings orientiert sich die Dauer der Unterbringung an der Tatschwere, obwohl andererseits in geschlossenen Einrichtungen der Jugendfürsorge Behandlung angeboten wird. Im Übrigen ist eine vorzeitige Entlassung nicht vorgesehen.[256] Schließlich gilt für junge Menschen ein Strafmilderungsgrund

[256] Vgl zusammenfassend Janson (Fn 243).

(Kap 29, § 3 Nr 3), dann nämlich, wenn das strafbare Verhalten auf einen offensichtlichen Mangel an Reife, Erfahrung oder Urteilsvermögen zurückzuführen ist. Ansonsten gilt allerdings die zentrale Vorschrift des Kap 29 § 1 des schwedischen StGB, wonach die Strafe unter Berücksichtigung des Interesses an einer einheitlichen Rechtsanwendung innerhalb des jeweiligen Strafrahmens nach dem Strafwert der Straftat oder einer Gesamtheit von Straftaten festzusetzen ist. Im Vordergrund steht deshalb dann, wenn nicht die Diversion in die Jugendfürsorge erfolgt, wie im Erwachsenenstrafrecht eine Orientierung an gleichmäßiger Bestrafung und an der Grundidee der positiven Generalprävention.

Ähnlich verfährt das dänische Strafrecht. Auch hier orientiert sich die Behandlung junger Straftäter strukturell an dem System des Erwachsenenstrafrechts, das Freiheitsstrafe zwischen 30 Tagen und 16 Jahren, die Haftstrafe zwischen 7 Tagen und 6 Monaten und die Geldstrafe kennt. Auch können die Verhängung einer Strafe wie die Strafe selbst zur Bewährung ausgesetzt und mit Bedingungen bzw Weisungen versehen werden, zu denen auch die gemeinnützige Arbeit zählt. § 84 des dänischen Strafgesetzbuches sieht ferner vor, dass die für eine Straftat vorgesehene Strafe herabgesetzt werden kann, wenn der Täter bei Begehung der Straftat das 18. Lebensjahr noch nicht vollendet hatte und wenn die Anwendung der vollen gesetzlichen Strafe wegen der Jugend des Täters unnötig oder schädlich erscheint; die Strafe für unter 18-Jährige darf 8 Jahre Freiheitsstrafe nicht übersteigen. Für unter 21-Jährige kann auch dann Haft oder Geldstrafe verhängt werden, wenn diese Strafen im Straftatbestand nicht angedroht sind (§ 91 II).

In Holland beginnt die strafrechtliche Verantwortlichkeit mit 12 Jahren. Für Jugendliche gelten dieselben Hauptstrafen wie für Erwachsene, nämlich Geldstrafe (allerdings bei einer Obergrenze von 2500 Euro) sowie Freiheitsentzug (bei bis 15-Jährigen bis höchstens 12 Monate; bei 16–18-Jährigen bis 24 Monate).[257] Neben den Hauptstrafen existieren sogenannte „Aufgabenstrafen“, die zwischen Geldstrafe und Freiheitsstrafe angesiedelt werden, nämlich die Arbeitsstrafe (10–200 Stunden), Teilnahme an Lern- und Trainingsprojekten sowie die Kombination zwischen Arbeitsstrafe und Lernprojekten. Die Lern- und Trainingsprojekte sind dem englischen Modell der „intermediate treatment order“ nachempfunden und beinhalten eine sehr stark strukturierte dreimonatige Teilnahme an einem Programm, das verhaltenstherapeutisch ausgerichtet ist und Sozialkompetenz sowie Ausbildung verstärken soll.[258]

---

[257] Sagel-Grande, DVJJ-Journal 2000, S 9ff.

[258] Van der Laan, Experimenteren met Alternatieve Sancties voor Jeugdigen 1991.

England hat das System jugendstrafrechtlicher Sanktionen mit dem Crime and Disorder Act 1998 vollständig reformiert.[259] Die Art der Intervention ist zunächst dadurch bedingt, dass im Falle eines Schuldbekenntnisses und eines Ersttäters das Jugendkriminalgericht den Fall an ein so genanntes Youth Offender Panel abgibt, das in einer Sitzung zu dem auch das Opfer eingeladen wird, den Versuch unternimmt, mit dem Jugendlichen eine vertragliche Vereinbarung zu erreichen, in der sich dieser dazu verpflichtet, einem 3-monatigen Aufgabenplan zu folgen, in dem Weisungen befolgt werden müssen, die sich den mutmaßlichen Ursachen der Straftat widmen und ferner auch gemeinnützige Arbeit oder Wiedergutmachung einschließen können. Schließlich kann bei Zustimmung des (mindestens 16 Jahre alten) Betroffenen die Weisung erteilt werden, sich einer Drogenbehandlung und Drogentests zu unterziehen. Die Sanktionen, die dem Jugendgericht zur Verfügung stehen, betreffen zunächst Geldstrafen, die bereits erwähnten Kontrakt-Strafen, die Wiedergutmachung, die Anordnung intensiver Überwachung, Ausgangsverbot, Weisung, an einem Trainingsprogramm teilzunehmen, sowie die Unterbringung in einem Jugendgefängnis. Schließlich hat das Jugendgericht auch die Befugnis, den Erziehungsberechtigten die Weisung zu erteilen, an einem Erziehungsberatungsprogramm teilzunehmen oder über den Jugendlichen bestimmte Aufsichtspflichten zu erfüllen (beispw für regelmäßigen Schulbesuch Sorge zu tragen).[260] Die Nichtbefolgung der Weisung stellt eine Straftat dar, die mit Geldstrafe von bis zu 1500 Euro bestraft werden kann. Was die geschlossene Unterbringung bzw Freiheitsentziehung betrifft, so können junge Straftäter ab einem Alter von 12 Jahren zu einer Sanktion verurteilt werden, die Haft und Soziales Training bzw Überwachung kombiniert.[261] Die „Detention and Training Order" kann für eine Zeit von 4 Monaten bis 24 Monaten angeordnet werden und beinhaltet die Unterbringung in einer Jugendhaftanstalt für die Hälfte der angeordneten Zeit. Die zweite Hälfte wird unter intensiver Aufsicht verbüßt. Für jugendliche Straftäter im Alter von 15 bis 17 Jahren ist eine 2 bis 24-monatige Freiheitsstrafe vorgesehen, die in

---

[259] Zu Teilen der Reform Graham, DVJJ-Journal 1998, S 317ff.

[260] Der Crime and Disorder Act 1998 sieht im Übrigen vor, dass derartige Weisungen auch dann angeordnet werden können, wenn ein Kind oder Jugendlicher wegen so genanntem anti-sozialen Verhalten aufgefallen ist.

[261] Gordon/Cuddy/Black, Introduction to Youth Justice, 2. Aufl, 1999, S 106, die Möglichkeit auch 10 bis 11 Jährige zu einer solchen Freiheitsentziehung zu verurteilen, ist im Crime and Disorder Act 1998 vorgesehen unter der Bedingung, dass Sicherungsbedürfnisse anders nicht ausreichend gewährleistet werden können; das Inkrafttreten wird aber von einer durch die Regierung zu bestätigenden „kriminalpolitischen Notwendigkeit" abhängig gemacht.

einer Jugendhaftanstalt verbüßt wird.[262] Die Jugendstrafrechtsreformen der neunziger Jahre haben die freiheitsentziehenden Maßnahmen auf schwere Delikte, Wiederholungsstraftäter und auf solche Straftäter konzentriert, hinsichtlich derer Sicherheitsbedürfnisse gesehen werden.[263]

Die strafrechtliche Verantwortlichkeit von Jugendlichen, Rechtsfolgen sowie Verfahren sind in Polen im StGB (1997) sowie im Gesetz über Verfahren in Jugendsachen (1982) geregelt. In Ausnahmefällen kann ein jugendlicher Straftäter ab 15 Jahren in bestimmten Fällen (Art 10 § 2 StGB) nach Erwachsenenstrafrecht abgeurteilt werden. Die Höchststrafe beträgt dann zwei Drittel des für Erwachsene geltenden Strafrahmens. Zudem gelten besondere Bestimmungen für Jugendliche im Gesetz über Verfahren in Jugendsachen, das vor den Familiengerichten stattfindet. Jugendliche sind 14–17-Jährige. Heranwachsende unterfallen dem StGB. In Jugendsachen werden grundsätzlich Erziehungs- und Besserungsmaßnahmen angeordnet. Hierunter fallen: Ermahnung, Auferlegung bestimmter Pflichten (beispw Wiedergutmachung); Aufsicht durch Eltern, Bewährungshelfer, Arbeitsstelle etc; Einweisung in ein Bewährungshilfezentrum, Unterbringung in einer Pflegefamilie oder in einem Fürsorgeerziehungsheim, Unterbringung in einer Resozialisierungsanstalt; Unterbringung in einer Besserungsanstalt. Ein Familiengericht kann ausnahmsweise Strafe verhängen, nämlich dann, wenn die Voraussetzungen der Unterbringung in einer Besserungsanstalt gegeben sind und wenn der Täter im Zeitpunkt der Entscheidung des Gerichts oder vor Vollstreckung der Maßnahme das 18. Lebensjahr vollendet hat.[264]

Das im Entwurf vorliegende neue Schweizerische Jugendstrafrecht[265] wird den Beginn der strafrechtlichen Verantwortlichkeit von nunmehr 7 Jahren auf 10 Jahre anheben. Freilich sind bestimmte Sanktionen erst ab einem höheren Alter vorgesehen. So soll eine Buße (Geldstrafe) erst ab Vollendung des 15. Lebensjahres anwendbar sein. Auch der Freiheitsentzug wird erst ab Vollendung des 15. Lebensjahres verhängt werden dürfen Er ist auf höchstens 1 Jahr beschränkt. Längere Freiheitsstrafen (bis maximal 4 Jahre) sind für jugendliche Straftäter vorgesehen, die das 16. Lebensjahr vollendet haben und die wegen Verbrechen verurteilt werden, für die nach Erwachsenenstrafrecht eine Mindeststrafe von 3 Jahren Freiheitsentzug

---

262 Zu den Einzelheiten vgl Gordon/Cuddy/Black (Fn 261), S 106.

263 Zusammenfassend Ward (Fn 253), S 179 ff.

264 Dies ist freilich streitig, vgl hierzu auch Stando-Kawecka/Dünkel, DVJJ-Journal 1999, S 409 ff, S 411.

265 Schellenberg, DVJJ-Journal 2000, S 3 ff.

vorgesehen ist. Im Übrigen trennt der Entwurf zwischen „Schutzmaßnahmen“ (Aufsicht, persönliche Betreuung, Behandlung und Unterbringung) sowie Strafen (Verweis, persönliche Leistungen [zugunsten des Opfers oder als gemeinnützige Arbeit], Buße, Freiheitsentzug).

Eine besondere Tendenz zeigt sich in den USA, wo – auch begründet mit dem griffigen Satz „adult crime = adult time“ – in fast allen Bundesstaaten die Möglichkeit eingeführt wurde, Kinder bzw Jugendliche von dem Eintritt der (relativen) Strafmündigkeit an im Falle bestimmter Anklagevorwürfe an Erwachsenengerichte abzugeben und nach Erwachsenenstrafrecht aburteilen zu lassen. Zwischen 1992 und 1995 erfolgten in 41 Bundesstaaten Reformen, die die Aburteilung nach Erwachsenenstrafrecht erleichtern.[266]

Einerseits lassen sich gewisse Tendenzen zu einer Annäherung oder am Festhalten von Erwachsenensanktionen in den Jugendgerichtssytemen beobachten. Andererseits finden sich auch deutliche Spuren für etwas, was traditionelle „jugendrechtliche“ Ansätze kennzeichnet, nämlich starke Disziplinierung, Kontrolle und Eingriffe in den Erziehungsprozess über Anweisungen an die Erziehungsberechtigten, jedoch auch als neue Ordnungspolitik betrachtet werden kann.[267] Verstärkte Aufmerksamkeit finden insbesondere in England die auch strafrechtliche Verantwortlichkeit der Eltern bzw Erziehungsberechtigten für strafrechtlich relevantes Verhalten der Kinder und außerdem Ausgangsverbote bzw Sperrstunden, mit denen junge Menschen von der Strasse ferngehalten werden sollen. Unter bestimmten Bedingungen kann ein Gericht Eltern dazu verpflichten, Anordnungen zur besseren Kontrolle der Kinder nachzukommen, deren Verletzung zu einer Geldstrafe bis etwa 1500 Euro führen kann. Eingeführt werden dann Elemente einer „Restorative Justice“ und zwar mit einer Wiedergutmachungsanordnung, die (bei Zustimmung des Verletzten) den jugendlichen Straftäter zu Reparationen an den Verletzten bzw die Gemeinschaft verpflichtet.

Boot Camps, in denen delinquente Jugendliche durch regelmäßige Arbeit, Disziplin und militärischen Drill behandelt werden, finden offensichtlich auch in Europa Interesse.[268] In Frankreich wurde im Jahre 1996 ein System der „unites a encadrement educatif renforce“ eingeführt, mit dem auf einen „harten Kern“ von jugendlichen Delinquenten durch Kleingruppenarbeit (3–4 Jugendliche bei 5 Erzie-

---

[266] Larnzell in Sagel-Grande (Hrsg), In the best interest of the child. Conflict resolution for and by children and juveniles 2001, S 121 ff, S 129.

[267] Bittscheidt/Lindenberg, NK 1998, Heft 3, S 23 ff.

[268] Für Frankreich vgl Aubusson de Cavalry (Fn 227), S 91.

hern) reagiert werden sollte.[269] Im Vordergrund steht hier die Entfernung des Jugendlichen aus dem riskanten Milieu und der Versuch, die Verbindungen zwischen Milieu und Jugendlichem zu unterbrechen. Schließlich ist auf Sperrstunden und Ausgangsverbote für Kinder und Jugendliche sowie auf die Rückkehr der so genannten „Status-Delikte" hinzuweisen, wobei Letztere vor allem ein neues Interesse an „Schulschwänzern" und unerlaubtem Konsum von Alkohol bzw anderen Jugendgefährdungen zum Ausdruck bringen, mit den Konsequenzen freilich von Vorverlagerung und Verpolizeilichung der rechtlich organisierten Kontrolle von Kindern und Jugendlichen.

Die Variation der Grundelemente wie der Ausgestaltung der jugendspezifischen Sanktionsysteme erlaubt eine Schlussfolgerung, die bereits vielfach gezogen worden ist, doch an dieser Stelle noch einmal betont werden soll. Die Variation in den jugendstrafrechtlichen Strukturen führt nicht zu Unterschieden in den Ausprägungen weder von Kinder- noch von Jugend- oder Heranwachsendenkriminalität.[270] Im Übrigen lassen sich auch keine „strafrechtstreibenden" Effekte der Einbeziehung von jungen Straftätern in die Systeme der Erwachsenensanktionen beobachten. Wie die Daten des Europarats zur Inhaftierung junger Menschen für das Jahr 1998 in Europa ausweisen, finden sich gerade in Dänemark und Schweden, also Ländern, die Jugendliche stärker in das allgemeine Strafrecht einbinden, recht niedrige Inhaftierungsraten. Dagegen ist die Inhaftierungsquote in Schottland, das ein Jugendwohlfahrtssystem mit Ausnahmen kennt, recht hoch.[271] Die Strafenstruktur und die Strafzumessung scheint von daher eher dem allgemeinen Trend sowie der kulturellen Eigenarten im Umgang mit Freiheitsentzug in den jeweiligen Ländern zu folgen und weniger der normativen Ausgestaltung der Sanktionen oder den Grundprinzipien der Sanktionszumessung. Freilich ist dieses Phänomen bereits von den Folgen von Grundsätzen wie Strafrecht oder Freiheitsstrafe als ultima ratio bekannt. Die Anerkennung solcher Grundsätze führt eben nicht zu einer gleichmäßigen Implementation, sondern zu drastischen Unterschieden im Gebrauch des Strafrechts, der offensichtlich anderen Determinanten ausgeliefert ist.

---

[269] Aubusson de Cavalry (Fn 227), S 91, wobei die Implementation offensichtlich mit erheblichen Problemen versehen war.

[270] Kaiser in Dölling (Hrsg), Das Jugendstrafrecht an der Wende zum 21. Jahrhundert. Symposium zum 80. Geburtstag von Dr. Rudolf Brunner 2001, S 1 ff.

[271] Europarat, Bulltein d' information penologique 2000, S 62.

5. Die internationalen Entwicklungen: Minimalstandards für Verfahren, Sanktionen und Vollzug

Die international-rechtlichen Entwicklungen im Bereich des Jugendkriminalrechts[272] sind auf der Ebene der Vereinten Nationen bestimmt durch die Grundsätze, die einerseits in der Kinderrechtskonvention enthalten sind, andererseits durch eine Serie von Minimum-Standards, die sich aus den so genannten Beijing Rules (1985), den Riyadh Guidelines (1990), den Rules for the Protection of Juveniles Deprived of their Liberty (1990) und weiteren Instrumenten ergeben,[273] die weitgehend „soft law" Charakter haben, jedoch insbesondere auch in Gestalt des Modellgesetzbuches eines Jugendstrafrechts Interpretationshilfen geben und Grundlinien im angemessenen Umgang mit jugendlichen Straftätern anzeigen.[274]

Von besonderer Bedeutung ist zunächst aber die Kinderrechtskonvention,[275] die nicht nur Trennung von Kindern und Erwachsenen im Bereich des Strafvollzugs gemäß Art 37c, sondern vor allem eine besondere Behandlung von Kindern (unter 18 Jahren) anlässlich der Begehung von Straftaten vorschreibt (insbesondere durch Ausschluss der Kapital-Strafen, darunter auch die lebenslange Freiheitsstrafe ohne Entlassungsmöglichkeit, Art 37a). Ferner verpflichten sich die Vertragsstaaten in Art 40 zur Anerkennung des Grundsatzes, Kinder in einem Strafverfahren auf eine Art und Weise zu behandeln, die das Alter und die Notwendigkeit berücksichtigt, die soziale Wiedereingliederung sowie die Übernahme einer konstruktiven Rolle in der Gesellschaft durch das Kind zu fördern. Besondere Bedeutung haben schließlich Verfahrensrechte, die auch in anderen Menschenrechtspakten enthalten sind (Art 40 II). Hier fand vor dem Hintergrund der Ausgestaltung des deutschen Jugendgerichtsgesetzes der Verteidigerzugang, den die Konvention in Art 40 II, b ii vor-

---

[272] Zur Entwicklung und Einzelheiten vgl Schüler-Springorum, ZStW 1987, S 809ff; Dünkel, ZStW 1988, S 361ff; Schüler-Springorum, ZStW 1992, S 169ff; Jung, DVJJ-Journal 1994, S 220ff; Gerstein, DVJJ-Journal 1996, S 13ff

[273] Nunmehr zusammengestellt und eingeführt durch Höynck/Neubacher/Schüler-Springorum, Internationale Menschenrechtsstandards und das Jugendkriminalrecht 2001.

[274] Kiessl, Die Regelwerke der Vereinten Nationen zum Jugendstrafrecht in Theorie und Praxis 2001.

[275] Guder, DVJJ-Journal 1999, S 324ff, S 326.

sieht, besondere Aufmerksamkeit.[276] Zudem verpflichtet Art 40 III zur Bemühung, besondere Verfahren und Institutionen des Kriminalrechts für den Umgang mit jugendlichen Straftätern einzurichten. Schließlich soll die Behandlung sowohl am Kindeswohl als auch an den persönlichen Umständen wie auch an der Straftat orientiert sein (Art 40 IV).[277] Besonders angesprochen werden dann nicht-freiheitsentziehende Maßnahmen (Art 40 IV) sowie Erledigungen von Strafverfahren ohne oder außerhalb eines gerichtlichen Verfahrens (Art 40 III b). Das Mindestalter der Strafmündigkeit wird hier aber ebenso wie in den soft laws nicht angesprochen (vgl aber Art 40 III a), was freilich verständlich ist angesichts der erheblichen Variation des Mindestalters der Strafmündigkeit im internationalen Vergleich und dem Bemühen, einen möglichst weitgehenden Konsens in der internationalen Staatengemeinschaft herzustellen.

Besondere Bedeutung kommt auch den Rahmenbedingungen zu, die die internationalen Mindeststandards für die freiheitsentziehenden Sanktionen festlegen. So schreibt Nr 19 der Mindestgrundsätze der Vereinten Nationen für die Jugendgerichtsbarkeit (1985) vor, dass die stationäre Unterbringung von Jugendlichen stets als letztes Mittel zu gelten habe; sie darf nicht länger angeordnet werden als absolut notwendig. Zu den wenigen international übereinstimmend bejahten Grundsätzen der Kriminalpolitik gehört, den Freiheitsentzug gegenüber jungen Straftätern auf ein „letztes Mittel" und eine „äußerste" Lösung zu reduzieren.

Aus dem Modelljugendstrafrecht ergeben sich dann immerhin Hinweise, wie die allgemeine Ausrichtung eines Jugendstrafrechts aus einer internationalen und auf Konsens angelegten Perspektive betrachtet wird. Von Bedeutung ist dabei sicher, dass in den Leitprinzipien betont wird, dass Kinder und Jugendliche als besonders schutzbedürftig angesehen werden, dass besondere Jugendgerichte für die angemessene Behandlung von jungen Angeklagten eingerichtet werden sollten, und dass die Entscheidung über den Freiheitsentzug am gesetzlich zugelassenen Minimum orientiert sein und lediglich als „ultima ratio" dienen sollte (Art 1.1.1). Ferner bringt Art 2.2.4 zum Ausdruck, dass junge Straftäter unter allen Umständen unter eine im Vergleich zum Erwachsenenstrafrecht reduzierte Strafandrohung fallen sollen. In der Festlegung von Rechtsfolgen unterscheidet das Modelljugendstrafrecht erzieherische und

---

[276] Neubacher/Schüler-Springorum in Höynck/Neubacher/Schüler-Springorum (Fn 273), S 9.

[277] Wobei sich hierdurch auch eine Ausrichtung auf das Justizmodell (Tatorientierung) ergibt vgl Sebba in Freemann ua (Hrsg), The Ideologies of Childrens Rights 1992, S 237 ff; jedoch sind die UN-Regeln wohl insgesamt als offen zu betrachten, vgl Kiessl (Fn 274), S 22.

strafende Maßnahmen. Während die erzieherischen Maßnahmen (Art 4.1–2ff) im Wesentlichen Verwarnung und Heimunterbringung (auch zur Bewährung aussetzbar) enthalten, beziehen sich die strafenden Maßnahmen auf Geldstrafe, gemeinnützige Arbeit und Freiheitsentzug. Freiheitsentziehende Strafen sollen eine absolute Obergrenze bei 15 Jahren finden, im Übrigen durch die Hälfte der für Erwachsene angedrohte Strafen begrenzt sein. Insgesamt enthält das Modelljugendstrafrecht eine Mischung, die Wohlfahrtsansätze, von Verfahren, Institutionen und Maßnahmen her gesehen, mit strafrechtlichen Ansätzen zu integrieren versucht. Dabei ist das System der Rechtsfolgen einfach strukturiert. Ferner wird das Opfer – durchaus dem französischen System entsprechend – in erheblichem Umfang einbezogen (action civile).

Für verschiedene Kreise der europäischen Länder haben ferner der Europarat und zunehmend auch die Europäische Union Bedeutung für die Entwicklung von Standards für die Ausgestaltung des Jugendstrafrechts.[278]

Versucht man eine Zusammenfassung, dann sollte hervorgehoben werden, dass die internationalen Grundsätze des Jugendkriminalrechts eine besondere Stellung des Jugendlichen oder Kindes anerkennen und diese Sonderstellung gründen auf die besondere Entwicklungsphase der Jugend, die offensichtlich insbesondere im Zusammenhang mit Freiheitsentzug als besonders schutzbedürftig angesehen wird. Ansonsten werden jugendliche Straftäter aber mit denselben Verfahrensgarantien versehen wie Volljährige. Insoweit ist durchaus ein Trend zu erkennen, der das Strafrechtsmodell hervorhebt und die Abschichtung vom Strafrecht der Erwachsenen in das System der Sanktionen und die Strafzumessung lenkt.

---

[278] Rau in Dünkel/van Kalmthout/Schüler-Springorum (Fn 242), S 519ff.

6. Rahmenbedingungen des Jugendstrafrechts

6.1 Alter und strafrechtliche Haftung

6.1.1 Altersabhängige Grenzen der strafrechtlichen Verantwortlichkeit: Vorschläge und Begründungen

Fragt man zunächst danach, welche Vorschläge im Zusammenhang mit der Festlegung von Altersgrenzen der strafrechtlichen Verantwortlichkeit vorgetragen werden, so geht es um die Herab- wie um die Heraufsetzung der heute bei 14 Jahren liegenden Altersgrenze sowie um die Frage, wie mit Heranwachsenden und Jungerwachsenen verfahren werden soll. Jedoch werden die Frage der Strafmündigkeit und der Geltungsbereich des Jugendstrafrechts auch erörtert im Zusammenhang mit den Rechtsfolgen. Gerade hier wird versucht, Differenzierungen auch in Entwicklungszuständen und Zielsetzungen einzuführen, die dann insgesamt ein differenziertes Bild der Mündigkeitsfragen sowie der sich hieran anschließenden Rechtsfolgen ergeben. So schlägt beispw Schlüchter eine Untergliederung der Rechtsfolgen in anleitende bzw präventive Erziehung und ahndende Erziehung vor.[279] Bekannt ist ferner die Unterscheidung zwischen Strafmündigkeit und Bestrafungsmündigkeit, wobei das Konzept der Bestrafungsmündigkeit vor allem zur Begründung der Ausschließung der 14- bis 15-Jährigen aus der Jugendstrafe genutzt wird.[280] Im Zusammenhang mit Abschichtungen, die die Altersgruppe der 14- und 15-Jährigen aus dem Geltungsbereich der Jugendstrafe herausnehmen und andererseits die partielle Aufnahme der Jungerwachsenen in den Geltungsbereich der jugendgerichtlichen Rechtsfolgen betreffen, wird freilich eines sichtbar. Einerseits ist wesentlicher Grund für die nicht enden wollende Debatte über die Heraussetzung von Altersgrenzen des Jugendstrafrechts wie der Jugendstrafe ein tief verwurzeltes Misstrauen gegenüber strafenden Eingriffen und teil-

---

[279] Schlüchter, Plädoyer für den Erziehungsgedanken 1994, S 110, S 138f.

[280] Vgl hierzu die Vorschläge der DVJJ-Kommission zur Reform des Jugendkriminalrechts DVJJ-Journal 1992, S 4ff, Unterkommission I: Entkriminalisierung, S 12; offensichtlich ergeben die Beratungsergebnisse des 22. Deutschen Jugendgerichtstages insoweit keinen Konsens, vgl DVJJ-J 1992, S 271ff, S 281 sowie S 290.

weise gegenüber dem Strafrecht und der Kriminalpolitik insgesamt. Die Erwägungen von v Liszt und Radbruch werden in diesem Misstrauen immer wieder sichtbar und verweisen demnach auch darauf, dass sich diese Grundüberlegungen zu der Rolle des Strafrechts nach wie vor als rechtspolitisch von großer Wirksamkeit erweisen. Zum anderen ist Grund der Bestrebungen, die Altersgrenzen abzusenken, eine von Kontrollbedürfnissen und dem Wunsch nach Demonstrierbarkeit von Kontrolle getragene Sichtweise, die die Herstellung von Ordnung in Gesellschaften weitgehend mit dem Einsatz von Strafrecht verknüpft.

6.1.2 Senkung der Verantwortlichkeitsgrenze auf 12 Jahre?

Insbesondere in den neunziger Jahren werden im Zusammenhang mit spektakulären Fällen der Kinder- und Jugendgewalt verschiedentlich (wieder) Vorschläge zur Senkung der Strafmündigkeitsgrenze auf 12 Jahre gemacht.[281] Ihnen ist in der Begründung gemein, dass sie von bedrohlichen Ausmaßen kindlicher Delinquenz, insbesondere Gewaltkriminalität, ausgehen, frühzeitige (jugendstrafrechtliche) Intervention begrüßen, ausreichende Reife im Hinblick auf Einsichts- und Steuerungsfähigkeit auch bei älteren Kindern (12–13-Jährigen) annehmen und durch den internationalen strafrechtlichen Vergleich eine Herabsetzung des Strafmündigkeitsalters als sachlich gerechtfertigt ansehen.[282] Insoweit unterscheiden sich diese Ansätze kaum von den Grundgedanken, die im Wesentlichen auch die ChildSaver Bewegung des 19. Jahrhunderts prägte und es ist deshalb auch kaum erstaunlich, dass sich die Begründungen der Probleme, die sich im Zusammenhang mit der Fixierung einer unteren Grenze der Strafmündigkeit stellen, im Grunde in den letzten hundert Jahren nicht verändert haben. Schon Groß wies anlässlich des 27. Deutschen Juristentages 1904 darauf hin, das jeder Praktiker bestätigen könne, dass ihm oft Kinder in sehr jugendlichem Alter vorgekommen seien, bei welchen der alte Jurist mit Recht gesagt hätte: „malitia supplet annos“[283] und dass wegen der ausgeprägten Variation in Reifungs- und Lernprozessen eine Festlegung von Altersgrenzen der strafrechtlichen Verantwortlichkeit nicht möglich und im Übrigen auch nicht nötig

---

[281] Zusammenfassend Hinz (Fn 23), S 107ff, S 108; vgl schon Weinschenk, MschrKrim 1984, S 15ff.

[282] Hinz (Fn 281), S 109f; Teiser, MdB-CDU, Presseerklärung zur Herabsetzung des Strafmündigkeitsalters auf 12 Jahre, DVJJ-J 1996, Nr 154, S 316; Deutsche Polizeigewerkschaft im Beamtenbund, Kriminalistik 1997, S 420.

[283] Groß in Schriftführer-Amt der ständigen Deputation (Hrsg), Verhandlungen des Siebenundzwanzigsten Deutschen Juristentages 1904, S 89ff, S 90.

sei.[284] Demgegenüber war das Gutachten von Klein, ebenfalls zur strafrechtlichen Behandlung der jugendlichen Personen, der Auffassung, dass lediglich ein Mindestalter von 14 Jahren angemessen sein könne. In der Begründung der (damaligen) Heraufsetzung des Mindestalters kommen im Wesentlichen die Argumente zur Anwendung, die auch heute noch die Diskussion prägen. Darunter fallen beispw die besonderen Probleme, die sich mit modernen Gesellschaften für junge Menschen verbinden, also die zunehmende Komplexität von Kontextbedingungen des Verhaltens, Komplexität der Normensysteme und Unübersichtlichkeit der Verhaltenserwartungen.[285] Ferner wird als maßgeblicher Grund, unter 14-Jährige aus dem Strafrecht auszuschließen, die Gerechtigkeit betont, die es verlange, junge Menschen, denen noch das „volle Verständnis für die Bedeutung und die Tragweite des von ihnen verübten Rechtsbruchs und dessen Folge fehle" (wenn auch nicht die kognitive Einsicht darin, was Recht und Unrecht sei), eben nicht strafrechtlich haften zu lassen und einer Strafe zu unterwerfen.[286] Auch dort standen diese Grundgedanken, nämlich Gefährlichkeit junger Menschen, frühzeitige Intervention und damit verknüpft die Annahme einer negativen Korrelation zwischen der erzieherischen Formbarkeit von Menschen und dem Alter im Vordergrund.

Was die Beschreibungen der aus Kinderkriminalität sich ergebenden Probleme betrifft, so werden die Informationen im Wesentlichen aus der Polizeilichen Kriminalstatistik gezogen; sie werden teilweise auch durch Hinweise darauf, dass es wohl Zwölfjährige gebe, die ganze Stadtteile kontrollierten und mit Gewalt und Raub überziehen, unterlegt.[287] Nun wird gerade den Vorstellungen einer problematischen Entwicklung der Kinderkriminalität mit guten Gründen entgegengehalten, dass die empirische Forschung, die auch an den in der Polizeilichen Kriminalstatistik ausgewiesenen Fällen der Kinderkriminalität ansetzt, bislang nichts erbracht hat, was eine solche Sichtweise rechtfertigen würde. Insbesondere haben die Studien von Steffen in Bayern präzise nachweisen können, dass die als Gewaltkriminalität ausgewiesene polizeilich erfasste Kinderkriminalität keine Hinweise

---

[284] Vgl hierzu die Thesen von Groß (Fn 283), S 96: These II: „Die subjektiven Altersgrenzen, welche höchst verschieden entwickelte Individuen ungerechtfertigt zusammenfassen, haben im Strafgesetz völlig zu entfallen; bei jedem Individuum, welches sich in einem Alter befindet, das beendete Entwicklung zweifelhaft erscheinen lässt, ist vom Richter besonders zu untersuchen und zu entscheiden, ob Verantwortung mit Rücksicht auf das Alter vorliegt."

[285] Weitgehend ähnlich Frehsee (Fn 60), S 389.

[286] Klein in Schriftführer-Amt der ständigen Deputation (Hrsg), (Fn 283), S 97ff, S 101.

[287] Vgl nur Hinz (Fn 23), S 108.

darauf enthält, dass hier besonders gewalttätige oder gefährliche Gruppen enthalten wären. Vielmehr wird der Anstieg in der kindlichen Gewaltkriminalität wohl ausnahmslos auf Veränderungen in den Anzeigemustern zurückgeführt und der Charakter der Kinderkriminalität eben als Kriminalität von Kindern entlarvt.[288]

Freilich wird auch von Befürwortern einer Absenkung der Altersgrenze strafrechtlicher Verantwortlichkeit auf 12 Jahre die jugendstrafrechtliche Reaktion stark eingeschränkt. Denn vorsichtig wird angemahnt, die regelmäßigen Interventionen zu beschränken zunächst auf die Diversion gemäß § 45, sodann auf die Erziehungsmaßregeln, wobei erzieherische und stützende Interventionen im Vordergrund zu stehen hätten. Nur ausnahmsweise soll eine Jugendstrafe (mit einer Obergrenze von 5 Jahren) in Betracht kommen für Kapitalverbrechen oder Tötungsdelikte.[289]

In der Auseinandersetzung um die Frage nach der Einbeziehung oder Einbeziehbarkeit von kindlichen Straftätern in den Geltungsbereich des Strafrechts spielt seit jeher eine Rolle, ob und inwieweit 12- bis 13-Jährige eine Reifestadium erreicht haben, das strafrechtliche Verantwortlichkeit begründet. Die Frage ist allerdings, was Reife im Einzelnen bedeutet, wie man die Reife erfassen kann und welche sonstigen Bedingungen die Festlegung eines Mindestalters von strafrechtlicher Verantwortlichkeit beeinflussen.

Die entwicklungspsychologische Forschung hat in den letzten Jahrzehnten tatsächlich Fortschritte erzielt und insbesondere in Form der Ergebnisse von Längsschnitt- und Kohortenuntersuchungen Befunde vorgelegt, die eine differenzierte Einschätzung erlauben. Dabei dürfte jedoch die gesellschaftliche Entwicklung weniger aussagekräftig sein. Denn der körperliche und seelische Übergang vom Kindes- in das Jugendalter findet keineswegs früher statt, wie manchmal behauptet. Zwar mögen im Vergleich zu den Entwicklungsbedingungen des 19. Jahrhunderts heute Kinder bereits früher besser informiert und ausgebildet sein. Die Lernmöglichkeiten und Lernangebote, insbesondere organisierter Art in Schulen oder Vorschuleinrichtungen, sind insgesamt besser und erfassen größere Gruppen.[290] Doch haben gesellschaftliche Differenzierungsprozesse natürlich auch dazu geführt, dass Kinder und junge Menschen heute 1. sehr viel größeren Risiken und Unübersichtlichkeiten ausgesetzt sind und dass dann 2. der Übergang in das Erwachsenenalter im Sinne einer vollen Ausstattung mit den für das Erwachsenenleben notwendigen Bedingungen in Form einer Integration in Arbeit und Be-

---

[288] Steffen (Fn 121).
[289] Hinz (Fn 23), S 112.
[290] Lind, Ist Moral lehrbar? 1993.

ruf sowie die Verselbständigung in Form der Familiengründung sehr viel später einsetzt, wobei der Wandel der Arbeitsmärkte und die anhaltende Migration wohl noch für eine gewisse Zeit für eine Zunahme prekärer Beschäftigungsformen vor allem in Schattenwirtschaften und damit für Zunahme von Instabilität und Konflikten gerade in den Übergängen in das Erwachsenenalter sorgen werden.

Entwicklungspsychologische Forschungen haben belegt, dass Kinder schon in einem sehr frühen Alter moralische Normen im Sinne ihrer formalen und universellen Gültigkeit verstehen.[291] Dabei handelt es sich bei den untersuchten Normen um diejenigen, die auch den Kernbereich der Kinder- und jungen Jugendkriminalität bestimmen, nämlich Diebstahl und Verletzungen anderer (partiell auch um „Betrug"). Das Wissen, das im Hinblick auf solche Normen besteht, wird als intrinsisch formales Wissen bezeichnet und umfasst im Übrigen eine formal-kategoriale Begründung des Verbots bereits im Vorschulalter. Es ist also keineswegs so, dass in frühen Lebensjahren allein die Furcht vor Strafe, die Orientierung an Belohnung oder Mitgefühl für andere Menschen das Handeln bestimmen würden, wie lange Zeit zum Beispiel unter dem Einfluss der Kohlbergschen Theorie der Moralentwicklung angenommen wurde. Dies bedeutet allerdings nicht, dass solche kognitiven Einsichten auch verhaltenswirksam würden, denn offensichtlich ist die Tendenz, die kognitive Einsicht verhaltenswirksam werden zu lassen, zunächst recht schwach ausgeprägt und muss durch das Erlernen von Motiven für das Vermeiden bestimmter Handlungen verstärkt werden. Weinert schließt aus dem Stand der Forschung, dass die Genese moralischer Motivationen im Sinne zu vermeidender (und zu präferierender) Handlungstendenzen nicht auf einem einheitlichen Lernmechanismus beruht (der beispielsweise auf eine bestimmte Altersphase konzentriert werden könnte),[292] sondern dass sich ein solcher Lernmechanismus bei erheblicher intra-individueller und inter-individueller Varianz über die gesamte Lebensphase (und nicht bloß auf einen Ausschnitt im Kindes- oder Jugendalter) erstreckt. Von besonderer Bedeutung erscheint nach den Befunden der Grundlagen- und Längsschnittforschung aber die Förderung automatisch wirkender sekundärer Moralmotive, die dazu führen, dass moralisches Verhalten positive emotionale Selbstbewertungen auslöst, und dass Hemmschwellen gegenüber normwidrigem Verhalten aufgebaut und stabilisiert werden. Das moralische Wissen ist dabei als Reflexionsbedingung nur von begrenzter Bedeutung. Im Zentrum für die Begründung müssen

[291] Weinert in Albrecht, H.-J./Arnold/Koch (Hrsg), Wechselwirkungen. Beiträge zum 65. Geburtstag von Albin Eser 2001, S 147ff, S 153.

[292] Weinert (Fn 291), S 156.

deshalb solche Mechanismen stehen, die die Verhaltenswirksamkeit der kognitiven Einsicht bestimmen. Insoweit ist Frehsee Recht zu geben, der in diesem Zusammenhang auf strukturelle Bedingungen moderner Gesellschaften verweist, die die Ausbildung von (moralischen) Motiven erschweren und behindern.[293]

Das eigentliche Problem der Absenkung der Strafmündigkeitsgrenze hat Frehsee mit dem Hinweis aufgegriffen, dass empirische Schnittstellen der Strafmündigkeit oder Strafreife eben schlicht nicht vorhanden seien und dass die Setzung von Verantwortlichkeitsschwellen Wertungen voraussetze, die vom kulturellen Entwicklungsstand einer Gesellschaft abhingen.[294] Freilich geht es sicher zu weit, den sittlichen Reifezustand (oder die „Anständigkeit")[295] einer Gesellschaft danach zu bemessen, ab wann ein junger Mensch als strafmündig eingestuft wird.[296] Denn die Variation in europäischen Ländern in eben der Untergrenze der strafrechtlichen Verantwortlichkeit würde auf diese Art und Weise zu Rangordnungen des „sittlichen" Entwicklungsstandes in Europa führen, denen berechtigter Widerspruch sicher wäre. Auch der Hinweis, dass „schlechte Gesellschaft" suche, wer die Absenkung der Strafmündigkeitsgrenze auf 12 Jahre fordere, dürfte innerhalb der Europäischen Union wenig Zuspruch finden.[297]

Andererseits jedoch lassen die Auseinandersetzungen um die 14-Jahresgrenze erkennen, dass im Mittelpunkt der Begründungen nicht die Kinder und die Entwicklungspsychologie stehen. Vielmehr stehen Prävention und Sicherung im Hintergrund der Auseinandersetzungen um Strafreife, Bestrafungsmündigkeit und die Absenkung der Altersgrenze auf 12 Jahre und damit die Vorstellung, man könne Probleme der Kinderkriminalität durch frühzeitiges Eingreifen der Jugendkriminaljustiz effektiver beantworten. Die Auseinandersetzung hierüber ist freilich durch mancherlei Widersprüche geprägt. So stellt Hinz zum einen fest, dass es allein in München 57 Fälle kindlicher Intensivtäter gebe, bei denen jedwede Resozialisierung als gescheitert gelte, um dann ein frühzeitiges und dosiertes Eingreifen der Jugendstrafjustiz als Chance für Erziehung und Hilfe wohl für gerade solche Kinder anzubieten, deren Resozialisierung offensichtlich als gescheitert angesehen werden muss.[298] Was den internationalen Vergleich betrifft, so gibt der Blick insbesondere auf die Länder der Europäischen Union keinen Anlass, die Strafmündigkeitsgrenze

---

[293] Frehsee (Fn 60), S 393.
[294] Frehsee (Fn 60), S 367 f.
[295] Frehsee, DVJJ-J 1996, Nr 154, S 322.
[296] So aber wohl Frehsee (Fn 60), S 388.
[297] Ostendorf, ZRP 2000, S 103 ff, S 106.
[298] Hinz (Fn 23), S 111 f.

nach unten zu versetzen. Denn in den Ländern, in denen jüngere Altersgruppen durch das Jugendkriminalrecht erfasst werden, gelten eben Besonderheiten, die strukturell zu derselben, nämlich jugendhilferechtlichen, Antwort führen wie unter der Geltung der 14-Jahresgrenze. Der internationale Vergleich zeigt in Kontinentaleuropa, dass dort, wo die strafrechtliche Verantwortlichkeit bei 7 Jahren (Schweiz) oder bei 12 Jahren (Holland) einsetzt, im Falle der nach deutschem Recht als Kinder einzustufenden Täter im wesentlichen Erziehungsmaßnahmen Anwendung finden. Im Übrigen liegen die Grenzen tendenziell bei 14 Jahren, wobei selbstverständlich sehr variantenreiche Schattierungen erkennbar werden.[299] Insoweit gibt es weder empirische Hinweise für die Herabsetzung noch normative Argumente für die Veränderung der 14-Jahresgrenze. Entwicklungen der Kinderkriminalität zeigen ferner keine Notwendigkeit an, strafrechtliche „Responsibilisierung" bei 12- und 13-Jährigen einzusetzen.[300]

Schlüchter will eine Erziehungsmündigkeit, die ab dem 10. Lebensjahr eintreten soll, von der Strafmündigkeit trennen, hinsichtlich derer eine Grenze von 16 Jahren festgelegt werden könnte, bei Beibehaltung der 14-Jahresgrenze für Tötungsdelikte.[301] Die Erziehungsmündigkeit soll es ermöglichen, ab dem 10. Lebensjahr durch den Jugendrichter jedenfalls dann in angemessenem Umfang erzieherische Maßnahmen anzuordnen, wenn Erziehungsberechtigte auf rechtswidrige Straftaten nicht zu verhindern bzw hierauf nicht wirksam zu reagieren vermögen. Das Problem der fehlenden Schuldfähigkeit und das hieraus abgeleitete Prozesshinderniss soll dadurch gelöst werden, dass ein neuer Satz 2 zu § 19 StGB angefügt wird, der lautet: „Der Jugendrichter darf aber erzieherische Maßnahmen (§ 10, 12 JGG) zur Erziehung eines Kindes anordnen, das nach Vollendung seines zehnten Lebensjahres eine Verfehlung begangen hat, die nach den allgemeinen Bestimmungen mit Strafe bedroht ist."[302] Dies würde aber grundsätzlich nichts anderes bedeuten als eine Verschiebung des Geltungsbereichs des Jugendstrafrechts nach unten. Denn das Etikett der „Erziehungsmündigkeit" vermag nichts daran zu ändern, dass in einem solchen Verfahren eben auf die Straftat mit Maßnahmen des Jugendgerichtsgesetzes und zwar durch den Jugendstrafrichter reagiert wird. Insoweit handelt es sich hier um das bereits erörterte Problem, mit der Einschränkung allenfalls, dass interne Altersabschichtungen des Sanktionenkatalogs erfolgen. Praktisch

---

299 Dünkel, RdJB 1999, S 291 ff, S 294.
300 Thomas, ZRP 1999, S 193.
301 Schlüchter (Fn 279), S 102 ff.
302 Schlüchter (Fn 279), S 106.

und für die Öffentlichkeit wie für Betroffene hätte ein solches System lediglich die Konsequenz einer Ausdehnung des Jugendstrafrechts auf 10-Jährige.

Die Durchsicht der politischen und wissenschaftlichen Stellungnahmen verweist aber auf eine eindeutige Position.[303] Die Senkung der Verantwortlichkeitsgrenze wird abgelehnt.[304] Der Vorschlag einer Absenkung der Grenze der strafrechtlichen Verantwortlichkeit wird schließlich auch im Bericht der Zweiten Jugendstrafrechtsreformkommission der DVJJ abschlägig beschieden.[305]

6.1.3 Punitive/Disziplinierende Anreicherung des Kinder- und Jugendhilferechts?

Als Alternative zur Absenkung des Strafmündigkeitsalters wird auch eine Änderung des Kinder- und Jugendhilfegesetzes bzw eine Stärkung der „familiengerichtlichen Erziehungskompetenz" vorgeschlagen, mit der punitive und disziplinierende Ansätze als Antworten auf ernsthafte bzw schwere Kinderkriminalität aufgenommen werden sollen.[306] Ein Gesetzesantrag Bayerns hatte im Jahre 1998 vorgesehen, die Kompetenzen der Familiengerichte auszuweiten und dabei vor allem gegenüber Kindern das Recht einzuräumen, ein richterliches Erziehungsgespräch und Weisungen in Form von regelmäßiger Teilnahme am Schulunterricht, Teilnahme an einem sozialen Trainingskurs, Erbringung von Arbeitsleistungen, Täter-Opfer-Ausgleich sowie das Unterlassen des Aufsuchens bestimmter Orte oder des Kontaktes mit bestimmten Personen anzuordnen.[307] Ferner soll dem Familienrichter die Möglichkeit eingeräumt werden, den Erziehungsberechtigten Weisungen zu erteilen.[308] Die Fraktion der CDU/CSU im Bundestag hat im April 2000 einen entsprechenden Entwurf eingebracht.[309]

---

303 Kaiser (Fn 270), S 1 ff, S 7.

304 Vgl beispw Kastner/Sessar (Fn 7); einhellig die Meinungen der Kurzstellungnahmen von Experten in DVJJ-J 1996, Nr 154, S 321 ff.

305 Zwischenergebnisse der Zweiten Jugendstrafrechtskommission der DVJJ (Fn 12), S 3.

306 Hinz (Fn 23), S 112 f.

307 Vgl BR-Dr 645/98.

308 Kritisch und zu Recht ablehnend Ostendorf, ZRP 1999, S 348, insbesondere im Hinblick auf die Forderung nach einer intensiveren Bestrafung der Eltern nach § 171 StGB, da dies in der Regel kontraproduktiv sei.

Die betroffenen Eltern lebten vielfach in sozialer Randständigkeit und seien erziehungsuntüchtig, gar lebensuntüchtig. Mit Strafen könnten diese Defizite nicht beseitigt werden, die Situation würde vielmehr verschlimmert; zustimmend wohl Brunner, JR 1997, S 492 ff.

309 BT-Dr 14/3189.

Kernpunkt des Vorschlags ist die Änderung der §§ 1631b, 1666 BGB.[310] Mit der Änderung soll zunächst eine gesetzliche Vermutung eingefügt werden, die besagt, dass (schwere) Kriminalität und Suchtgefahr als Kindeswohlgefährdungen eingestuft werden, wobei eine gesetzliche Vermutung dafür sprechen soll, dass wiederholte schwerwiegende Straftaten oder Anzeichen einer drohenden Abhängigkeit von Betäubungsmitteln oder von anderen Suchtmitteln das Vorliegen einer Kindeswohlgefährdung begründen. Die Koppelung von Straftaten und Kindeswohl einerseits mit in der Zielrichtung wohl disziplinierende Reaktionen hat Zustimmung und Ablehnung erfahren. Böttcher steht einer solchen Änderung durchaus zustimmend gegenüber, wobei er freilich auch betont, dass an § 10 JGG angelehnte Weisungen gegenüber dem Kind in die Systematik des Familienrechts, das eher auf Anordnungen gegenüber den Erziehungsberechtigten abstelle, nicht so recht passen wollen.[311]

Sind es einerseits systematische Gründe, die gegen eine derartige Anreicherung des Kinder- und Jugendhilferechts sprechen, so werden andererseits vor allem die Grundsätze der Verhältnismäßigkeit zur Kritik herangezogen. Eine Senkung der Eingriffsschwelle des Familienrichters im Zivilrecht, so heisst es, klinge wohl verlockend, doch sie könne den gewünschten Erfolg nicht erbringen und müsse deshalb als ungeeignet und nicht erforderlich verworfen werden.[312] Das geforderte richterliche Erziehungsgespräch bedürfe zum einen keiner gesetzlichen Regelung. Denn schon nach der heutigen Fassung des § 1666 BGB sei dies möglich,[313] eine ausdrückliche Einführung würde nur die Gefahr einer unnötigen Formalisierung in sich bergen. Zum anderen würde sich dann allerdings die Frage nach verfahrensrechtlichen Absicherungen stellen.[314] In Gestalt von Beweisaufnahme und der Vertretung durch einen (notwendigen) Verteidiger, einer mündlichen Hauptverhandlung, in der die Feststellung der kindlichen Verfehlungen erfolgt, könnte und müsste dies wohl geschehen, soll eine Tat (oder gar mehrere schwerwiegende Taten) Auslöser der Weisungen an Kinder sein. Sollten diese Vorstellungen aber in eine Richtung gehen, die dem (ehemals geltenden) delinquen-

---

310 Zustimmend Thomas, ZRP 1999, S 193.

311 Ablehnende Haltung von Albrecht PA, zustimmende Haltung von Böttcher in Protokoll der 81. Sitzung des Rechtsausschusses am 9. Mai 2001, S 7.

312 Sonnen, DVJJ-Journal 2000, S 329ff.

313 Tatsächlich eröffnet das familienrechtliche und familiengerichtliche Instrumentarium gemäß §§ 1666, 1666a BGB eine ganze Reihe von Reaktionsmöglichkeiten auf Kinderkriminalität, die im Übrigen – wenn auch unterschiedlich – genutzt werden, vgl hierzu Däubler-Gmelin (Fn 212), S 272f.

314 Koerner von Gustorf, Protokoll der 81. Sitzung des Rechtsausschusses am 9. Mai 2001, S 14.

cy Verfahren in Nordamerika entspricht, so wären hier Probleme aufgeworfen, die in den USA bereits in den sechziger Jahren dazu führten, ein solches wohlfahrtsrechtliches Verfahren als verfassungsrechtlich untauglich zu verwerfen[315] und zurückzukehren zu einem an den Strafprozess mit den hier vorhandenen rechtstaatlichen Garantien angelehnten Verfahren. Schöch hat dann darauf hingewiesen, dass ein Täter-Opfer-Ausgleich oder eine Mediation über das Jugendamt auch als „unbenannte Leistung der Hilfe zur Erziehung" im Rahmen des § 27 SGB VIII möglich und durchaus wünschenswert ist.[316] Denn die Stärkung der Fähigkeit zur Konfliktschlichtung gehört ganz sicher zu den Aufgaben einer individuell wie auf das Gemeinwesen ausgerichteten Jugend- und Sozialhilfepolitik.

Tendenziell besteht auch Einigkeit darüber, dass unterhalb der Schwelle des § 1666 BGB Eingriffe nicht erfolgen sollten. In diesem Falle würde es sich nämlich um eine Grenzüberschreitung handeln, die insbesondere das Prinzip der Freiwilligkeit der Inanspruchnahme von Leistungen nach dem KJHG wieder grundsätzlich in Frage stellen würde. Jedoch gibt es wohl derzeit keine Diskussion, in der eine Rückkehr zu Zuständen vor dem KJHG gefordert würde.[317]

Der Entwurf bringt freilich im Hinblick auf die Unterbringung in einer geschlossenen Heimeinrichtung nichts Neues. Denn dies ist heute bereits möglich. Dass eine solche Strategie in den sechziger und siebziger für die Gestalt der damaligen Fürsorgeerziehung unter starke Kritik geraten war und dass die Kinder- und Jugendpädagogik heute weitgehend auf die nicht geschlossene Erziehung setzt, ändert nichts daran, dass eine Unterbringung grundsätzlich möglich bleibt.[318] Auch die gesetzliche Vermutung einer Gefährdung des Kindeswohls im Falle wiederholter schwerwiegender Kriminalität oder beginnender Drogenabhängigkeit dürfte an der heutigen Praxis nicht viel ändern. Denn dass dergleichen (beispw eine Heroinabhängigkeit) das Jugend- und Kindeswohl nicht bloß gefährdet, sondern erheblich verletzt, ist selbstverständlich.

Eine Änderung des Kinder- und Jugendrechts im Hinblick auf eine Einführung von Weisungen, die an das Jugendstrafrecht angelehnt sind, ist deshalb abzulehnen. Auch unter Einbeziehung von Opferschutzgesichtspunkten und den Erfordernissen von positiver Generalprävention gibt es keinen Anlass, die grundsätzliche Aus-

---

[315] Vgl hierzu die wichtigen Entscheidungen In re Gault, 387 US 1, 15–16 (1967); sowie Kent vs United States, 383 US 541, 555 (1966); zusammenfassend zur Entwicklung Larnzell (Fn 266), S 123 ff.

[316] Schöch, RdJB 1999, S 278 ff, S 289.

[317] Gerstein, Protokoll der 81. Sitzung des Rechtsausschusses am 9. Mai 2001, S 9

[318] Weber, DRiZ 2000, S 297 ff, S, 298.

richtung des auf freiwillige Inanspruchnahme von Leistungen angelegte Kinder- und Jugendwohlfahrtsrecht zu ändern.[319] Eine Aufnahme kontrollierender Maßnahmen in das System des Kinder- und Jugendhilferechts würde vielmehr dort zu Problemen und Änderungen im Hinblick auf die Wiederherstellung eines Eingriffsrechts führen, die, soweit ersichtlich, von niemandem gewollt werden.

Die Ausgestaltung der Beziehungen zwischen Kinder- und Jugendhilfegesetz und Jugendgerichtsgesetz sollte vielmehr in Richtung einer weitgehenden Unabhängigkeit beider Systeme verändert werden.

6.1.4 Heraufsetzung der Altersgrenze der Strafmündigkeit auf 16 Jahre?

Die sechziger und siebziger Jahre sind durch die Diskussion von Grundsatzreformen bestimmt, wobei die Vorschläge für ein erweitertes Jugendhilferecht der Arbeiterwohlfahrt von 1970, dann ein Diskussionsentwurf des Bundesministeriums für Jugend, Familie und Gesundheit eine bestimmende Rolle spielten. Freilich haben sich die Vorstellungen, Jugendliche vollständig aus dem Strafrecht herauszunehmen, und dafür ein einheitliches „Jugendkonfliktrecht" für erziehungsbedürftige Kinder und Jugendliche wie für straffällige Jugendliche einzusetzen, nicht durchsetzen können,[320] obschon die Voraussetzungen in dieser Zeit wohl recht günstig für eine allgemeine Exklusion waren. Andererseits sind die Stimmen nicht verstummt, die eine Anhebung der Strafmündigkeit auf 16 Jahre fordern.[321] Begründet wird dies mit Überforderungen junger Menschen angesichts gesellschaftlicher Entwicklungen, die neben Individualisierung auch ein Zurückdrängen der Bedeutung der klassischen Sozialisationsinstanzen wie beispw die Familie, mit sich gebracht hätten und insoweit ein dramatisches Ansteigen der von jungen Menschen im Zusammenhang mit dem weiter oben erörterten Lernen von Motivationen im Zusammenhang mit Normbefolgung erwarteten Orientierungsleistung zur Konsequenz gehabt hätten.[322]

Jedoch ist ein genereller Ausschluss der Strafmündigkeit für unter 16-Jährige mit der Gesamtentwicklung nicht vereinbar, die eher eine Stärkung der Verselbständigung und der Partizipation junger Menschen verfolgt. Der Tatsache, dass die Kriminalität der 14- und 15-

[319] So auch Hefendehl, JZ 2000, S 600 ff; vgl auch Thomas (Fn 300), S 193 ff.

[320] Zusammenfassend Schaffstein in Albrecht ua (Hrsg), (Fn 60), S 371–378.

[321] Vgl beispw Frehsee (Fn 60), S 395 mit der nachdrücklichen Forderung der Anhebung auf 16 Jahre.

[322] So Frehsee (Fn 60), S 379 ff.

Jährigen im Wesentlichen Bagatellkriminalität darstellt, kann im Rahmen der konventionellen Reaktionsformen ausreichend Rechnung getragen werden.

6.1.5 Flexibilisierung durch § 3 JGG

§ 3 JGG, obschon wie es Frehsee zum Ausdruck brachte, unbeliebt und weithin als überflüssig und vernachlässigungsfähig verstanden,[323] hat die Pflicht zur Prüfung der individuellen Strafmündigkeit eingeführt. Insoweit bietet sich hier ein potentieller Mechanismus, von dem wohl eine entkriminalisierende Wirkung jedenfalls in der Altersgruppe der 14- und 15-Jährigen erwartet wird. So wird vorgeschlagen, die Pflicht zu betonen, eine strafrechtliche Verantwortlichkeit junger Menschen in jedem Einzelfall festzustellen und die Annahme der strafrechtlichen Verantwortlichkeit mit einer Begründungspflicht zu versehen.

Der Vorschlag geht dahin, einen Jugendlichen nur dann als strafrechtlich verantwortlich einzustufen, wenn zur Zeit der Tat die Fähigkeit vorhanden war, das Unrecht der Tat einzusehen und nach dieser Einsicht zu handeln. Eine Regel soll allerdings immer dann für den Ausschluss der Einsichtsfähigkeit sprechen, wenn die strafbare Handlung Rechtsgüter verletzt oder gefährdet hat, die von der jugendtypischen Erfahrungswelt nicht umfasst werden oder wenn die Tat lediglich Ausdruck einer spielerischen Einstellung ist. Soweit aber der Jugendliche die Tat unter dem beherrschenden Einfluss anderer oder in einer Konfliktsituation begangen habe, könne die Handlungsfähigkeit ausgeschlossen sein.[324]

Die gesetzliche Fassung der Feststellung der Verantwortungsreife wird durch die Praxis in relativ pauschaler Art und Weise umgeformt. Insbesondere bei den durchschnittlichen Fällen findet sich in der Regel keine Feststellung und Entscheidung im Einzelfall.[325] Jedoch ist diese Vorgehensweise, auch angesichts der im internationalen und europäischen Vergleich recht moderaten Strafmündigkeitsgrenze von 14 Jahren, nicht zu beanstanden. Gerade bei leichten Fälle würde sich eine vertiefte Untersuchung der Grundlagen der Verantwortungsreife (lässt sich diese überhaupt verlässlich feststellen) nur auf Kosten der Verhältnismäßigkeit bewerkstelligen.[326] Im Übrigen wird auf das

---

[323] Frehsee (Fn 60), S 380.

[324] DVJJ-Kommission zur Reform des Jugendkriminalrechts, DVJJ-Journal 1992, S 4 ff. Unterkommission I: Entkriminalisierung, S 12.

[325] Schöch in Dölling (Hrsg), (Fn 4), S 137 f.

[326] Ostendorf, Grundlagen zu § 3 Rdnr 5.

stigmatisierende Potential einer Entscheidung mit dem Ergebnis fehlender Verantwortungsreife hingewiesen.[327] Es geht, wie Schöch vorgeschlagen hat, um eine sozial-normative Gesamtbeurteilung,[328] in die vor allem auch eingeht, ab welchem Zeitpunkt zureichendes normatives Wissen und Beurteilungsfähigkeit, jedoch auch weiterhin entwicklungsfähige und -bedürftige Motivbildungen einen strafrechtlichen Vorwurf erlauben. § 3 JGG könnte dann allerdings auch als Ausnahmeregel formuliert werden.[329] Denn mit der normativ-sozialen Beurteilung wird im Wesentlichen postuliert, dass es im Kern eben normative Kriterien sind und nicht die empirischen Kriterien sein können, die dem Gesetzgeber einmal vorgeschwebten. Derartige empirische Figuren in der Argumentation (die im Wesentlichen auf die deutsche Debatte beschränkt sind) werden mit dem Ziel einer Entkriminalisierungspolitik verwendet, die gleichfalls auf normative Kriterien zurückgreift. Die derzeitige Praxis der Anwendung des § 3 JGG ist deshalb als angemessen zu betrachten. Die Regelung selbst lässt eine gewisse Flexibilität zu, von der allerdings kaum Gebrauch zu machen ist.

6.1.6 Exklusion oder Inklusion der Heranwachsenden?

Heranwachsende, also 18 bis 20-Jährige, gelten als voll strafmündig. Sie werden aber unter den Voraussetzungen des § 105 JGG (jugendtypische Verfehlung oder Reifeverzögerung) als Jugendliche behandelt (Verfahren gem §§ 107ff JGG). Damit ist auch die Konsequenz verbunden, dass die Rechtsfolgen des Erwachsenenstrafrechts nicht anwendbar sind (§ 105 III). Wird ein Heranwachsender freilich nach Erwachsenenstrafrecht abgeurteilt, so kann anstelle einer lebenslangen Freiheitsstrafe auf eine zeitige Freiheitsstrafe zwischen 10 und 15 Jahren erkannt werden (§ 106 I JGG). Für Heranwachsende gilt, werden sie als Jugendliche abgeurteilt, eine allgemeine Obergrenze der Jugendstrafe von 10 Jahren. Erziehungsbeistandschaft und Erziehungshilfen (also insbesondere Heimunterbringung) können gegen sie nicht angeordnet werden.

Im Zusammenhang mit der Regelung des § 105 JGG haben sich in den letzten Jahren Auseinandersetzungen ergeben, die sehr stark geprägt waren durch die Frage, wie auf schwere Gewaltstraftaten Heranwachsender reagiert werden sollte.[330] Die jugendstrafrechtliche Praxis lässt ja gerade bei den schwersten Straftaten eine fast aus-

[327] Schöch (Fn 325), S 138.
[328] Schöch (Fn 325), S 138.
[329] So auch Miehe (Fn 4), S 160.
[330] Weber (Fn 318), S 298.

schließliche Anwendung des Jugendstrafrechts bei Heranwachsenden erkennen, was seit langer Zeit durch Wissenschaft, Praxis und weite Teile der Rechtspolitik begrüßt wird.[331] Mit dieser Praxis werden die Obergrenzen des Freiheitsentzugs für Heranwachsende auf 10 Jahre festgesetzt. Freilich ist dabei auch die Entwicklung der Strafzumessungspraxis in Erwachsenenstrafverfahren zu berücksichtigen, die ausweist, dass der Bereich zwischen 10 und 15 Jahren kaum mehr genutzt wird. Insoweit geht es im Wesentlichen um die Frage einer sachgerechten Abstufung der Strafmaße unter Einbeziehung des Alters der Angeklagten.

Insgesamt lassen sich 6 Modelle identifizieren, die als Grundlage für eine Behandlung von Heranwachsenden in der Zukunft vorgeschlagen werden.

- Ein erstes Modell wird sichtbar in der praktischen Handhabung des § 105 JGG, das deshalb auch als Status-Quo-Modell bezeichnet werden kann. Hier wird die Anwendung des Erwachsenenstrafrechts zur Ausnahme, jedenfalls in den Bereichen schwerer Kriminalität. Das Modell stößt aus den bekannten Erwägungen heraus auf Kritik. Die durch § 105 JGG vorgegebenen Entscheidungskriterien verdecken ganz überwiegend die tatsächlichen Entscheidungsgründe, die offensichtlich einerseits jedenfalls im Bereich schwerer Kriminalität bereits Regelcharakter haben (denn wenn im Falle schweren Raubes und im Falle des Mordes und der Vergewaltigung (§§ 177, 178 95%, § 211 100%, § 250 99%), die Behandlung als Jugendlicher Anteile zwischen 95 und 100% einnimmt, dann müsste eigentlich die Ausnahme begründungsbedürftig werden).
- Der Bayerische Gesetzesantrag zur Erweiterung des strafrechtlichen Sanktionensystems aus dem Jahre 1999 hat ein anderes Modell vorgeschlagen, das die Behandlung Heranwachsender nach Jugendstrafrecht als Ausnahmefall vorsieht.[332] Nach diesen Erwägungen wäre eine Regelaburteilung nach Erwachsenenstrafrecht nur dann abzuwenden und das Jugendstrafrecht auf Heranwachsende anwendbar, wenn erhebliche Entwicklungsverzögerungen vorlägen. Der historische Gesetzgeber 1953 – so ist die Argumentation – habe die Anwendung von Jugendstrafrecht als Ausnahme verstanden wissen wollen, die Praxis habe sich jedoch von diesem Leitbild zunehmend entfernt, weshalb nunmehr gesetzgeberischer Korrekturbedarf vorhanden sei. Betont wird, dass eher Zufälligkeiten oder verfahrensökonomische Erwägungen die Entscheidung

---

331 Vgl Schöch (Fn 325), S 125 ff, S 132 ff.

332 BR-Drucksache 449/99; vgl schon Gesetzesantrag des Freistaates Bayern (BR-Dr 741/96).

bestimmten, ob Jugendstrafrecht oder das allgemeine Strafrecht Anwendung findet. Demgegenüber müsse der Grundsatz, dass der Heranwachsende mit Eintritt der Volljährigkeit alle Rechte und Pflichten übernehme, auch im Strafrecht gelten; Ausnahmen von diesem Grundsatz könnten nur in besonderen Einzelfällen in Betracht kommen. Die Betonung des Ausnahmecharakters und ggfs auch der Zufälligkeit der Anwendung des Erwachsenenstrafrechts setzt richtig an; jedoch ergibt sich hieraus noch kein Argument für eine Veränderung des § 105 JGG in eine Richtung, die die Behandlung nach Jugendstrafrecht als Ausnahme normativ festschreibt und nur mehr bei gravierenden Entwicklungsstörungen zulässt.

Freilich hat dieser Vorschlag keine politische Mehrheit gefunden. Auch haben sich fast einheitlich Wissenschaft und Praxis gegen eine solche Reform des § 105 JGG ausgesprochen.[333] Auch ist die implizite Annahme, dass die Anwendung von Jugendstrafrecht zu einer milderen Reaktion führe, bestritten worden.[334] Dem stehen freilich Klagen gegenüber, die gerade deshalb auch für Jungerwachsene das Jugendstrafrecht gerne nutzbar sähen, weil dieses offensichtlich andere und weniger eingreifende Lösungen ermöglichen würde.[335] Weiter unten (Dauer der Jugendstrafe) wird dargestellt, dass die Praxis selbst offensichtlich keinen ausgesprochenen Bedarf an einer regelmäßigen Anwendung des Erwachsenenstrafrechts sieht, die ja im Wesentlichen den Bereich des Freiheitsentzugs zwischen 10 und 15 Jahren eröffnen würde. Bezüglich der Forderung nach einer Höchststrafe für Heranwachsende von 15 Jahren wird der präventive Sinn im Vorschlag aber noch nicht einmal behauptet. Auch bei einer Höchststrafe von 10 Jahren ist – so lässt sich die bisherige Praxis interpretieren – die Bewertung als schwerstes Unrecht vermittelbar.[336] Dies gilt insbesondere dann, wenn die Strafzumessungspraxis für Erwachsene – wie eingangs angesprochen – herangezogen wird.

– Die generelle Einbeziehung (von 18-, 19-, 20-Jährigen) und ersatzlose Streichung des § 105 JGG)[337] werden begründet mit der Re-

---

[333] Vgl zusammenfassend Schöch (Fn 331), S 136f.

[334] Pfeiffer, DVJJ-J 1993, Nr 143, S 212ff.

[335] Vgl nur Pieplow/Schmitz-Justen in 14 Kurzstellungnahmen von Experten DVJJ-J 1996, S 330f.

[336] Sonnen, DVJJ-Journal 2000, S 332

[337] So beispw Albrecht, Anhörung Mai 2001 Rechtsausschuss; so auch Ostendorf S 20, sowie DVJJ-Kommission zur Reform des Jugendkriminalrechts DVJJ-Journal 1992, S 4ff, S 39; Thesen des 24. Deutschen Jugendgerichtstages DVJJ-J 1998, S 295ff. und die Thesen des 25. Deutschen Jugendgerichtstages, Forum 3 These 9, DVJJ-Journal 2001, S 343; ferner Frommel/Maelicke, NK 1994, S 32 und die Vorschläge der Zweiten Jugendstrafrechtsreformkommission der DVJJ (Fn 12), S 3; zur Geschichte der Forderung vgl Albrecht, Jugendstrafrecht 2000, S 111.

duzierung von Kosten, der Vermeidung von Ungleichbehandlung und dann insbesondere mit der besseren Möglichkeit der persönlichkeitsbezogenen Behandlung, die sich durch das Jugendstrafrecht ergebe.[338] Sinnvoll lösen lassen sich das Abgrenzungsproblem und die unterschiedliche Anwendungspraxis von Jugendstrafrecht in den einzelnen Bundesländern bei Heranwachsenden tatsächlich nur durch eine vollständige Hereinnahme in das Jugendstrafrecht. Behauptet wird im Übrigen, dass gerade dieses Modell durch einen weiten Konsens zwischen Wissenschaft, Praxis und Rechtspolitik getragen werde.[339] Probleme der Strafzumessung bei mehreren Tätern[340] sind freilich nie zu vermeiden und werden immer zu der Frage der gerechten Antwort auf dieselbe Straftat bei zwei oder mehr Straftätern führen, die eben durch eine Rechtssicherheit betonende Grenzziehung geschieden werden. Freilich kann hierauf eine gewisse Antwort mit der Handhabung der Strafzumessung gegeben werden, dann nämlich, wenn sich die Erwachsenenstrafen nicht allzuweit von denen des Jugendstrafrechts entfernen. Der kritische Punkt bleibt allerdings die lebenslange Freiheitsstrafe, die aber angesichts der Transformation in eine quasi zeitige Freiheitsstrafe ebenfalls an Brisanz verloren hat.[341] Möglich wäre auch eine vollständige Einbeziehung bei gleichzeitiger Erhöhung des Strafrahmens generell auf 15 Jahre Jugendstrafe. Allerdings wäre dies wohl nur generalpräventiv zu begründen; realisiert wäre damit die (weitgehende) Unterstellung unter die Erwachsenenstrafrahmen.

- Einen generellen Ausschluss der Heranwachsenden aus dem Jugendstrafrecht hatte bereits Peters vorgeschlagen, freilich mit der Begründung, die Einbeziehung der Heranwachsenden werde tendenziell zu einer Annäherung des Jugendstrafverfahrens an das Erwachsennenstrafverfahren führen.[342]
- Der generelle Ausschluss und ein Strafzumessungsmodell der Berücksichtigung von Besonderheiten des Heranwachsendenalters im Vergleich zum Erwachsenenalter sind im europäischen Umfeld (Strafmilderung, Beispiel Griechenland)[343] zu beobachten. Hier wird eine Altersperiode, die freilich flexibel ausfallen kann, als allgemeiner Strafmilderungsgrund verwendet.

---

[338] Kaiser (Fn 303), S 9.

[339] Vgl Schöch (Fn 331), S 132.

[340] Mit dem Verweis auf das Beispiel Mölln Schlosser, Protokoll der 81. Sitzung des Rechtsausschusses am 9. Mai 2001, S 25.

[341] BVerfGE 45, S 187 ff; BVerfG NJW 1992, S 2947 ff.

[342] Peters, MschrKrim 1966, S 49 ff, S 50; Peters, Kriminalpädagogik 1960, S 248 f.

[343] Vgl Pitsela in Dünkel/van Kalmthout/Schüler-Springorum (Hrsg), (Fn 242); bis heute auch noch das englische Recht sowie mit Modifizierungen Österreich.

– Die generelle Einbeziehung eines Teils der Heranwachsenden (18-Jährige) und die Anwendung eines Strafmilderungsgrundes für die 19- und 20-Jährigen sah das österreichische Jugendstrafrecht und Erwachsenenstrafrecht bis zum Jahr 2001 vor.

Plausibel erscheinen entweder die generelle Einbeziehung oder der generelle Ausschluss (bei gleichzeitiger obligatorischer Strafmilderung). In Europa dürfte der Schwerpunkt der vollen Strafmündigkeit bei 18 Jahren liegen.[344] Die Lösung liegt dann freilich in der Einführung von Strafmilderungsgründen.

In der Frage nach einer sachgerechten Lösung der angesprochenen Streitpunkte geht es um die Reaktion auf eine kleine Gruppe von schweren Straftaten (insb. Tötungsdelikte). Insoweit sind Opferperspektiven, die Erwartungen der Öffentlichkeit und das Argument der Generalprävention einzubeziehen.

Aus einer empirischen Perspektive wird mit den Grundsatzentscheidungen des Bundesgerichtshofs aus den Jahren 1958[345] sowie 1988[346] argumentiert, dass das Abstellen auf die Entwicklung und die Entwicklungsfähigkeit eines jungen Menschen im Grunde die Abschaffung auch der Altersgrenzen der Heranwachsenden/Erwachsenengrenze nach sich ziehen müsse. Tatsächlich hat die Rechtsprechung des Bundesgerichtshofs einen Gesichtspunkt aufgegriffen, der sehr stark eine empirische Komponente enthält, und mit dieser Komponente darauf abstellt, ob es sich um einen noch prägbaren Menschen handelt, bei dem die „Entwicklungskräfte“ noch in größerem Umfang wirksam seien.[347] Diese entwicklungspsychologische Begründung wird auch im Vorschlag der Zweiten Jugendstrafrechts-Reformkommission der DVJJ aufgegriffen, wenn argumentiert wird, die Zeit zwischen dem achtzehnten und dem einundzwanzigsten Lebensjahr stelle den Übergang zwischen Jugend und Erwachsenensein dar und die Ausbildung sozialer Verhaltensweisen reiche bis weit in das 3. Lebensjahrzehnt hinein.[348] Freilich ist eine solche Sichtweise eher normativ geprägt und zwar durch die Vorgaben eben des § 105 JGG und den diese tragenden Vorstellungen des historischen Gesetzgebers. Denn weder ist die Ausbildung sozialer Verhaltensweisen (und insbesondere der Motive, die solches Verhalten tragen) im dritten Lebensjahrzehnt abgeschlossen, noch markiert gerade die Drei-Jahres-Periode zwischen 18 und 20 Jahren den Übergang zwischen Jugend und Erwachsenensein. Letzteres wird in

---

[344] Dünkel (Fn 299), S 294.

[345] BGHSt 12, 116.

[346] BGHSt 36, 37 mit Anmerkung Walter/Pieplow, NStZ 1989, S 576.

[347] BGHSt 26, 40.

[348] Zwischenergebnisse der Zweiten Jugendstrafrechtskommission der DVJJ (Fn 12).

normativer Hinsicht durch das Erreichen der Volljährigkeit angegeben, mit dem in vielerlei Hinsicht Erwachsensein verbunden ist; in sozialer Hinsicht ist auf die Eingliederung in Beruf und Arbeitsmarkt, die ökonomische Selbständigkeit und ferner gegebenenfalls auch auf die Gründung einer eigenen Familie abzustellen, Ereignisse also, die weit in die zweite Hälfte des dritten Lebensjahrzehntes fallen können. Was die entwicklungspsychologischen Dimensionen betrifft, so wurde weiter oben bereits darauf hingewiesen, dass die Grundlagenforschung die simple Unterscheidung von Reifestufen nicht zulässt. Schließlich ist auch auf die fehlende sichere Diagnostik hinzuweisen, die Remschmidt von einer überflüssigen und methodisch kaum exakt durchzuführenden Reifebeurteilung nach § 105 JGG sprechen lässt.[349]

Eine andere Abgrenzung als die in § 105 JGG vorgesehene Orientierung an jugendtypischer Straftat oder jugendlichem Entwicklungsstand scheint deshalb vorteilhaft. Dies gilt nicht nur deshalb, weil damit der offensichtlich recht drastischen ungleichmäßigen Anwendung und den verfassungsrechtlichen Bedenken, die sich aus Gleichheitsgrundsatz, Bestimmtheitsgebot und Rechtsstaatsprinzip ableiten,[350] entgegengetreten werden kann. Die Begründung wird sich jedoch nur normativ finden lassen, in der Abwägung von Interessenbündeln, die weiter oben angesprochen worden sind.

Angesichts der allgemeinen Entwicklung der Strafzumessungspraxis, die bereits die zeitigen Freiheitsstrafen ab 10 Jahren, noch mehr die lebenslange Freiheitsstrafe als extrem seltene Strafen ausweist, angesichts des sich über Jahrzehnte entwickelnden und stabilisierten Prozesses der Ausgliederung der Heranwachsenden aus dem Erwachsenenstrafrecht auf der Basis des § 105 JGG, angesichts der Befunde der Generalpräventionsforschung, die gerade Strafandrohungen kaum Gewicht zuweist, sind es im Wesentlichen die Opferperspektiven und -erwartungen, die sich einer kriminalpolitischen und normativ begründeten Entscheidung einer vollständigen Unterstellung von Heranwachsenden unter das Jugendstrafrecht entgegenstellen könnten. Jedoch sind Opfererwartungen nicht unbedingt durch spezifische Straferwartungen geprägt. Bedeutsamer erscheint die angemessene Berücksichtigung und faire Behandlung von Opfern im Strafverfahren.[351] Eine Ausnahme könnte gelten für Angehörige

---

349 Remschmidt in Albrecht ua (Hrsg), (Fn 60), S 359 ff, S 367; anderer Auffassung offensichtlich Lempp, der die Aufgabe allerdings nur durch einen Jugendpsychiater angemessen bearbeitet sieht, Lempp, DVJJ-Journal 1997, S 50 ff.

350 Zwischenbericht der Zweiten Jugendstrafrechtsreformkommission (Fn 12), S 4.

351 Schöch in Weisser Ring, Täterrechte – Opferrechte 1996, S 13 ff, S 27; vgl ferner Sessar, Wiedergutmachen oder Strafen? 1992.

von Tötungsdeliktsopfern[352] und andere spezifische Gruppen von Gewaltopfern.[353] Hier wird es sich tatsächlich um Extremgruppen handeln, deren Interessen aber ebenfalls ganz wesentlich auf die Verarbeitung von Traumatisierung durch die Tat gerichtet sind, zu der auch eine im Augenblick als gerecht empfundene Strafe selbst nicht viel beitragen kann.

Unter Abwägung der verschiedenen Interessenperspektiven wird deshalb vorgeschlagen, die Heranwachsenden generell in den Geltungsbereich des Jugendstrafrechts einzubeziehen und § 105 JGG so zu formulieren, dass lediglich Abweichungen im Verfahren möglich werden. Hierzu gehört auch eine grundsätzlich öffentliche Verhandlung, die Transparenz und Einsicht in die Herstellung des Urteils verschafft.

6.1.7 Was tun mit Jungerwachsenen?

Vorgeschlagen wird freilich ferner eine, wenn auch wohl sehr eingeschränkte, Erweiterung des Jugendstrafrechts auf 21- bis 24-Jährige, also so genannte Jungerwachsene.[354] Eine Erweiterung auf 21–24-Jährige würde freilich auf die allgemeine Kriminalpolitik ausgreifen und die Jugendpolitik verlassen. Mit derartigen Fragestellungen werden bereits allgemeine Probleme der Gestaltung von Gesellschaften auch durch das Mittel des Strafrechts angesprochen. Bei der Kerngruppe der Straffälligen in dieser Alterskategorie würde es sich im Wesentlichen um eine Gruppe handeln, die weiter oben als die Gruppe angesprochen wurde, die einerseits die Alterskurve der Kriminalitätsbelastung durch Stabilität konterkariert, zum anderen um eine Gruppe von Straftätern, die eben typische Erwachsenenkriminalität repräsentiert (so insbesondere auch Straßenverkehrsdelikte). Warum für die erste Gruppe, die mutmaßlich bereits in vollem Umfang durch das Jugendstrafrecht hindurchgegangen ist, nunmehr immer noch das Jugendstrafrecht sinnvolle Alternativen anbieten soll, wie im Zwischenbericht der Zweiten Jugendstrafrechtsreformkommission angenommen,[355] ist allerdings nicht nachvollziehbar. Die Einbeziehung von Jungerwachsenen in das Jugendstrafrecht ist deshalb nicht zu empfehlen.

---

[352] Vgl beispw Karl ua, Wenn ein Kind ermordet wird 2001, S 36, für Eltern ermordeter Kinder, wo eben auch die Todesstrafe als einzig angemessene Strafe gefordert wird.

[353] Vgl zu Opfern sexueller Gewalt Richter, Opfer krimineller Gewalttaten 1997.

[354] Zwischenbericht der Zweiten Jugendstrafrechtsreformkommission (Fn 12), S 2f.

[355] Zwischenbericht der Zweiten Jugendstrafrechtsreformkommission (Fn 12), S 4.

6.2 Erziehung und Prävention

6.2.1 Einführung

In der Auseinandersetzung um die Grundlagen des Jugendstrafrechts ist wohl wenig anderes so umstritten wie das Erziehungsziel und der Erziehungsbegriff. Zwar ist wohl ein allgemeiner Konsens vorhanden, der für jugendliche Straftäter eine andere Sanktionszielsetzung als für erwachsene Straftäter vorsieht. Doch dürften dadurch im Wesentlichen lediglich die negative Generalprävention sowie die Sicherung als Zielsetzungen ausgeschlossen werden. Konsens besteht auch im Hinblick darauf, dass die Zielsetzungen das Nützliche einschließen sollen und demnach empirisch Wirksames zum Ausdruck bringen sollen.[356] Das 1. JGG-Änderungsgesetz 1990 hat mit der Abschaffung der unbestimmten Jugendstrafe, der Betonung der Wiedergutmachung und des Täter-Opferausgleichs und damit der auf das Opfer und die Straftat bezogenen Perspektive erste vorsichtige Schritte zu einer Revision eingeleitet.

6.2.2 Ist Erziehung durch (Jugend-)Strafrecht noch zeitgemäß?

Die die Entstehung des Jugendstrafrechts Ende des 19. Jahrhunderts begünstigenden Vorstellungen zur Wirksamkeit von Pädagogik und zu den Möglichkeiten eines pädagogisch definierten Jugendrichters haben sich – weil übertrieben und nicht einlösbar – offensichtlich überlebt. Der Erziehungsgedanke im Jugendstrafrecht basiert auf einem gedanklichen Konzept, das repressive und helfende Aufgaben verknüpft und damit beide Institutionen, die Jugendhilfe ebenso wie die Strafjustiz, überfordert und überlastet;[357] im Übrigen ist immer noch umstritten, ob und inwieweit der Erziehungsgedanke nicht Ausdruck der Festschreibung einer Komplementarität von Jugend und Jugendkriminalität, der Begründung

---

[356] Breymann (Fn 64), S 430.

[357] So dürfte der Vorschlag von Rössner in Grundfragen des Jugendkriminalrechts und seiner Neuregelung 1992, S 344 ff, S 352, ein zweispuriges System vorzusehen, das mit der Prüfung der Erziehungsbedürftigkeit beginnt, schon daran scheitern, dass es weder für die Beobachtung von Erziehungsbedürftigkeit ein Instrument der Diagnose gibt (sieht man von einer nicht weiterführenden Beschreibung von „Sozialisationsdefiziten" ab), noch für die dann sich daran anschließende Frage, was wohl für die Nacherziehung geeignet sei, eine Maßnahme, mittels derer dann Erziehung angewendet werden könnte.

eines generellen Verdachtsstatus und deshalb der Effektivierung sozialer Kontrolle darstellt.[358] Nicht nur der Vorschlag der Arbeiterwohlfahrt geht deshalb dahin, Jugendhilfe und Jugendstrafrecht strikt zu trennen und das Jugendstrafrecht von Belastungen zu befreien, die mit dem Erziehungsbegriff und den hieraus abgeleiteten Konsequenzen für das System der Rechtsfolgen und deren Zumessung verbunden sind. Die Strafjustiz hätte nur mehr die Aufgabe der Normverdeutlichung in einem Bereich, der mit dem Terminus „Kernstrafrecht" umschrieben werden soll.[359] Mit der Beschränkung des Strafrechts auf eine liberal-rechtsstaatliche Normverdeutlichung wird eine bewußte Reduzierung angestrebt, die deutlich machen soll, dass eine rationale Kriminalpolitik nicht vorrangig dem Strafrecht überlassen bleiben darf. Erforderlich sei ein ordnungs- und gesellschaftspolitisches Gesamtkonzept, indem die reduzierte Funktion des Strafrechts anerkannt wird, und die vorrangigen Funktionen der Polizei bei der Aufklärung von Straftaten und der Bildungs- und Sozialleistungssysteme anerkannt, und entsprechend personell und materiell ausgestattet werden.[360] Das Prinzip des Vorrangs der Jugendhilfe ermögliche eine Trennung von repressiven und sozialstaatlich helfenden und erzieherischen Aufgaben. Dies müsse sowohl organisatorisch, als auch funktional geschehen.[361] Im Bagatellbereich soll die Strafjustiz generell zurückgenommen werden. Bei mittleren und mittelschweren Delikten gelte der Grundsatz des Vorranges der helfenden vor der strafenden Reaktion. Nur im Bereich der schweren Kriminalität, wenn die Straftat elementare Interessen der Grundrechte anderer verletze, könne bei Jugendlichen und Heranwachsenden nicht informell reagiert werden.[362] Im Zwischenbericht der Zweiten Jugendstrafrechtsreformkommission der DVJJ wurde die Frage, ob der Erziehungsgedanke in einem reformierten JGG beibehalten werden sollte, noch nicht abschließend diskutiert.[363]

Die konventionelle Konzeption des Jugendstrafrechts ist durch die Herstellung einer Beziehung zwischen Straftat und Erziehungsbedürftigkeit belastet. Dies gilt auch dann, wenn man mit Eisenberg schon von vornherein von einer eingeschränkten Bedeutung des Erziehungsgedankens ausgeht, weil die Rechtsfolgen nur dann in An-

---

[358] V. Trotha (Fn 221), S 262f; Albrecht, Jugendstrafrecht 2000, S 65ff.

[359] Frommel/Maelicke (Fn 5), S 29.

[360] Frommel/Maelicke (Fn 5), S 30f.

[361] Frommel/Maelicke (Fn 5), S 31.

[362] Frommel/Maelicke (Fn 5), S 31; ähnlich wohl Albrecht Jugendstrafrecht 2000, S 84f; kritisch im Hinblick auf die Frage der Weichenstellung zwischen Erziehung leistender Jugendhilfe und Jugendkriminalrecht Scholz, DVJJ-Journal 1995, Nr 150, S 290ff.

[363] Zweite Jugendstrafrechtsreformkommission (Fn 12), S 2.

wendung gebracht werden könnten, wenn sie als im Verhältnis zu dem in der Straftat hervorgetretenen Unrecht stehend beurteilt werden können.[364] Denn die Festlegung von Rechtsfolgen des Jugendstrafrechts sollen ja aus Anlass und in Abhängigkeit des Erziehungsbedürfnisses festgelegt werden. Dass sich die Vorstellungen auf der Basis neuer Einsichten in die Bedeutung von Jugendkriminalität als weitgehend ubiquitär, peripher und normal und deshalb keineswegs im Regelfall erzieherische Bedürfnisse indizierend gewandelt haben, muss deshalb auch zu einer veränderten Haltung einmal zum Erziehungsbegriff und zur erzieherischen Begründung des Jugendstrafrechts, zum anderen aber auch zu einer neuen Sichtweise des Verhältnisses zwischen dem Grundrecht auf die elterliche Erziehung in Art 6 II GG einerseits und dem Jugendstrafrecht führen.[365] Zudem ist den Begrenzungen, denen eine auch nur spezialpräventiv ausgerichtete Behandlungsstrategie in unterschiedlichen Formen jugendstrafrechtlicher Intervention ausgesetzt ist, Rechnung zu tragen.

Die Vorschläge einer Eliminierung des Erziehungsgedankens aus dem Jugendstrafrecht erscheinen anderen als die Rückkehr zu einem reinen Tatstrafrecht und als Quelle erheblicher Risiken. Andererseits hat die Diskussion zum Erziehungsbegriff und zur Begründung eines gesonderten Jugendstrafrechts auch Bewegungen erkennen lassen, die zu einer gewissen Konvergenz der Überzeugungen führen. Denn ganz überwiegend wird heute anerkannt, dass das Erziehungskonzept in einem klassischen und insbesondere wörtlich verstandenen Sinne nicht mehr tragfähig ist. Dies gilt zum einen für die inhaltliche Seite, dann insbesondere, wenn mit Erziehung tatsächlich Förderung gemeint sein sollte.[366] Zum anderen gilt dies auch, soweit hierunter eine vollständig andere inhaltliche Begründung eines Jugendstrafrechts verstanden wird. Denn Jugendstrafrecht ist zuerst Strafrecht, soweit nämlich eine Straftat und eben nicht Erziehungsdefizite zum Ausgangspunkt der Auslösung von Rechtsfolgen gemacht werden.[367] Demnach erfüllt auch das Jugendstrafrecht mit den Mechanismen der Zurechnung generalpräventive Zielsetzungen, wie die Arbeiten von Streng, Bottke und anderen überzeugend nachgewiesen haben.[368] Besonders deutlich wird dies im Umgang mit der

---

364 Eisenberg, JGG, 9. Aufl, Anm 13 zu § 5; Eisenberg, NStZ 2001, S 334f.

365 Albrecht (Fn 358), S 81.

366 Für Streng, DVJJ-Journal 1995, S 163ff, S 164 handelte es sich dann um eine geradezu „aberwitzige Fehlkonstruktion“.

367 Albrecht (Fn 362), S 66.

368 Streng (Fn 366), S 164f; ders, StV 1985, S 421ff; ders, ZStW 1994, S 60ff; Schaffstein/Beulke, Jugendstrafrecht § 22 II; Bottke, Generalprävention und Jugendstrafrecht aus kriminologischer und dogmatischer Sicht 1984.

Jugendstrafe, die in ihren Ausprägungen wegen der Schwere der Schuld (§ 17 II, 2. Alt JGG) und wegen schädlicher Neigungen (§ 17 II JGG) Ausdruck eines wohl historischen Kompromisses sein sollte, in der Handhabung und in den Folgen jedoch nicht unterschlagen kann, dass es zuerst um andere Zielsetzungen geht als um Erziehung und Förderung eines erziehungsbedürftigen jungen Menschen. Dies wird allerdings auch deutlich in der als problematisch empfundenen Differenzierung zwischen Erziehungsmaßregeln und Zuchtmitteln, wenn sich Erstere auf Erziehungsbedürftige und Letztere auf Unrechtsahndung konzentrieren sollen.[369] Wenn aber mit Subsidiarität und Zweispurigkeit von Erziehung und Strafe die Interventionsskala im Jugendstrafrecht ausgedeutet werden sollen, dann kann ein solches System nur Ungleichheit herstellen, denn – unterstellt, Erziehung bleibe Förderung – dann wäre bei gleichem Ausgangspunkt mit der Weichenstellung der Erziehung für die einen Förderung, für die anderen aber Repression fällig, ein unhaltbares System also, das systematisch Ungleichbehandlung produzieren würde, denn es wird ja ursprünglich eben doch an eine Straftat und an nichts Anderes angeknüpft. Konvergenz hat ferner die Betonung des Täter-Opfer-Ausgleichs ermöglicht, mit dem die Tatorientierung in den Vordergrund gerückt worden ist und der die Täterpersönlichkeit weitgehend ausblendet (insoweit auch keine Individualisierung im klassischen [pädagogischen oder erzieherischen] Sinne mehr zulässt).[370] Dieser Trend wird auch für Europa insgesamt festgestellt, wobei eine Hervorhebung der Verschiebung der Position des jugendlichen Täters von einer passiven, der Behandlung ausgesetzten Objektstellung hin zu einer Stellung der Verantwortlichkeit für die Tat (samt der Verschiebung hin zur Proportionalität der Rechtsfolgen) erfolgt.[371]

Freilich wird behauptet, dass sich die vorhandenen Probleme auch durch eine systemimmanente Reform und „Reformulierung des Erziehungsgedankens" korrigieren ließen.[372] Fragt man nach den Risiken, die in einer Aufgabe des Erziehungsbegriffs gesehen werden, so werden im Wesentlichen rechtspolitische Motive sichtbar. Denn wenn die Forderung nach vollständiger Beseitigung des Erziehungsgedankens übersieht, dass dieser „Transmissionsriemen" der inneren Reform des Jugendkriminalrechts im Rahmen der Diversionsbewegung sowie bei der Entwicklung neuer ambulanter Maßnahmen bis

---

[369] Rössner in Grundfragen des Jugendkriminalrechts und seiner Neuregelung 1992, S 344 ff, S 347.

[370] Rössner (Fn 369), S 351.

[371] Schelkens in Walgrave (Hrsg), Restorative Justice for Juveniles 1998, S 159 ff, S 159.

[372] Dünkel, NK 1995, S 22 ff, S 23.

hin zum TOA war, dann geht es eben um taktische oder strategische Fragen der Durchsetzung neuer Sanktionen oder der Konfliktregulierung (die sich ja typischerweise sowohl im Jugend- als auch im Erwachsenenstrafrecht und aus einer komparativen Perspektive auch mit denselben Argumenten durchsetzen). Insoweit scheint die weitgehend ablehnende Haltung in Schrifttum und Praxis gegenüber einer Aufgabe und Ersetzung des Erziehungsprinzip nicht durch das Bestreiten der mit dem Erziehungskonzept zusammenhängenden Probleme, insbesondere seiner inhaltlichen Ausgestaltung sowie der hieraus zu ziehenden Konsequenzen für die Handhabung des Jugendstrafrechts begründet zu sein, sondern allein durch Befürchtungen, bei Wegfall der Erziehung als Grundlage des Jugendstrafrechts könnten Reformdynamiken behindert, Forderungen nach Verschärfungen der Kontrolle von jungen Straftätern nicht mehr abgewehrt werden und eine Angleichung der Behandlung junger Straftäter an diejenige des Erwachsenenstrafrechts erfolgen.[373] Freilich geht es hier um eine, so weit zu sehen ist, isolierte deutsche Diskussion. Der Abwehrgedanke kann beispw Äußerungen entnommen werden, die ein grundsätzliches Einvernehmen darüber, dass der Erziehungsgedanke das Rückgrat eines jeden Reformansatzes sei, zur wesentlichen Begründung dafür heranziehen, Forderungen nach Herabsetzung des Strafmündigkeitsalters, geschlossenen Heimen und härteren Sanktionen zurückzuweisen.[374] Das Bedenken freilich, dass Jugendstrafe dann allein noch unter dem Gesichtspunkt der „Schwere der Schuld" in Betracht käme, wird nicht greifen. Denn die höchstrichterlich vertretene Auffassung, dass für Jugendstrafe in erster Linie das Wohl des Jugendlichen und damit erzieherische Notwendigkeiten maßgeblich seien,[375] ist angesichts der mit Jugendstrafe und ihrem Vollzug zusammenhängenden Probleme[376] (die ja besonders scharf auch aus Positionen heraus betont werden, die für die Beibehaltung des Erziehungsbegriffs eintreten) bereits zur Genüge konterkariert.[377] Ferner ist weder oberflächlich einsichtig zu machen, noch theoretisch plausibel zu begründen, warum 5 Stunden gemeinnützige Arbeit, der Besuch eines Abendkurses zum Thema „Warum Gewalt keine

---

[373] Heinz, MschrKrim 1998, S 399ff; so auch Beulke in Bundesministerium der Justiz Grundfragen des Jugendkriminalrechts und seiner Neuregelung 1992, S 353ff, S 357.

[374] Thesen des 24. Deutschen Jugendgerichtstages, DVJJ-Journal 1998, S 295ff, S 296.

[375] BGHSt 15, S 224ff; BGH StV 1994, 598ff; zusammenfassend Streng, ZStW 1994, S 60ff.

[376] Vgl nur OLG Schleswig, StV 1985, S 420.

[377] Was im Übrigen auch dadurch zum Ausdruck kommt, dass die empirische Forschung im Jugendstrafvollzug sich gerade mit dem Problem der Reduzierung negativer Haftfolgen befasst, vgl Hosser, Soziale Unterstützung im Strafvollzug 2001, S 10.

Lösung ist!" oder ein Treffen mit dem Opfer unter Aufsicht eines „Mediators" zu weitgehenden und Erziehungseinflüsse reflektierenden Motiv- und Verhaltensänderungen führen sollten.

Dass eine strikte Trennung ein eigenständiges Jugendstrafrecht nicht mehr rechtfertigen lassen würde,[378] ist nicht plausibel. Das Argument, der Erziehungsgedanke sei als Eckpfeiler des Jugendstrafrechts auch deshalb unverzichtbar, weil durch ihn rechtliche und faktische Besserstellungen Jugendlicher im Vergleich zu Erwachsenen begründet werden können,[379] muss sich doch auf eine inhaltliche Begründung des Erziehungsbegriffs berufen können; das Motiv einer bloßen Besserstellung ist zwar ehrenhaft, reicht aber zur Legitimation nicht aus. Dasselbe gilt für die Überlegung der DVJJ, der Erziehungsgedanke ermögliche es, tatschuldunterschreitende Strafen zu begründen.[380] Kaiser hat freilich darüber hinaus die Anbindung des Erziehungsbegriffs an übergeordnete jugendpolitische Ziele – nämlich Schutz, Förderung und Integration der Jugend – thematisiert und die Überlegung eingeführt, dass diese mit Hilfe des Erziehungsbegriffs am besten erreicht werden könnten.[381] Jedoch wird auch diese Überlegung mit dem Hinweis relativiert, dass die Praxis des gegenwärtigen Systems der Jugendkontrolle vielfältige und schwerwiegende Mängel aufweise. Diese Mängel sind immer wieder mit der gebotenen Deutlichkeit zusammengefasst worden; sie beziehen sich auf die im Zusammenhang mit der Darstellung der Jugendstrafrechtspraxis bereits betonte unterschiedliche und Jugendliche benachteiligende Handhabung der Einstellung im Verfahren, der Untersuchungshaft und der freiheitsentziehenden Sanktionen.[382] Die Probleme kommen auch in der Jugendstrafrechtsentscheidungspraxis zum Ausdruck, dann nämlich, wenn längere Jugendstrafen wohl vereinzelt damit begründet werden, dass über das Schuldmaß hinaus Erziehungsbedürfnisse bestehen.[383] Ferner werden verfassungs-

[378] Dünkel (Fn 372), S 24; vgl auch mit ähnlichen Argumenten Heinz in Bundesministerium der Justiz Grundfragen des Jugendkriminalrechts und seiner Neuregelung 1992, S S 369 ff, S 402.

[379] Dünkel (Fn 372), S 24; so wohl auch Beulke in Bundesministerium der Justiz Grundfragen des Jugendkriminalrechts und seiner Neuregelung 1992, S 353 ff, S 367.

[380] Dünkel (Fn 372), S 25.

[381] Kaiser, ZRP 1997, S 451 ff, S 458.

[382] Heinz in Bundesministerium der Justiz (Hrsg), Grundfragen des Jugendkriminalrechts und seiner Neuregelung 1992, S 369 ff.

[383] Vgl zB BGH NStZ 1990, S 389, wobei hier freilich nicht ganz klar wird, ob tatsächlich mit Erziehungsbedarf eine lange Jugendstrafe begründet wird, oder ob es sich nicht um einen bloßen Begründungsfehler (bzw Darstellungsfehler) gehandelt hat; zusammenfassend im Übrigen Beulke in Bundesministerium der Justiz, Grundfragen des Jugendkriminalrechts und seiner Neuregelung 1992, S 353 ff, S 359 ff sowie Eisenberg, JGG, 9. Aufl Anm 16 ff.

rechtliche Bedenken geltend gemacht, wenn Erziehungsstrafrecht als „Zwang zur inneren Umkehr" ausgelegt würde. Denn eine menschenwürdige Behandlung schließt auch bei jungen Menschen ein, dass Verhaltens- und Persönlichkeitsveränderungen nicht zwangsweise eingeleitet werden dürfen. Historische Forschungen zeigen bereits recht deutlich das Auseinanderklaffen der Reformkonzeptionen einerseits sowie der Realität des strafrechtlichen „Erziehens" an jungen Straftätern andererseits.[384] An diesem Auseinanderklaffen hat sich tatsächlich bis heute nichts geändert. Insoweit bleibt das Erziehungskonzept aber unbestimmt[385] und deshalb verfassungsrechtlich bedenklich. Denn die Unbestimmtheit und Unbestimmbarkeit sind mit dem Problem fehlender inhaltlicher Bestimmbarkeit der Erziehung im Kontext jugendstrafrechtlicher Rechtsfolgen untrennbar verknüpft,[386] was freilich anerkannt ist und auch dort, wo Reformulierungen des Erziehungsprinzips oder Neubestimmungen gesucht werden,[387] im Prinzip zur Konvergenz in den Vorstellungen über allfällige Veränderungen führt. Denn was soll ein Begriff anrichten können, dessen Inhalte man – wie Viehmann zu Recht betont[388] – nicht darstellen kann? Vorschläge differieren dann im Hinblick auf eine empiristische Ausrichtung, wenn teilweise davon ausgegangen wird, es bedürfe lediglich einer Besinnung auf „wirksame" integrations- und normalitätsfördernde Interventionen.[389] Derartige empiristische Perspektiven sind für die Begründung generell ungeeignet.

Warum es angesichts dieser Diagnose nur notwendig sei, den Erziehungsgedanken zu reformulieren,[390] und nicht, ihn zu ersetzen durch ein Prinzip, das für die offensichtlich angestrebte Gleichstellung in Sachen Verfahrensfairness und Fairness in der Sanktionsverhängung Sorge trägt, ist allerdings nicht einsichtig. Denn die mit dem Erziehungsbegriff offensichtlich verfolgte Zielsetzung der Strafbegrenzung oder der Eingriffsbegrenzung generell wird ja offensichtlich nicht erreicht, die übergeordneten jugendpolitischen Ziele werden eben auch nicht implementierbar. Auch deshalb wird ja gefordert, Ziel von strafrechtlicher Einflußnahme dürfe nur die Ver-

---

384 Oberwittler, Von der Strafe zur Erziehung? Jugendkriminalpolitik in England und Deutschland (1850–1920) 2000.

385 Streng, GA 1984, S 149 ff; Albrecht (Fn 362), S 80 f; Heinz in Bundesministerium der Justiz (Hrsg), Grundfragen des Jugendkriminalrechts und seiner Neuregelung 1992, S 369 ff, S 400 ff.

386 Streng, DVJJ-Journal 1995, S 165 bezeichnet dies hart, aber durchaus nachvollziehbar als „Lebenslüge vom Erziehungsgedanken".

387 Vgl insbesondere Heinz (Fn 385), S 400 ff.

388 Viehmann in Bundesministerium der Justiz Grundfragen des Jugendkriminalrechts und seiner Neuregelung 1992, S 436 ff, S 453.

389 Breymann (Fn 64), S 430 ff.

390 Heinz (Fn 382), S 369 ff.

hinderung des Rückfalls sein, und geschlossen, es sei erforderlich, den Begriff „Erziehungsstrafrecht" im Rahmen einer verfassungskonformen, teleologischen Auslegung als Präventionsanliegen umzudeuten.[391] Die Vorschläge der Zweiten Jugendstrafrechtsreformkommission der DVJJ gehen freilich (auch wenn noch keine abschließende Entscheidung getroffen wurde) in eine Richtung, die gar die Pflicht zur Kompensation von Benachteiligungen, ein Geringfügigkeits- (oder „Erheblichkeitsprinzip"), ein Nichtschlechterstellungsprinzip und ein (prinzipiell leeres) Subsidiaritätsprinzip mischt, und damit eine Fülle neuer Probleme schafft, die nicht nur die Probleme der Finanzierbarkeit von Maßnahmen betreffen, die soziale Benachteiligung kompensieren. Auch hier ist fast ungebrochen der Glaube, durch partikulare Regulierung in Sachverhalte eingreifen zu können, die durch Maßnahmen „anlässlich" einer Jugendstraftat eben nicht verändert werden können.

Eine funktional-verfahrensabhängige Lösung, die das Jugendstrafverfahren substantiell in unterschiedliche Aufgabenbereiche im Sinne eines Konferenzmodells unterteilte und in dem StA und Gericht Anordnung und Durchsetzung strafrechtlicher Rechtsfolgen und die Jugendgerichtshilfe allein Hilfsangebote auswählt und für deren Umsetzung sorgt,[392] brächte keine wirkliche Lösung. Soweit Vorschläge das Schuldinterlokut aufgreifen,[393] so liegt auch hier keine Lösung des Problems; dieses würde vielmehr aufgespalten und zeitlich verschoben. Grenzverschiebung in Form der Einführung einer Bestrafungsmündigkeit ab dem 16. Lebensjahr, oder einer Erweiterung der Möglichkeit der Strafaussetzung auf Bewährung, verlagern das Problem ebenfalls.[394]

Der Ansatz eines gesonderten Jugendstrafrechts muss einmal beibehalten, zum anderen weiterentwickelt werden, und zwar in eine glaubhafte und plausible Alternative, die Unterschiede zum Erwachsenenstrafrecht begründet und den Legitimationsbedarf von Unterschieden zum Erwachsenenstrafrecht stillt, ohne dabei auf den Erziehungsgrundsatz aufzubauen; denn die zentralen Veränderungen des Jugendstrafrechts und der Jugendstrafrechtspraxis fallen doch gerade in einen Bereich, in dem man ohne schwerfällige und inhaltliche leere Begründungsrekurse auf Erziehung sowie den Inhalt von Erziehung auskommt, und wo offensichtlich das Prinzip der Erziehung eher auf der Darstellungs- denn auf der Herstellungsebene von Entscheidungen Probleme schafft.

---

[391] Ostendorf, StV 1998, S 297ff.

[392] Scholz (Fn 362), S 297.

[393] Schwenkel-Omar, DVJJ-Journal 1996, S 265ff, S 267.

[394] Begemann, DVJJ-Journal 1991, S 278ff.

Den Erziehungsgedanken als „funktionales Leitmotiv“ für das Jugend(straf)recht auch problemlos durch eine andere Begrifflichkeit, die weniger anfällig für Missbrauch und Fehlinterpretation ist, zu ersetzen, wurde verschiedentlich vorgeschlagen.[395] Dabei geht es einmal um die Reduktion auf „Spezialprävention“ oder eine allgemeine Prävention. Angeknüpft wird dabei an die Überlegung, dass Ziel von strafrechtlicher Einflußnahme nur die Verhinderung des Rückfalls sein dürfe.[396] Hieraus wird die Notwendigkeit geschlossen, den Begriff „Erziehungsstrafrecht“ im Rahmen einer verfassungskonformen, teleologischen Auslegung als Präventionsanliegen (und damit wohl zu Präventionsstrafrecht) umzudeuten.[397] Dabei ist es natürlich keine Lösung, den Begriff der Erziehung in Spezialprävention und damit die Verhütung neuer Straftaten uminterpretieren zu wollen.[398] Denn mit einer solchen Veränderung in der Interpretation wird doch gerade das Erziehungsprinzip aufgegeben und das Ziel des Jugendstrafrechts in der Individualprävention, insb in der Verhütung neuer Straftaten durch denselben Täter gesehen. Damit kommt das Jugendstrafrecht aber mit jedenfalls einem der klassischen Strafzwecke zur Deckung, und ist im Übrigen auf das Problem zurückgeworfen, nunmehr eben darüber entscheiden zu müssen, ob eine strafrechtliche Sanktion zur Verhütung von zukünftigen Straftaten geeignet ist oder nicht. Letzteres ist freilich ein Anspruch, der nicht minder anspruchsvoll ausfällt als der Versuch, mittels eines jugendstrafrechtlichen Verfahrens und einer Sanktion erzieherisch auf einen Menschen so einzuwirken, dass dieser dem gesellschaftlichen Modelljugendlichen entspricht. Zum anderen aber lässt sich damit allein ein gesondertes Jugendstrafrecht nicht begründen.

Sicher ist davon auszugehen, dass heute das Konzept des JGG zwei gesellschaftliche Funktionsbereiche, einerseits Recht (Polizei, StA, Gerichte) andererseits Erziehung (Schulen, Berufsausbildung, Universität, Sozialarbeit) zur Kooperation zwingt.[399] Freilich führt die im Jugendgerichtsgesetz angelegte Kooperation offensichtlich zu Problemen und Konflikten, die zu dem Vorschlag führen, Versuche einer Integration aufzugeben und die Kinder- und Jugendhilfe vom Jugendstrafrecht strikt zu trennen.[400]

---

395 Scholz (Fn 362), S 296, Prinzip des „Jungeseins“.

396 Löhr, ZRP 1997, S 280ff.

397 Ostendorf (Fn 391).

398 Vgl hierzu beispw Dölling in ders (Hrsg), (Fn 4), S 181 ff, S 183; so auch Ostendorf (Fn 15), S 31, der die Zielsetzung „Normbefolgung durch Individualprävention“ an die Stelle des Erziehungskonzeptes setzen will.

399 Sollte (Fn 16), S 41.

400 Frommel/Maelicke (Fn 5), S 31.

Ausgangspunkt ist allerdings zunächst der Anknüpfungspunkt des Jugendstrafrechts in Form des allgemeinen Strafrechts und damit der Rechtsgüterschutz sowie die Frage, wer für Verletzungen oder Gefährdungen von Gütern zuständig ist (und schließlich haftbar gemacht werden sollte). Dies ist unumstritten und vermag auch allein zu begründen, warum letzten Endes durch die Einführung von Altersgrenzen der strafrechtlichen Verantwortlichkeit ein Konzept strafrechtlicher Unmündigkeit die Nichtzuständigkeit für Rechtsgutverletzungen behauptet. Erklärt wird dies dadurch, dass bis zum Erreichen eines bestimmten Alters generalpräventive Mechanismen deshalb nicht einzugreifen brauchen, weil Rechtsgüterschutz durch eine Normstabilisierung nicht notwendig ist. Wäre Erziehung der eigentliche Ausgangspunkt, dann ginge es wohl eher um die Förderung von konformitätsfördernden Motivbildungen und weniger um die Stabilität von normativen Erwartungen.

Die Herstellung von Unterschieden in der strafrechtlichen Reaktion auf Straftaten junger Menschen kann sich nur begründen durch die Unterschiede in der sozial und normativ definierten Position in Gesellschaften, hierdurch fehlender voller Breite der Handlungsoptionen und die Anpassung der Reaktion auf Straftaten an eine gesellschaftliche Differenzierung, die jungen Menschen zum einen besonders geschützte und zum anderen durch Lernen charakterisierte Räume zwingend zuweist. Hinzu tritt die Anerkennung einer besonderen Gefährdung oder Verletzlichkeit junger Menschen, die eben nicht bloß in den klassischen Bereichen des Jugendschutzes reflektiert werden, sondern auch in der organisierten Anwendung von Ausschließungsmechanismen.

Die Frage ist damit, welchen Stellenwert man diesen Besonderheiten des Jugendalters bzw Heranwachsendenalters beimisst und in welcher Form die Rücksichtnahme in das Strafrecht eingeführt wird. Dabei können im Hinblick auf die Differenzierung verschiedener Altersphasen Hilfsmittel wie die Marburger Richtlinien oder Tests, die zur Differenzierung eingesetzt werden können,[401] nicht beitragen. Denn sie geben im Wesentlichen nur das wieder, was bekannt ist, dass sich nämlich junge Menschen von älteren Menschen im Hinblick auf Lebensplanung, Partnerverhalten, Freizeitverhalten, peer-Beziehungen und vieles andere mehr unterscheiden. Das alles ist selbstverständlich, lässt aber die Frage nach dem Grund für eine besondere oder andere strafrechtliche Behandlung offen. Der Blick auf den europäischen und internationalen Kontext hilft ebenfalls nicht weiter. Denn dieser Blick besagt allenfalls, dass es erhebliche Variation in der Beantwortung der Frage gibt, wie die Unterschiede

---

[401] Esser, DVJJ-Journal 1999, S 37ff.

im Hinblick auf die strafrechtliche Haftung umgesetzt werden, welche Zielsetzungen im einzelnen hieraus abgeleitet werden und welche Konsequenzen daraus dann für die strafrechtliche Behandlung von Straftaten Jugendlicher folgen.

Gemeinsam sind den heute vorliegenden Vorschlägen und hierin äußert sich die Konvergenz der Überzeugungen, die Annahmen

- dass die Altersphasen eine soziale Differenzierung und damit unterschiedliche Lebenswelten und Rollensysteme widerspiegeln,
  - durch die Kinder, Jugendliche, Heranwachsende und Jungerwachsene in unterschiedlichem Grade und mit unterschiedlichen Konsequenzen besonderen und formalisierten Sozialisations- und Übergangsprozessen (Schule, Ausbildung, Beruf etc.) ausgesetzt werden,
  - deren Abschluss für die spätere Position und für Entwicklungschancen in der Erwachsenenwelt ausschlaggebend sind,
  - die wiederum als Sozialisation, Lern- und Reifungsprozesse, Rollenwechsel und -übernahmen, Ablösung und Verselbständigung, Neuentstehung und Stabilisierung sozialer Bindungen, Wandel in der Art sozialer Integration und anderes mehr gedeutet werden können,
  - jedoch vor allem in dem Konzept der Entwicklung von sozialen Bindungen, die entscheidende Voraussetzung eines Lebens ohne Straftaten sind, besondere Relevanz erlangen,
- dass aus dieser sozialen Differenzierung entlang des Alters soziale Überzeugungen folgen, die sich nicht nur in der Sichtweise der Erklärung von strafbarem Verhalten, sondern als Konsequenz hiervon auch in Überzeugungen zur Notwendigkeit und zum Ausmaß der Normstabilisierung in der Folge von Straftaten aus verschiedenen Altersgruppen ebenso wie in der Überlegung niederschlagen, dass aus der besonderen Lebenswelt des Kindes und der Jugend und den konflikthaft verlaufenden Übergangsprozessen grundsätzlich nicht ein voller Schuldvorwurf abgeleitet werden darf,
- dass die Verfolgung erzieherischer Ansprüche mit den Rechtsfolgen nach Feststellung von Straftaten keine Aussicht auf Erfolg verspricht,
  - sondern allenfalls das Ziel verfolgt werden kann, unerwünschte Folgen der Sanktion oder überflüssige Sanktionen zu reduzieren oder zu vermeiden,
- dass hierdurch die Grundsätze der Verhältnismäßigkeit und Subsidiarität des staatlichen Eingriffs (über die [Folgen-]Berücksichtigung in § 46 I, S 2 StGB hinaus) besondere Bedeutung erlangen müssen,

– dass der „Abwehr"- und Schutzgedanke gleichermaßen aus den Argumenten der Verfechter eines erzieherisch begründeten Jugendstrafrechts wie auch aus den Gründen folgt, die für ein an der Straftat und Schuld orientiertes Modell des Jugendstrafrechts werben.

Die einzigen Unterschiede in der Betrachtung liegen deshalb einmal in der Frage, ob und inwieweit Jugendhilfe, Behandlung oder soziales Training in den jugendstrafrechtlichen Rechtsfolgen zum Ausdruck gebracht werden dürfen oder sollen und ob das wesentliche Kriterium der Strafzumessung die Tatschwere (oder Tatproportionalität) sein soll.

Die Konsequenz aus diesen Erwägungen kann aber nur sein, das Erziehungsprinzip als Grundlage und Erklärung des Jugendstrafrechts aufzugeben und an dessen Stelle in einem gesonderten Jugendstrafrecht (das sich wie oben dargelegt begründet) ein Schuld- und Proportionalitätsprinzip für die Sanktionen nicht anlässlich, sondern wegen einer Straftat zu setzen.

6.2.3 Besondere jugendstrafrechtliche Tatbestände?

Mit der Aufgabe des Erziehungsprinzips ist praktisch freilich keine große Veränderung verbunden. Denn das deutsche Jugendgerichtsgesetz hat sich jedenfalls praktisch als Strafrechtsmodell ausgebildet und insoweit auch in wesentlichen Bereichen bewährt. Ein politisch durchsetzbares Gesamtkonzept konnte im Wesentlichen immer nur ein „Strafrechtsmodell" und nicht ein „Wohlfahrtsmodell" sein.[402]

Es verweist mit §§ 2, 4, 18 Abs 1, Satz 2 JGG auf das Erwachsenenstrafrecht, insbesondere auf die Kernbereiche des Allgemeinen Teils und auf die Straftatbestände des Besonderen Teils. Dabei hat vor allem der Verweis in § 2 JGG im Zusammenhang mit materiell-recht-lichen Überlegungen zur Frage geführt, ob es richtig sei, dass die Straftatbestände des Erwachsenenstrafrechts uneingeschränkt auch im Jugendstrafrecht gelten.[403]

Erörtert wird deshalb eine materiellrechtliche Entkriminalisierung, die aber bislang nicht über Ansatzpunkte hinaus in ein System besonderer Straftatbestände für junge Menschen entwickelt worden ist,[404] sondern Fragen nach einer materiellrechtlichen Bagatellklausel

---

402 Scholz (Fn 362), S 290 ff.

403 Viehmann in Bundesministerium der Justiz, Grundfragen des Jugendkriminalrechts und seiner Neuregelung 1992, S 436 ff, S 441.

404 Vgl beispw Ostendorf in Bundesministerium der Justiz (Fn 403), S 194 ff, S 201 ff.

entsprechend dem österreichischen Recht, der strafeinschränkenden Regelung des Handlungsunrechts über den Gedanken der Sozialadäquanz, Bewertung von Qualifikation aus der Perspektive jugendtypischen Verhaltens (Bande, Mittäterschaft), der Bedeutung von für Jugendliche nicht nachvollziehbaren Tatbeständen oder eines persönlichen Strafaufhebungsgrundes des Täter-Opfer-Ausgleichs und der Wiedergutmachung aufgeworfen hat.[405]

Vereinzelt wurde die Streichung der §§ 4, 18 Abs 1 S 2 JGG gefordert, mit dem Ziel, nur § 2 JGG als Verweisung auf das allgemeine Strafrecht im JGG zu belassen. Die alleinige Verwendung des Begriffs „Verfehlung" (zB in § 1 JGG) habe einen psychologischen Entkriminalisierungseffekt und könne dazu beitragen, dass im Jugendverfahren das vermeintlich höhere Strafunrecht von Verbrechenstatbeständen weniger als bisher Berücksichtigung finde. Schließlich wurde vorgeschlagen, eine Generalklausel in Form eines persönlichen Strafmilderungsgrundes – der zB im Rahmen einer Neuformulierung des § 4 JGG aufgenommen werden könne – einzuführen, nach der die gesetzlichen Qualifikationsmerkmale des allgemeinen Strafrechts nicht die Anwendung des qualifizierten Tatbestandes begründen.[406]

Insgesamt sollte es aber bei dem jetzigen System des Verweises auf das allgemeine Strafrecht bleiben. Die Berücksichtigung der plausiblen Anliegen, Besonderheiten von Handlungs- und Erfolgsunrecht, die im Zusammenhang mit typischer Jugendkriminalität auftreten werden, erfassen zu können, erlauben eine „jugendgemäße Tatbestandauslegung",[407] die besondere Berücksichtigung des § 3 JGG[408] sowie ein besonderes Strafzumessungsrecht für das Jugendstrafrecht. Ferner sind Vorschläge abzulehnen, die eine Abkehr von prinzipiellen Entscheidungen des Strafrechts mit sich bringen würden. Zwar sprechen gute Gründe für eine materiellrechtliche Lösung des Bagatellproblems und ein Aufgreifen des österreichischen Ansatzes. Doch überzeugt es nicht, dies lediglich für das Jugendgerichtsgesetz und für Straftaten Jugendlicher zu tun, wie sich aus dem Vorschlag der Einführung eines materiellrechtlichen Geringfügigkeitsprinzips durch die Jugendstrafrechtsreformkommissionen der DVJJ ergibt.[409] Im Übrigen ist partiell auch an eine Erweiterung oder Fortsetzung der Rücktrittsregelungen des Allgemeinen Teils des Strafrechts gedacht,

---

[405] Vgl eingehend Ostendorf (Fn 404), S 201 ff.

[406] DVJJ-Kommission zur Reform des Jugendkriminalrechts, DVJJ-Journal 1992, S 4 ff, Unterkommission I Entkriminalisierung, S 12.

[407] Eisenberg, JGG, 9. Aufl, Anm 24 b zu § 1.

[408] Vgl Ostendorf (Fn 404), S 203.

[409] DVJJ-Kommission zur Reform des Jugendkriminalrechts, DVJJ-Journal 1992, S 4 ff. Unterkommission I: Entkriminalisierung, S 12; Zweite Jugendstrafrechtsreformkommission der DVJJ, S 10.

für die zwar kriminalpolitische Gründe sprechen mögen. Systematische und theoretische Erwägungen stehen allerdings einer besonderen Lösung allein im Jugendstrafrecht entgegen.

Auch die Einführung einer besonderen Beschwerdemöglichkeit bei Einstellung des Verfahrens nach §§ 45, 47 JGG[410] empfiehlt sich aus entsprechenden Gründen nicht.

6.2.4 § 5 JGG: Die Abstufung nach Erziehungsbedarf ist zu ersetzen durch ein Tatschuldproportionalitätsprinzip

Ein besonderes Strafzumessungsrecht für Jugendliche hat sich in dem Maße wie im Erwachsenenstrafrecht nicht entwickelt. Das Erziehungsprinzip, so wie es in § 5 JGG zum Ausdruck kommt, hat dabei sicher die Betonung einer Individualisierbarkeit gefördert, die sich im Wesentlichen in Debatten um das erzieherisch Angemessene niederschlug, bzw in Erwägungen im Zusammenhang von Erziehung und Schuld bei der Entscheidung und Bemessung der Jugendstrafe ihren Ausdruck fand. So schweigen sich auch die Richtlinien zum Jugendstrafverfahren zu Fragen der Zumessung, vor allem der erzieherischen Zumessung weitgehend aus. Sie enthalten ferner den Hinweis, dass die Schuld nach oben eine Grenze setzt.

Die Fragen nach einer Jugendstrafzumessung enthalten eine Kernfrage (die jedoch auch im Erwachsenenstrafzumessungsrecht immer wieder gestellt wird), und zwar danach, in welchem Maße die Loslösung vergeltender Strafe als Rechtsfolge vom Straftatbestand als Eingriffstatbestand konstruktiv möglich und kriminalpolitisch erstrebenswert ist.[411] Nach Walter können hier drei Modelle unterschieden werden, nämlich das Tatschuld-Vergeltungsmodell, das erzieherisch-spezialpräventive Modell sowie ein viktimologisches Modell, das zum Ausgangspunkt Tatsituation und die Entwicklung aus der Perspektive der Geschädigten nimmt. Im Ergebnis – so die Schlussfolgerung von Walter – werde es sich immer um ein Kombinationsmodell handeln, in dessen Ausgestaltung auch international anerkannte Grundsätze wirksam werden müssten. Fragt man nach den Konsequenzen des Kombinationsmodells, so findet man eine Integration von Grundsätzen, die in den Zielsetzungen „Unnötige Strafverfahren vermeiden (Diversion)", „Falls entschädigungsbedürftiges Opfer: Vorrang der Entschädigung vor Vergeltung", bei zusätzlichem präventivem Bedarf: „Subsidiarität der Strafe

---

410 DVJJ-Kommission zur Reform des Jugendkriminalrechts, DVJJ-Journal 1992, S 4ff, S 26.

411 Walter (Fn 14), S 750f.

gegenüber helfenden erzieherischen Sanktionen" (ggfs Anrechnung im Sinne von Vikariieren), „Falls Bestrafung für notwendig erachtet wird, soll ambulant vor stationär gelten"[412] zum Ausdruck kommen.

In der Umsetzung der vier Grundsätze soll nach Walter die kriminalpolitische Aufgabe liegen. Freilich zeigt ein Blick auf die derzeitige Praxis, dass von der Umsetzung wohl keine nachdrücklichen Effekte erwartet werden könnten. Denn tatsächlich handelt es sich um nur unwesentlich andere Anordnungen von Zumessungsgrundsätzen, wie sie auch heute das Jugendstrafrecht steuern. Ferner werden gerade die Merkmale genannt, die eine Krise des Jugendstrafrechts auch heraufbeschworen haben (Prävention, Erziehung, last resort etc.).

Nach Dölling sollen für das Verständnis des Systems jugendstrafrechtlicher Sanktionen folgende Erwägungen maßgeblich sein. Aus dem Prinzip der Rechtsstaatlichkeit folge, dass nur dann sanktioniert werden dürfe, wenn dies zur Verhütung von Rückfall erforderlich sei,[413] die Sanktion müsse nach Art und Umfang verhältnismäßig sein und in einem fairen Verfahren verhängt werden. Die Überlegenheit dieses Systems soll sich nach Dölling daraus ergeben, dass nur ein Erziehungsmodell eine persönlichkeitsadäquate, dem aktuellen Kenntnisstand von Kriminologie und Pädagogik entsprechende und schädliche Folgen vermeidende Reaktion ermögliche und dazu verhelfe, jugendkriminalrechtliche und außerstrafrechtliche Maßnahmen miteinander zu koordinieren.[414]

Andere Vorschläge gehen offensichtlich recht stark in die Richtung einer spezialpräventiv begründeten Entscheidung,[415] die dann freilich durch das Schuldprinzip[416] oder das Verhältnismäßigkeitsprinzip[417] einmal modifiziert, zum anderen jedenfalls nach oben begrenzt wird.[418] Die Probleme, die eine Entscheidung, die auf die intendierten Folgen hin abgestimmt werden soll, also Legalbewährung, mit sich bringen, werden dabei, je nach Standort, sehr deutlich[419] oder kaum beachtet.[420] Freilich muss betont werden, dass eine Individualprognose der Art, dass eine bestimmte, in den Rahmen, den das Verhältnismäßigkeits- oder Schuldprinzip erlaubt, fallende

---

[412] So auch Frommel/Maelicke (Fn 5), S 28 ff, Orientierung an der Vermeidung von Freiheitsentzug.

[413] So auch Ostendorf (Fn 15), S 31.

[414] Dölling (Fn 398), S 183.

[415] So beispw Ostendorf, Das Jugendstrafverfahren 2001, S 8, S 59 ff; Albrecht (Fn 337), S 81, S 148 ff.

[416] Albrecht (Fn 362), S 148.

[417] Ostendorf, Das Jugendstrafverfahren 2001, S 59 ff.

[418] So auch Zweite Jugendstrafrechtsreformkommission der DVJJ S 8 „Grundsatz der Nichtschlechterstellung".

[419] Albrecht (Fn 337), S 149.

[420] Ostendorf (Fn 415), S 59 f.

Rechtsfolge einer Straftat angesichts unsicherer theoretischer Grundlagen der Erklärung von Jugendkriminalität nicht möglich ist. Was grundsätzlich möglich wäre, sind Wahrscheinlichkeitsaussagen, die dann aber wiederum von den jeweils vertretenen Kriminalitätstheorien abhängig wären und damit von einer Auswahl von Merkmalen, die miteinander konkurrieren und hinsichtlich derer es verbindliche Kriterien für die Überlegenheit der einen oder anderen Kombination von Merkmalen nicht gibt. Für weite Bereiche der Täter, die einmal oder gelegentlich auffallen, gilt so oder so die Aussage, dass sie mit hoher Wahrscheinlichkeit nicht mehr wegen Straftaten auftreten werden; die Gruppe aber, die stabiles kriminelles Verhalten über längere Zeiträume zeigt, dürfte – jedenfalls ab einer gewissen Anzahl von Wiederholungen – ebenfalls Kandidaten für eine erhebliche Nicht-Legalbewährungs-Prognose enthalten. Die Frage bliebe freilich offen, an Hand welcher Kriterien diese sicheren Kandidaten beurteilt werden sollten, wenn nicht an Hand der Tat und der persönlichen Verantwortung.

Die besonderen Probleme, die bei der Mischung von spezialpräventiven Erwägungen mit solchen der Tatschuld entstehen, oder wenn gar Prävention oder Erziehung allein zum Maßstab der Zumessung gemacht werden sollen, lassen sich nachdrücklich offen legen in der Entscheidungspraxis zur Jugendstrafe. Denn die Bemessung der Jugendstrafe soll insbesondere nach der Rechtsprechung des BGH allein erzieherischen Erwägungen folgen, wobei freilich erhebliche Schwankungen sichtbar werden. Dabei gelten die allgemeinen Strafrahmen des Erwachsenenstrafrechts zwar nicht, doch soll wegen der auch im Jugendstrafrecht zu berücksichtigenden Limitierungsfunktion des Tatunrechts der im gesetzlichen Strafrahmen typisierte Unrechtgehalt allgemein berücksichtigt werden.[421] Andererseits ist zu fragen, ob dem Erziehungsprinzip beispw bei schwersten Straftaten, insb. Tötungsdelikten, eine Limitierungsfunktion in solchen Fällen zukommt, wo Erziehungsbedürfnisse (beispw Konflikttat) nicht oder nur in geringem Umfang vorhanden sind. Die Rechtsprechung hierzu ist unklar, freilich wird die offen deklarierte Berücksichtigung von Schuld und Vergeltung partiell zugelassen.[422] Mit der in § 18 I, 2 JGG eröffneten Möglichkeit, eine Jugendstrafe zwischen 5 und 10 Jahren zu verhängen, ergibt sich ein Problem der Begründung. Denn die Setzung eines Jugendstraferahmens von 6 Monaten bis zu 5 Jahren war vom historischen Gesetzgeber deshalb erfolgt,

---

[421] BGH StV 1987, S 306, zur Limitierungsfunktion vgl ferner BGH NStZ 1990, S 389, wo ausgeführt wird, die Jugendstrafe dürfe die nach oben noch schuldangemessene Strafe aus erzieherischen Gründen nicht übersteigen.

[422] BGH StV 1982, S 121, S 473.

weil eine 4–5 Jahre übersteigende Aufenthaltsdauer in einer geschlossenen Einrichtung unter Erziehungsgesichtspunkten als unbrauchbar oder gar kontraproduktiv angesehen wurde. Freilich betrachtet es der BGH als richtig und erforderlich, eine Jugendstrafe im Bereich zwischen 5 und 10 Jahren neben Schulderwägungen auch mit erzieherischen Bedürfnissen zu begründen.[423] Gerechtfertigt wird diese Meinung mit dem Hinweis auf § 18 II JGG, der auch bei der Bemessung der Jugendstrafe von mehr als 5 Jahren die Anpassung an erzieherische Bedürfnisse verlange. Gegen diese Auffassung (der Zulassung erzieherischer Erwägungen) spricht, dass die Erweiterung des Strafrahmens auf 5 bis 10 Jahre im Gesetz alleine an das Vorliegen einer Straftat gebunden wird, die nach Erwachsenenstrafrecht einen Strafrahmen von mehr als 10 Jahren eröffnen würde. Damit ist bereits die Begründung Strafrahmens ausschließlich an die Schuldschwere gebunden.

Die Abhängigkeit der Rechtsfolge von der Bestimmung spezialpräventiver Wirkungen widerspricht der insgesamt vertretenen und konsentierten Auffassung, dass das Jugendstrafrecht (im Übrigen auch das Erwachsenenstrafrecht) gerade in dieser Hinsicht eine bedauernswerte Bilanz aufweist (die sich seit Franz vLiszt wohl nicht verändert hat).[424] Andererseits ist es allein mit dem Vorrang der geringer eingreifenden Maßnahme und der Zurückhaltung bei der Intervention eben auch nicht getan; denn dass das „Nichtstun" präventive Kraft entfalten würde,[425] ist in einer normativ strukturierten Gesellschaft sicher nicht zu erwarten.[426] Wenn die empirischen Befunde zur Strafzumessungspraxis des Jugendgerichts richtig gedeutet werden, dann verfährt die Praxis bereits in einer großen Zahl der Fälle heute entlang einer freilich durch die Vorstrafenbelastung modifizierten Proportionalitätstheorie.

Die behandelten Probleme müssen Auswirkungen haben sowohl für die Normierung der Rechtsfolgenbestimmung im Jugendstrafrecht als auch für die Rechtsfolgen selbst, die hierdurch festgelegt werden.

Der Vorschlag geht dahin, die Prinzipien der Rechtsfolgenbestimmung im Jugendstrafrecht in einer Vorschrift selbständig zu regeln. Dabei ist auch für Jugendliche die Tat bzw das verschuldete Unrecht stärker in das Zentrum zu rücken. Eine solche Veränderung der Zielsetzungen wird gestützt durch die Opferorientierung, die seit den 80er Jahren das Strafrecht und das Strafverfahren zu verändern beginnt; sie hat insbesondere in der Jugendjustiz in Gestalt der Beto-

---

423 BGH StV 1998, S 336.
424 Viehmann (Fn 388), S 439f.
425 Viehmann (Fn 388), S 440.
426 Popitz, Die Präventivwirkung des Nichtwissens 1968.

nung von Wiedergutmachung und Opfer-Täter-Ausgleich Fuß gefasst. Damit sind aber die Tat und der Tatausgleich (im Sinne der Verarbeitung der Tat (und der Tatfolgen) wieder in den Vordergrund getreten. Ferner kann auch darauf abgehoben werden, dass im Mittelpunkt des Täter-Opfer-Ausgleichs die Übernahme von Verantwortung steht.[427]

Im Übrigen sollte die Rechtsfolgenbestimmung aber durchaus an die Struktur des § 46 StGB angelehnt werden, wobei zunächst zum Ausdruck gebracht werden muss, dass

- das in der Jugendstraftat zum Ausdruck kommende verschuldete Unrecht Grundlage für die Bestimmung der Rechtsfolgen ist.
- Sodann sind in einem weiteren Absatz Grundsätze aufzunehmen, die den Besonderheiten der Jugendstraftat und der Jugend und den Unterschieden zu Erwachsenen Rechnung tragen

Dabei kann die Berücksichtigung in einer Generalklausel erfolgen, die beispw besagen kann, dass die besonderen Bedingungen des jeweiligen Alters, insbesondere in der Interaktion mit der spezifischen Tatsituation und die Folgen, die für den Jugendlichen für die weitere Entwicklung zu erwarten sind, in jeder Entscheidung zu berücksichtigen sind.

Eine Angleichung hat dann im Hinblick auf die Berücksichtigung von Wiedergutmachung und Täter-Opfer-Ausgleich in mindestens demselben Umfang wie im Erwachsenenstrafrecht (§ 46a StGB) zu erfolgen.

Entsprechend § 46a StGB ist deshalb eine Norm einzufügen, die ebenfalls eine Strafzumessungslösung enthält. In jeder Phase des Jugendstrafverfahrens ist demnach zu prüfen, ob Wiedergutmachung oder ein Ausgleich mit dem Geschädigten herbeigeführt werden kann. Die Wiedergutmachung kann auch in gemeinnützigen Leistungen bestehen, womit auch ein struktureller Mangel des § 46a StGB ausgeglichen wäre.[428]

Danach wäre von Strafe dann abzusehen, wenn angesichts der Wiedergutmachungsleistungen eine Strafe verfehlt wäre. Die Strafe ist zu mildern, wenn über die Leistungen hinaus noch Ahndungsbedürfnisse bestehen.

6.2.5 Strafrahmen des Erwachsenenstrafrechts oder ein eigenständiges System?

Das geltende Jugendstrafrecht sieht Eigenständigkeit des Rechtsfolgensystems und Unabhängigkeit von den Strafen und Strafrahmen

---

[427] Magdeburger Initiative Forum zu Jugend und Kriminalität 1999, S 25.
[428] Jescheck/Weigend, Lehrbuch des Strafrechts 1995, S 866.

des Erwachsenenstrafrechts vor. Außerdem gelten besondere Bestimmungen für die Behandlung mehrerer Straftaten (§ 31 JGG). Hier ist die im ausländischen Strafrecht in verschiedenen Schattierungen häufig vorzufindende Einheitsstrafe geregelt.[429]

Der einheitliche Sanktionsrahmen ist wesentlich begründet durch das Prinzip der Erziehung und soll die Anpassung der Rechtsfolge nicht an die Jugendstraftat, sondern an die Person des jugendlichen Straftäters erlauben. Besser wäre tatsächlich ein System besonderer Strafrahmen. Die Technik des Verweises auf die Erwachsenenstrafrahmen bei Halbierung der Strafandrohungen, wie in Frankreich oder Österreich, ist angesichts des Problems der Systematik der Strafrahmen im deutschen Strafrecht (und der beispw im Vergleich zum österreichischen Strafrecht besonders weiten und hohen Strafandrohungen) nicht zu empfehlen. Denn damit würde ein selbst reformbedürftiges Element des materiellen Erwachsenenstrafrechts einbezogen.

Freilich wäre im Falle einer Gesamtrevision auch des Systems der Strafrahmen durchaus zu überlegen, ob nicht ein jugendspezifisches System von besonderen Strafrahmen entwickelt werden sollte.

Zudem wird allerdings vorgeschlagen, die bisherigen einheitlichen Sanktionsrahmen im Jugendgerichtsgesetz beizubehalten und auch an der Einheitsstrafenbildung festzuhalten.

---

[429] Jescheck/Weigend, Lehrbuch des Strafrechts 1995, S 725.

7. Die Institutionen des Jugendstrafrechts und Kooperationsformen

7.1 Der Jugendrichter und der Jugendstaatsanwalt

Das Ausgangsmodell des JGG war mit der Verbindung der Rollen und Funktionen des Jugendrichters einerseits und des Vormundschaftsrichters andererseits unter Anlehnung an das nordamerikanische Modell des „parens patriae“ sehr stark durch die Figur des Erziehungsrichters geprägt. Diese Funktionen sind freilich nicht nur als Folge der Entwicklungen im Jugendhilferecht zurückgedrängt worden. Vielmehr ist fraglich, ob eine derartige Funktion materiell überhaupt jemals wahrgenommen wurde.

§ 37 JGG besagt, dass Jugendrichter erzieherisch befähigt sein und in der Jugenderziehung Erfahrungen haben sollen. Nach den Zielvorstellungen des Gesetzes kommt dem Jugendrichter deshalb die Aufgabe zu, maßgeblich den erzieherischen Anspruch des JGG umzusetzen. Freilich lassen die empirischen Untersuchungen zum Jugendrichter den Schluß zu, dass der Anspruch nicht realisiert wird, da offensichtlich die Auswahl des Jugendrichters nicht allein an den Kriterien der Eignung orientiert ist. Wenn heute deshalb eine kritische Sicht der pädagogischen Funktion des Jugendrichters überwiegt, dann einmal unter dem Eindruck der Kritik des Erziehungsgedankens, sodann auch aus der Perspektive prekärer Folgen der Übertragung von Bildern gesellschaftsunmittelbarer und auf persönliche Bindungen gegründeter Beziehungen auf soziale Institutionen.[430] Im Übrigen versteht der Bundesgerichtshof § 37 JGG als bloße Ordnungsvorschrift.[431] Eine Verletzung des § 37 JGG allein (dadurch, dass die Auswahl nicht entlang der in § 37 JGG genannten Kriterien getroffen wurde), begründet demnach nicht die Revision. Neben den Berufsrichtern in Jugendsachen sehen Jugendschöffengerichte und Jugendstrafkammern Laienrichter, die sog. Jugendschöffen, vor (§ 35 JGG). Anders als die Schöffen in Erwachsenengerichten werden Jugendschöffen auf der Grundlage eines Vorschlags des Jugendwohlfahrtsausschusses gewählt (§ 35 Abs 1 JGG). Auch Ju-

[430] Gaylin ua, Doing Good – The Limits of Benevolence 1978.
[431] BGH NJW 1958, S 639.

gendschöffen sollen erzieherisch befähigt und in der Jugenderziehung erfahren sein (§ 35 Abs 2 JGG).

Für den Jugendstaatsanwalt, der als solcher gem § 36 JGG bestellt werden muss, jedoch in die allgemeine Staatsanwaltschaft bei den Landgerichten eingegliedert ist, gelten gem § 37 JGG dieselben Ansprüche wie an den Jugendrichter. Freilich zeigt die Forschung zum Jugendstaatsanwalt ebenfalls, dass diese Ansprüche in der Praxis nicht durchgesetzt werden. Die Bedeutung des Jugendstaatsanwalts hat mit der wachsenden Bedeutung der Einstellung des Jugendstrafverfahrens gem § 45 JGG beträchtlich zugenommen.

Im Vordergrund steht damit die Frage, ob das gegenwärtige Modell eines spezialisierten Jugendrichters und Jugendstaatsanwalts beibehalten werden soll und ob die Norm des § 37 JGG Änderungen erfahren sollte. Vorgeschlagen wird hierzu ua ein System, in dem obligatorische Aus- und Fortbildung sowie Kontinuität der justiziellen Tätigkeit angestrebt werden.[432] Ferner wird empfohlen, die Jugendgerichtsverfassung zur Klarstellung aus dem JGG heraus- und in das Gerichtsverfassungsgesetz aufzunehmen. Verlangt wird ferner eine Zusatzqualifikation für den Tätigkeitsbereich der Jugendstaatsanwälte und Jugendrichter in Kriminologie und Jugendstrafrecht, wobei gesehen wird, dass eine derartige Neuformulierung des § 37 JGG mit dem Richtergesetz nicht in Einklang stehen würde.[433]

Nach den Erwägungen zum Erziehungsgrundsatz wird es nicht mehr um die erzieherische Befähigung gehen können, ebenso wenig wie um Erziehungskenntnisse. Jedoch ist ein gesondertes Verfahren und ein gesondertes System des Jugendstrafrechts beizubehalten. Deshalb sollten auch die Funktionen eines besonderen Jugendgerichts und einer besonderen Jugendstaatsanwaltschaft bestehen bleiben.

Insoweit muss aber eine Revision des § 37 JGG erfolgen. Mit dem Verzicht auf den Erziehungsgrundsatz ist nicht verbunden die Aufgabe des Erfordernisses besonderer Kenntnisse. Denn auch Leitlinien in Form der die Unterscheidung von Jugend- und Erwachsenenstrafrecht begründenden Prinzipien und Einsichten verlangen nach besonderen Kenntnissen, nicht nur des Jugendstrafrechts, sondern auch aus den Bereichen der Jugendsoziologie und der Entwicklungs-

---

[432] Vgl hierzu Thesen des 25. Deutschen Jugendgerichtstages, Forum 3, These 5, DVJJ-Journal 2001, S 343; ferner Zwischenbericht der Jugendstrafrechtsreformkommission S 12.

[433] DVJJ-Kommission zur Reform des Jugendkriminalrechts, DVJJ-Journal 1992, S 4 ff, S 18; ähnlich, aber als Kann-Bestimmung ausgestaltet Scholz, DVJJ-Journal 1999, S 232 ff, S 239.

psychologie. Jedoch ist der Jugendrichter primär Richter und zur Anwendung von Recht verpflichtet. Die Vorstellung, er könne pädagogisch wirken, ist aufzugeben zugunsten der Erwartung, dass Jugendrichter und Jugendstaatsanwälte in den gerade angesprochenen Bereichen Wissen erworben haben, dass die Erfüllung besonderer Anforderungen wie beispw jugendgemäße Tatbestandsauslegung und auf die Rechtsanwendung insbesondere die Sanktionsbestimmung ausstrahlende Besonderheiten des Jugendstatus gewährleistet wird. Solange freilich eine standardisierte Ausbildung in diesen Bereichen nicht angeboten werden kann und im Übrigen die Juristenausbildungsreform nicht abgeschlossen ist, ist die gegenwärtige Formulierung des § 37 JGG als „Soll-"Vorschrift beizubehalten, mit der an Stelle der erzieherischen Fähigkeiten und Kenntnisse auf Grundkenntnisse der Jugendsoziologie, der Entwicklungspsychologie sowie des Jugendkriminalrechts abgestellt wird.

7.2. Die Jugendgerichtshilfe

Von besonderer Relevanz ist freilich die Frage nach der zukünftigen Rolle der Jugendgerichtshilfe. Die JGH gilt ja schon immer als eine sozialpädagogische „Einbruchsstelle" im Jugendstrafverfahren. Insoweit kommt ihr nach den Vorstellungen des Gesetzgebers neben dem Jugendrichter auch eine Schlüsselfunktion für die Umsetzung des Erziehungsgedankens zu. Die Aufgaben der Jugendgerichtshilfe sind in § 38 JGG geregelt. Die Jugendgerichtshilfe ist nach § 38 Abs 1 JGG Aufgabe des Jugendamts (vgl auch § 85 KJHG iV mit § 2 III Nr 8 KJHG). Die JGH ist deshalb nicht Teil der Justiz, sondern von dieser unabhängig. Insoweit unterscheidet sich die Stellung der JGH von den Positionen der Erwachsenengerichtshilfe und anderer sozialer Dienste in der Justiz, die in die Justizorganisation eingegliedert sind.

Ein wesentlicher Bezugspunkt ist dabei das am 1. 1. 1991 in Kraft getretene Kinder- und Jugendhilfegesetz, das das Jugendwohlfahrtsgesetz ablöste und das Jugendhilferecht neu ordnete. Dabei schoben sich die Gesichtspunkte der Leistung sowie der Freiwilligkeit stärker in den Vordergrund, während andererseits stigmatisierende Begriffe, die in der Vergangenheit vor allem auch mit Zwangseingriffen und stationärer Unterbringung verbunden waren, hier insbesondere die Verwahrlosung sowie die hierdurch ausgelöste Fürsorgeerziehung, aufgegeben wurden. Das KJHG regelt die im Falle entsprechender Bedürfnisse an Kinder und Jugendliche sowie deren Familien anzubietenden Leistungen. Verschränkungen mit dem Jugendstrafrecht werden sichtbar in der Aufgabe des Jugendamts, Jugendgerichtshilfe zu leisten sowie in den als Erziehungsmaßregeln in das System der jugendstrafrechtlichen Rechtsfolgen eingegliederten Hilfen zur Erziehung (§ 12 JGG). Die sozialpädagogische Hilfestellung durch die Jugendgerichtshilfe erfährt eine besondere Betonung. Herausgehoben sind der Angebotscharakter sowie die Betreuungsfunktion. Dies markiert verstärkt den Konflikt, dem die JGH im Strafverfahren gegen Jugendliche infolge der Ermittlungs-, Kontroll- und Betreuungsverpflichtungen ausgesetzt ist. § 12 JGG sieht vor, dass der Jugendrichter den jugendlichen Straftäter nur im Einvernehmen mit dem Jugendamt dazu verpflichten kann, Hilfe zur Erziehung anzunehmen. Die Funktionen der Jugendgerichtshilfe beziehen sich somit auf die Jugendhilfe, die Ermittlungen und den Bericht zur Person des Beschuldigten/Angeklagten, die Beratung (des Jugendrichters), das Angebot an neuen ambulanten Maßnahmen sowie deren Durchführung und Überwachung (samt hiermit verbundener Berichtstätigkeit), auf die Vollstreckung und vor allem die Haftentscheidungshilfe und schließlich Interessenvertretung, soweit das Kindeswohl betroffen ist.

Zur konzeptuellen Orientierung der Jugendgerichtshilfe liegen verschiedene Auffassungen vor. Soweit die Organisation betroffen ist, variieren die Vorschläge zwischen Selbständigkeit und Spezialisierung einerseits sowie Eingliederung in den allgemeinen Sozialdienst (des Jugend- und Sozialamts) andererseits. Hinsichtlich der Tätigkeiten werden die Einbeziehung und Untergliederung in verfahrensbezogene Tätigkeit, Jugendhilfeorientierung/individuelle und systemische Verbesserung der Lebenslagen Jugendlicher und Gemeinwesenarbeit (Stadtteilarbeit) vorgeschlagen. Eine organisatorische Verselbständigung und Spezialisierung ist allerdings bereits aus Datenschutzgesichtspunkten zu empfehlen.

Die Vereinigung verschiedener Funktionen in einer Hand (Sozialhilfe, Jugendhilfe, Jugendgerichtshilfe) führt zu Situationen, in denen Konflikte und damit Hindernisse für die Jugendgerichtshilfefunktion entstehen.[434] Im Übrigen wird neuerdings verstärkt auf eine Dienstleistungsorientierung der Jugendhilfe (und damit auch der JGH) hingewiesen. Dies entspricht der auch gesetzgeberisch gewollten Verlagerung der Funktion der Jugendhilfe von Interventionen auf Angebote.[435] Insoweit hat sich das Potential für Konflikte durch die besondere gesetzliche Gestaltung der Beziehungen zwi-

---

[434] Vgl hierzu Vieten-Groß, DVJJ-Journal 1997, S 246ff, S 250f.

[435] Vgl auch Bielefelder, Erklärung zur Kinder- und Jugendpolitik, DVJJ-Journal 1997, S 294ff.

schen Jugendgerichtshilfe und Jugendjustiz verstärkt.[436] Nicht verwunderlich ist angesichts der Entwicklungen, dass auch die Frage gestellt wird, ob es sich bei der traditionellen Jugendgerichtshilfe nunmehr um ein „Auslaufmodell" handle.[437] Das besondere Konfliktpotential, das allerdings sicher nicht die alltägliche Praxis dominiert, zeigt sich nicht zuletzt an den Auseinandersetzungen über Berichts- und Kooperationspflichten, Kostentragungspflichten im Falle des Nichterscheinens,[438] Datenschutzbelangen oder Beschlagnahmefähigkeit von Jugendhilfeakten.[439] Nicht zuletzt ist der Konflikt im Zusammenhang mit der Diskussion von Belehrungspflichten sichtbar geworden.

Aus den vorliegenden Vorschlägen zur Rolle der JGH ergeben sich verschiedene Modelle:

- Beibehaltung der in das Jugendstrafverfahren integrierten Jugendgerichtshilfe bei Stärkung der Teilnahmerechte und Einflußmöglichkeiten.

Die Zweite Jugendstrafrechtsreformkommission hat zu diesem Punkt zwar noch nicht abschließend Stellung genommen, doch ergeben sich aus dem Zwischenbericht Hinweise, die eine Stärkung der Stellung und eine Ausrichtung insbesondere im Hinblick auf eine „Anwaltsfunktion" (oder „sozialanwaltschaftliche" Jugendhilfe)[440] und eine Kooperation mit dem Jugendlichen (was offensichtlich wegführen soll von der Kooperation mit der Jugendjustiz)[441] betreffen; die Stärkung soll dann offensichtlich auch in einer „qualifizierten" Begründungspflicht des Jugendgerichts liegen, sollte dieses vom Vorschlag der JGH abweichen.[442]

- Ein zweites Modell bezieht sich auf die gegenwärtige Ausgestaltung, bei einer Klarstellung der Belehrungspflichten gegenüber dem jugendlichen Beschuldigten und einer Klarstellung insbesondere des Auswahlverfahrens im Hinblick auf die von der JGH bearbeiteten Fälle. Mit der Zunahme der Bedeutung der Diversion, die im Wesentlichen ohne vertiefte Informationen zur Person der Jugendlichen auskommt, ja auszukommen hat, schwindet auch die Bedeutung der Jugendgerichtshilfe als Informationsbeschafferin und in der Vorbereitung der Entscheidung. Denn die Einstellungsentscheidung setzt ganz wesentlich Informationen voraus, die die Polizei beitragen kann, nämlich Infor-

---

[436] Kreichelt, DVJJ-Journal 1999, S 64 ff.
[437] Trenczek, DVJJ-Journal 1997, S 243 ff.
[438] LG Bonn NStZ 1986, S 40; LG Trier DVJJ-Journal 2000, S 186 ff.
[439] LG Siegen DVJJ-Journal 1996, S 84 f; LG Trier DVJJ-Journal 2000, S 188.
[440] Trenczek, MschrKrim 2000, S 259 ff, S 259.
[441] Zweite Jugendstrafrechtsreformkommission, S 15.
[442] Zweite Jugendstrafrechtsreformkommission, S 15.

mationen über die Tatschwere sowie zur Vorbelastung der Jugendlichen. Hierfür sprechen auch die Diversionsrichtlinien, bei denen die Art der Tat sowie die Legalbiographie im Vordergrund stehen.

- Sodann ist vorstellbar die strikte Trennung der Jugendhilfe vom Jugendstrafverfahren und die Übertragung der ermittlungs- und überwachungsbezogenen Aufgabenbereiche auf die (Jugend-)Bewährungshilfe oder die Gerichtshilfe. Die AW-Kommission vertritt die Auffassung, dass es sich im Hinblick auf die JGH um eine rechtlich problematische und fachlich inakzeptable Aufgabendefinition handelt. Eine Ermittlungs- und Kontrolltätigkeit für die Strafjustiz sei nämlich mit dem Erziehungsauftrag nicht vereinbar. Es wird deshalb vorgeschlagen, diese Funktion den sozialen Diensten der Justiz zu übertragen, also der Jugendbewährungshilfe.[443] Dem wird entgegengehalten, dass sich gerade auch in der Institution der Bewährungshilfe der Konflikt im Hinblick auf Vereinbarung von Hilfsangeboten und Kontrolle zeige.[444]

Mit einer strikten Trennung der Aufgaben von Jugendhilfe und Mitwirkung am Strafverfahren und an der Strafvollstreckung wäre allerdings eine anders organisierte Zusammenarbeit von Jugendhilfe und Jugendjustiz nicht nur nicht ausgeschlossen, sondern gar gefordert. Denn es bleiben im Zusammenhang der Haftentscheidungshilfe und der alternativen Unterbringung, allgemeiner Jugendhilfe sowie beispw auch der besonderen Probleme junger Immigranten weite Tätigkeitsfelder, die jedenfalls Mitteilungspflichten im Zusammenhang mit der Einleitung von Ermittlungsverfahren, Beteiligungsrechte (Untersuchungshaft, Freiheitsentzug) etc. begründen lassen. So ist die Jugendgerichtshilfepraxis heute in großstädtischen Bereichen auch geprägt durch Probleme des zunehmenden Anteils von ausländischen Jugendlichen an der JGH-Klientel. Dabei handelt es sich nicht nur um Immigranten der 2. oder 3. Generation, sondern auch um Illegale, Asylbewerber, unbegleitete Flüchtlinge etc.[445] Jedoch wäre die heutige Stellung als „Prozessorgan eigener Art“[446] aufzugeben.

Zunächst ist freilich festzuhalten, dass über die tatsächlichen Auswirkungen der Jugendgerichtshilfe im Verfahren und als Folge des Angebots und der Umsetzung von neuen ambulanten Maßnahmen wenig bekannt ist. Die wenigen Untersuchungen, die hierzu vorliegen, betonen eher Probleme und weisen jedenfalls nicht nach, dass Jugendgerichtshilfeberichte bedeutsame Auswirkungen auf das Ver-

---

443 Frommel/Maelicke (Fn 5), S 34.
444 Dünkel (Fn 372), S 23.
445 Vgl hierzu Johne, DVJJ 1995, S 41 ff.
446 Eisenberg, JGG 9. Aufl Anm 23 zu § 38.

fahren hätten,[447] wie im Übrigen die Evaluationsforschung bislang nicht eine besondere Wirksamkeit und Wirkungen der neuen „ambulanten“ Maßnahmen belegt. Auch eine neuere bundesweite Befragung der JGH bringt keine hiervon abweichenden Erkenntnisse. Vielmehr liegen die Befunde im Rahmen dessen, was aus der bisherigen Forschung bekannt ist: Die Kontaktnahme mit dem Jugendlichen erfolgt überwiegend erst nach der Anklageerhebung. Unterschiede ergeben sich im regionalen Vergleich. Bei knapp 7% der kontaktierten Jugendlichen kann kein Kontakt aufgebaut werden. Im Mittel werden 1,4 Gespräche geführt bei durchschnittlich 75 Minuten Gesamtdauer. Wichtigster Gesprächspunkt ist die Einschätzung des Hilfebedarfs. Ganz überwiegend existieren keine Dienstanweisungen, die zur Erstellung eines Berichts verpflichten würden. Bei der Nennung von Gründen, weshalb ein Bericht unterbleibt, überwiegen Hinweise auf fehlenden Kontakt zum Jugendlichen und auf die erwartete Diversion bzw Einstellung.[448] Mit diesen Erkenntnissen wird freilich auch deutlich, dass tendenziell in der JGH eine Ausrichtung auf schwerere Fälle erfolgt und damit eine Auswahl, die insbesondere die durch die Verhältnismäßigkeit gezogenen Grenzen in der Persönlichkeitserforschung durchaus achtet.

Freilich scheint sich die Jugendgerichtshilfe nunmehr vor allem in den Ausprägungen von Betreuungsweisung, Sozialem Trainingskurs und Täter-Opfer-Ausgleich auch auf die Entwicklung neuer Berufsbilder (Mediator) zu konzentrieren und eine konzeptuelle Unabhängigkeit vom jugendstrafrechtlichen Ansatz auch im Angebot und in der Umsetzung der neuen Maßnahmen in den Vordergrund zu stellen, der aus der Perspektive der Sozialarbeit sicher erwartungsgemäß ist. Gerade in diesem Zusammenhang wird auch betont, dass die neue Jugendgerichtshilfe eine ausschließlich justizbezogene Aufgabenwahrnehmung und an Abweichung orientierte Interventionsstrategie aufgegeben habe zugunsten einer „entdramatisierenden Normalitätsperspektive“ und hieraus folgenden sozialpädagogischen Handlungsansätzen.[449] Was immer „entdramatisierte Normalität“ auch sein mag, letzten Endes stellt sich dann die Frage, warum an Normalität kostenpflichtige und belastende Interventionen angebunden werden sollen; ferner ist die grundsätzlich zu begrüßende Entfernung der Jugendhilfe von der Begründung des Jugendstrafrechts natürlich nicht vereinbar mit der Forderung, die Stellung der JGH im Jugendstrafverfahren zu verstärken.

---

[447] Momberg, MschrKrim 1982, S 65 ff; Wild, Jugendgerichtshilfe in der Praxis 1989; zusammenfassend Laubenthal, Jugendgerichtshilfe im Strafverfahren 1993, S 84 f, S 96 f.
[448] Trenczek, DVJJ-Journal 2000, S 44 ff.
[449] Trenczek (Fn 440), S 260.

Angesichts der Entwicklungen und unter Berücksichtigung der Aufgabe des Erziehungsgrundsatzes bieten sich folgende Lösungen an:

- Die Beibehaltung des bisherigen Modells einer Einbindung der Jugendgerichtshilfe in Form der auf § 38 JGG beruhenden Lösung, freilich bei gesetzlicher Klarstellung, dass
  - beim Erstkontakt eine Belehrung des Beschuldigten zu erfolgen hat und
  - für weitergehende Ermittlungen, JGH-Bericht und Teilnahme an der Hauptverhandlung eine Auswahl stattzufinden hat, die sich am Grundsatz der Verhältnismäßigkeit orientiert.

An der frühestmöglichen Benachrichtigung der Jugendgerichtshilfe wäre ebenfalls festzuhalten, damit grundsätzlich eine Prüfung erfolgen kann, ob und inwieweit justizunabhängige Jugendhilfeleistungen angeboten werden sollen.

Eine aus der Sicht veränderter jugendstrafrechtlicher Zielbestimmung allerdings vorzugswürdige Lösung besteht in der Trennung der Jugendhilfe (vgl § 52 SGB VIII) vom Jugendstrafrecht auch in den Funktionen und Teilnahmeformen der JGH bzw des Jugendamts.

Die ermittlungs-, berichts- und überwachungsbezogenen Funktionsbereiche würden demnach einer Untergliederung der Gerichtshilfe im Zuständigkeitsbereich der Jugendstaatsanwaltschaft oder einer besonderen Jugendbewährungshilfe übertragen werden.

Auch bei einer vollständigen Neubestimmung der Beteiligung der Jugendhilfe, die im Kern in der Prüfung von Jugendhilfeleistungen und in der Beteilung an der Entscheidung über die Haft bestünde, wäre jedoch an der Verpflichtung der Mitteilung der Einleitung eines Ermittlungsverfahrens gegen jugendliche Straftäter festzuhalten. Im Übrigen sollte wegen der Verpflichtung, für das Kindeswohl auch im Jugendkriminalverfahren Sorge zu tragen, ein Anhörungsrecht jedenfalls in solchen Fällen bestehen, in denen keine Verfahrenseinstellung, sondern eine Hauptverhandlung stattfindet.

7.3 Kooperationsformen in räumlicher Nähe

Das Modell so genannter Häuser des Jugendrechts, die bereits weiter oben angesprochen wurden, ist auf erhebliches Interesse gestoßen.[450] Derartige Ansätze fügen sich ein in Überlegungen, die die

[450] Grußwort der Justizministerin des Landes Sachsen-Anhalt zum 25. Deutschen Jugendgerichtstag, DVJJ-Journal 2001, S 333.

Kooperation zwischen den am Jugendstrafverfahren Beteiligten betreffen. Hier stehen verschiedene Gesichtspunkte zur Diskussion, die unter anderem Kontinuität der Tätigkeit sowie die Beziehungen zwischen Verfahrensbeteiligten zum Gegenstand haben. Grundsätzlich bieten sich in diesen organisatorischen Zusammenhängen auch Entwicklungschancen im Verhältnis der Jugendhilfe, der Polizei und der Jugendjustiz. Die Erfahrungen, die bislang beispw mit dem Stuttgarter Haus des Jugendrechts gemacht wurden, sind freilich gemischt. Einerseits wird eine bessere Zusammenarbeit durch frühzeitige Absprachen und Kooperation betont; andererseits wird auf Kostensteigerungen (insb bei der Jugendstaatsanwaltschaft, die nach praktischen Erfahrungen wegen früher Einbindung in die Ermittlungsverfahren etwa 50% der Verfahren bearbeitet, die ein „normaler" Jugendstaatsanwalt erledigt) verwiesen.[451]

7.4 Strafverteidigung

Mit der veränderten Ausrichtung des Jugendstrafrechts wird die Grundlage des Streits um die Rolle und die Aufgaben der Jugendstrafverteidigung, der lange Zeit andauerte,[452] aber zuletzt mit der allgemeinen Hinwendung zu einer durch erzieherische Belange keineswegs beschränkten Strafverteidigung deutlich an Schärfe verlor, beseitigt. Freilich verweisen die Erkenntnisse zu einer besonderen Geständnisbereitschaft von jungen Beschuldigten sowie zu der niedrigen Quote der Beiziehung eines Strafverteidigers immer noch auf Problembereiche hin.[453]

Erforderlich ist aber eine Erweiterung der notwendigen Verteidigung gemäß § 68 Nr 4 JGG, wie weiter unten im Zusammenhang mit der Anordnung von Untersuchungshaft eingehender begründet werden wird. Eine Verteidigerbestellung ist schon vor Anordnung von Untersuchungshaft bzw einer einstweiliger Unterbringung vorzusehen.[454] Denn die Sicherstellung der Wahrung der Interessen des Beschuldigten an einem fairen Verfahren und des Interesses an einer

---

[451] Sollte (Fn 16), S 40.

[452] Vgl nur Kahlert, Verteidigung in Jugendstrafsachen 2. Aufl 1986, S 6 mit scharfem Widerspruch zu Brunner, (Brunner Jugendgerichtsgesetz § 68 Rdnr 5, vgl aber jetzt Brunner/Dölling, Jugendgerichtsgesetz 10. Aufl 1996, Rdnr 9 ff, vermittelnd).

[453] Vgl Becker/Kinzig (Hrsg), Rechtsmittel im Strafrecht, Bd 2, 2000, S 166 ff.

[454] DVJJ-Kommission zur Reform des Jugendkriminalrechts DVJJ-Journal 1992, S 4 ff, S 25.

weitgehenden Vermeidung von Untersuchungshaft erfordern die frühzeitige Bestellung eines Strafverteidigers.[455]

---

[455] Frommel/Maelicke (Fn 5) S 28 ff.

8. Unzeitgemäßes im Ermittlungsverfahren?

8.1 Die Einstellung des Verfahrens gegen einen jugendlichen Tatverdächtigen: Diversion

Die Änderung der Reihenfolge der Voraussetzungen einer Einstellung in § 45 JGG durch das 1. JGG-Änderungsgesetz entspricht nun der angemessenen Abstufung in den Reaktionsmöglichkeiten. Durch die Neuformulierung des § 45 II 2 JGG wird ferner der besondere Charakter des TOA als eigenständige, freiwillige Leistung jenseits einer anzuordnenden Maßnahme anerkannt.[456]

Die Diversion hat sich bewährt, zunächst in dem Sinne, dass der praktische Gebrauch wie die Entwicklung der Legalbewährung nach Einstellung des Strafverfahrens nicht gegen eine weitreichende Nichtverfolgungspolitik spricht. Andererseits werden die Auswirkungen der Diversion aber unterschiedlich interpretiert. So geht Miehe davon aus, dass durch massenweise Diversion (oder Einstellung des Strafverfahrens) der Erziehungsgedanke aufgegeben werde.[457] An die Stelle des Erziehungsgedankens trete das Ziel einer Normverdeutlichung, die nicht durch die „Individualität" des Beschuldigten, sondern durch die Art der Straftat bestimmt werde. Diese Entwicklung fügt sich allerdings ohne weiteres in den Vorschlag ein, auf das Erziehungsprinzip zu verzichten und die Erledigung des Verfahrens auch gegen einen Jugendlichen stärker an der Straftat selbst auszurichten.

In den letzten Jahren hat sich (auch aus dem Gesamtzusammenhang des Ermittlungsverfahrens und seiner Akteure heraus), eine Debatte über die Zulässigkeit der so genannten polizeilichen Diversion ergeben. Die Diversionsrichtlinien der Länder Schleswig-Holstein, Berlin und Niedersachsen haben in verstärktem Maße die Polizei in die Schaffung der Voraussetzungen für eine Einstellung nach § 45 JGG einbezogen und damit auch die Frage aufwerfen lassen, ob und inwieweit eine derartige Verpolizeilichung der Diversion zulässig ist. Eine Polizeidiversion wird von der herrschenden Meinung wohl abgelehnt. Dabei ist die Begründung wohl weniger klar, denn weder durch die niedersächsische, noch durch die Berliner und

[456] Trenczek/Wimmer, DVJJ-Journal 1990, Nr 133, S 26.
[457] Miehe (Fn 4), S 154.

Schleswig Holsteinische Richtlinien wird in die formale Verfahrensherrschaft eingegriffen. Dass der Staatsanwaltschaft die faktische Verfahrensherrschaft bereits seit langem abhanden gekommen ist, wird heute von niemandem mehr bestritten und lässt sich im Wesentlichen auch nicht mehr rückgängig machen. Während Heinz alle drei Modelle als unzulässig ansieht,[458] will Schöch jedenfalls das Niedersächsische Modell nicht mit dem Bann der Unzulässigkeit belegen.[459] Grundsätzlich sollte sich die Einstellung im Jugendstrafverfahren an die Struktur des Erwachsenenstrafprozessrechts anlehnen, soweit das allgemeine Verhältnis zwischen Polizei und Staatsanwaltschaft betroffen ist. Insoweit sollte eine Verlagerung auf die Polizei nur in Abstimmung mit dem Erwachsenenstrafverfahrensrecht stattfinden (dies gilt auch für die „Schaffung der tatsächlichen Voraussetzungen der Diversion"). Dabei ist auch zu berücksichtigen, dass die Einbindung der Polizei in die Schaffung der Voraussetzungen von Seiten der Jugendstaatsanwaltschaft und des Jugendrichters als durchaus hilfreich angesehen wird.[460] Freilich ließe sich dies auch im Erwachsenenstrafverfahren stärker berücksichtigen.

Für eine Neugestaltung der Einstellungsvoraussetzungen liegen verschiedene Vorschläge vor,[461] die sich wohl in einem Punkt ähneln. Die bisherigen Unterschiede in der Handhabung der Einstellungsvorschriften des JGG sowie der StPO sollen in Richtung einer Gleichstellung und -behandlung des jugendlichen Beschuldigten im Hinblick auf die im Erwachsenenstrafverfahren weitergehend genutzten folgenlosen Einstellung gemäß § 153 StPO eingeebnet werden. Damit ist zunächst eine erste Stufe der Einstellung angesprochen, die am Bagatellprinzip bzw dem geringfügigen Verschulden anknüpft (§ 153 StPO), worauf § 45 I JGG verweist. Die folgenlose Einstellung sollte der Fall der Regeleinstellung wie im Erwachsenenstrafverfahren werden, da eingedenk der durchschnittlich leichteren Delikte Jugendlicher und angesichts der in der Gruppe der Ersttäter zu erwartenden Legalbewährung eine Begründung von Unterschieden in der Einstellungspraxis nicht möglich ist.

In einem zweiten Schritt wäre die bisherige Spur des § 45 II JGG weiterzuverfolgen und ein Absehen von der Verfolgung der Tat dann zu ermöglichen, wenn eine Anklage nicht erforderlich ist, weil bisherige Reaktionen auf die Tat als ausreichend angesehen werden. Hierbei sind nicht nur die ggfs angebotenen oder durchgeführten

---

458 Heinz, DVJJ Journal 1999, S 141.

459 Schöch (Fn 331), S 132.

460 Pfeiffer in Der Bundesminister der Justiz (Hrsg), Täter-Opfer-Ausgleich – Zwischenbilanz und Perspektiven – 1991, S 169ff.

461 DVJJ-Kommission zur Reform des Jugendkriminalrechts, DVJJ-Journal 1992, S 4ff, S 14.

Leistungen der Jugendhilfe ebenso zu berücksichtigen wie das ernsthafte und nach Kräften erfolgte Bemühen um einen Ausgleich mit dem Verletzten und Wiedergutmachungsleistungen einschließlich gemeinnütziger Leistungen, sondern auch zu prüfen, ob das Ermittlungsverfahren selbst und die hierdurch ausgelösten Belastungen eine ausreichende Ahndung darstellen.

Der dritte Schritt müsste sich an § 153a StPO orientieren und der Jugendstaatsanwaltschaft die Befugnis bei Zustimmung des Jugendrichters einräumen, von der Verfolgung einer Tat dann abzusehen, wenn die Erteilung von Auflagen eine Anklage nicht erforderlich machen. In der Ausgestaltung der Auflagen und Weisungen ist an die später beschriebenen Rechtsfolgen anzuknüpfen. Im Mittelpunkt stehen dabei die Bezahlung eines Geldbetrags, gemeinnützige Leistungen sowie die Wiedergutmachung und der Täter-Opfer-Ausgleich. Die Obergrenzen von Geldbetrag und gemeinnützigen Leistungen sind gleichzeitig festzulegen.

Von der Erfordernis eines Geständnisses ist abzusehen ebenso wie von der Einführung eines „öffentlichen Interesses".

Was den manchmal besonders hervorgehobenen „aussergerichtlichen" Tatausgleich betrifft, so wird diesem gerade im Zusammenhang mit der Verfahrenseinstellung großes Potential zugeordnet. Begründet wird das Potential mit einem neuen kriminalitätstheoretischen Gemisch aus Lerntheorie und Neutralisierungstheorie;[462] die rechtspolitische Attraktivität folgt aus dem Sowohl als Auch eines täterverändernden und das Opfer zufriedenstellenden, darüber hinaus den Rechtsfrieden herstellenden Zugangs, zudem auch aus Verfahrensökonomie. Die Schwerpunkte des TOA liegen nach den bisherigen Forschungen im Bereich des Jugendstrafrechts, in der Vorbereitung der Diversion nach § 45 JGG sowie bei Körperverletzungen (ca 64%).[463] Entschuldigungen (73%), Schadensersatz (29%), Schmerzensgeld (21%) bilden die wesentlichen Aktivitäten im TOA.[464] Im Übrigen sprechen die Ergebnisse und Erfahrungen auch für die Praktikabilität. Insbesondere die Sozialen Dienste in der Justiz und die Jugendgerichtshilfe verbinden positive Ansätze und Erfahrungen mit dem TOA. Demgegenüber scheinen Jugendstaatsanwaltschaften bzw die Justiz eher zurückhaltend.[465] Die Art und Weise der besonderen Berücksichtigung des Täter-Opfer-Ausgleichs in § 155a StPO reicht jedoch aus. Vor allem ist zu vermeiden, dass mit dem Täter-Opfer-

---

[462] Schöch, RdJB 1999, S 278ff, S 281.

[463] Schöch (Fn 462), S 286.

[464] Schöch (Fn 462, S 287.

[465] Jetter-Schröder in Landesgruppe Baden-Württemberg in der DVJJ (Hrsg), Entwicklungen und Perspektiven der Jugendstrafrechtspflege. INFO 2000, S 27ff, S 38; Schöch (Fn 462), S 288.

Ausgleich zu hohe Erwartungen verbunden werden. Jedenfalls sind alle Formen der Mediation, des Ausgleichs und der Wiedergutmachung, die vor dem Hintergrund einer Strafanzeige und justizieller Befassung implementiert werden, eben Aktivitäten, die in das Strafrecht und die Strafjustiz eingebunden bleiben. Hieraus folgen besondere Probleme, die auch im Zwang zu Geständnis und Zugeständnissen in zivilrechtlicher Hinsicht zu sehen sind.

Weitergehende Reformbedürfnisse sind nicht ersichtlich. Insbesondere ist Vorschlägen nicht zu folgen, die eine Begründungspflicht für die Annahme der Erforderlichkeit der Anklageerhebung und die Unterbindung einer zeitlich späten Strafverfolgung (wenn seit der Tat eine auch unter Berücksichtigung des Unrechtsgehalts unangemessen lange Zeit vergangen ist) einzuführen empfehlen.[466] Eine besondere Beschleunigung von Ermittlungen und Durchführung des Verfahrens in Jugendsachen ist zwar auch aus der Perspektive der internationalen Mindeststandards notwendig und bislang auch nicht bestritten, doch empfiehlt es sich nicht, in der Regelung der Konsequenzen von Verstößen vom Erwachsenenstrafverfahrensrecht abzuweichen. Denn die besonderen Perspektiven für die Einführung von Gründen des Absehens von der Arrestvollstreckung im JGG (§ 87 II, S 2) knüpfen an die erzieherische Einflussnahme an. In der Einführung eines Strafverfolgungshindernisses und einer Pflicht zur Einstellung des Strafverfahrens geht es aber um eine Reaktion auf die besonderen Belastungen, die ein langes Ermittlungsverfahren mit sich bringt; diese sind grundsätzlich und ebenso wie im Erwachsenenstrafverfahren zu vermeiden. Allerdings würde nach dem hier vorliegenden Vorschlag die Dauer bei der Prüfung der Einstellungsvoraussetzungen nach § 45 II JGG relevant.

Auch die Einführung einer Beschwerdemöglichkeit gegen die Einstellung nach §§ 45, 47 JGG[467] ist nicht zu empfehlen. Dies sollte einer Gesamtreform des Strafverfahrens vorbehalten bleiben.

Ansonsten ist die richterliche Verfahrenseinstellung (§ 47 JGG) nach den eben genannten Grundsätzen auszugestalten.

8.2 Umfang der Ermittlungen

Eine Neuregelung des § 43 JGG erscheint insoweit angezeigt, als die Anhörung von anderen als den Erziehungsberechtigten unter-

---

[466] DVJJ-Kommission zur Reform des Jugendkriminalrechts, DVJJ-Journal 1992, S 4 ff, S 14.

[467] So die Ergebnisse des 22. Deutschen Jugendgerichtstages, DVJJ-Journal 1992, S 271 ff, S 287.

bleiben sollte. Die geltende Regelung verweist in § 43 I, 3 JGG bereits auf unerwünschte Nachteile, die für den Beschuldigten mit Ausforschungen im persönlichen Bereich verbunden sein können. Deshalb ist auf derartige Ansätze in den Ermittlungen zu verzichten.

Die Neuformulierung sollte dann dafür Sorge tragen, dass sich die Ermittlungen nicht auf das Ziel ausrichten, die „Beurteilung der seelischen, geistigen und charakterlichen Eigenart" des Beschuldigten zu fördern, sondern auf das Ziel, die strafrechtliche Verantwortlichkeit, einschließlich der Voraussetzungen des § 3 JGG zu prüfen sowie diejenigen, die für die Festlegung der Rechtsfolgen bzw die Prüfung der Einstellungsvoraussetzungen von Bedeutung sind.

Aufgenommen werden sollte der Grundsatz der besonderen Beschleunigung und der Verhältnismäßigkeit der Ermittlungen, womit Begrenzungen der Erforschung vor allem im Bereich der Bagatelldelikte verdeutlicht werden könnten.

8.3 Untersuchungshaft und Untersuchungshaftsalternativen

Die Befunde zur Praxis der Untersuchungshaftanordnung haben angezeigt, dass die vor allem durch das 1. Änderungsgesetz zum JGG eingeführten Änderungen der Anordnung und Vollstreckung von Untersuchungshaft offensichtlich nicht die erwünschten und erwarteten Konsequenzen mit sich brachten. Die Ansätze zur Vermeidung von Untersuchungshaft stoßen offensichtlich an Grenzen (auch wegen des Problems der Immigrantenjugendlichen [die die Mehrheit der jungen Untersuchungshaftgefangenen ausmachen] und der Verbreitung prekärer Lebensbedingungen, die auf den Haftgrund der Fluchtgefahr verweisen).[468] Dies ergibt sich nicht zuletzt aus einer empirischen Analyse von Haftgründen, die ergibt, dass in Jugendsachen in der Begründung der fehlende Wohnsitz, die fehlende familiäre Bindungen und fehlende Einbindung in die Arbeitswelt dominieren. Forderungen nach einer drastischen Einschränkung der Untersuchungshaft wurde im 1. JGG-Änderungsgesetz 1990 zwar nicht entsprochen. Die U-Haft wurde für 14- und 15-Jährige nicht wie vorgeschlagen abgeschafft; allerdings wird durch § 72 I JGG die Bedeutung des Verhältnismäßigkeitsgrundsatzes unterstrichen und in § 72 I S 3 JGG eine besondere Begründungspflicht statuiert.[469] Jedoch werden die U-Haft bezogenen Änderungen von 1990 auch als

[468] Pfeiffer, Die Anordnung von Untersuchungshaft gegenüber 14- und 15-Jährigen bzw 14- bis 21-Jährigen 1988; Staudinger (Fn 153).

[469] Dieser Begründungspflicht wird offensichtlich nur sehr unzureichend nachgekommen; vgl Staudinger (Fn 153), S 97.

Fehlschlag eingestuft,[470] auch deshalb, weil nach wie vor in der Untersuchungshaft Diebstahlsdelikte und der Vorwurf eines Einzeldelikts dominieren.[471]

Deshalb wird vorgeschlagen, in die Voraussetzungen des § 72 I 1 JGG einen deutlichen Hinweis auf den bereits jetzt enthaltenen Verhältnismäßigkeitsgrundsatz aufzunehmen, mit dem entweder strikt festgestellt wird, dass die Untersuchungshaft nur dann angeordnet werden darf, wenn eine Jugendstrafe zu erwarten ist,[472] oder die Aussage enthalten ist, dass die Anordnung von Untersuchungshaft in Fällen, in denen keine Jugendstrafe zu erwarten ist, in der Regel unverhältnismäßig sei.[473] Vorgeschlagen wird ferner, § 72 I, IV JGG bezüglich der Fluchtgefahr einschränkender zu formulieren und die Anordnung von Untersuchungshaft bei diesem Haftgrund auf die 16- bis 20-Jährigen zu beschränken.[474]

Dass die Zurückdrängung der Untersuchungshaft bei jungen Tatverdächtigen offensichtlich auf Schwierigkeiten stößt, wird auch damit begründet, dass mit der Untersuchungshaft apokryphe Haftgründe verfolgt werden,[475] die vor allem auf der Annahme eines heilsamen „short, sharp shock“ oder auf dem „taste of prison approach“ sowie weiteren Motiven beruhen. Ausdruck davon könnte sein, dass gegen etwa jeden 6. der zu einer zur Bewährung ausgesetzten Jugendstrafe Verurteilten Untersuchungshaft vollstreckt wird (16%, gegenüber etwa 36% im Falle einer unbedingten Jugendstrafe und im Vergleich zu 13% bei der zur Bewährung ausgesetzten Erwachsenenfreiheitsstrafe)[476] und im Übrigen das Verhältnis zwischen Untersuchungshaftgefangenen und Strafgefangenen, wie weiter oben bereits ausgeführt, für Jugendliche anders ausfällt als für Heranwachsende und Erwachsene (Jugendliche 1 : 1; Heranwachsende 1 : 2; Erwachsene 1:4).[477]

Jedoch ist die Anbindung an eine konkrete Straferwartung (Jugendstrafe) mit Problemen verbunden (insbesondere auch solcher, die mit den Wirkungen in Form einer self-fulfilling prophecy auf die Strafzumessung zusammenhängen).[478]

---

470 So der Bericht von Cornel/Dünkel, NK 1995, Heft 4, S 6ff zum Jugendgerichtstag 1995.

471 Staudinger (Fn 153), S 92.

472 So die Ergebnisse des 22. Deutschen Jugendgerichtstages, DVJJ-Journal 1992, S 271ff, S 281.

473 So der Vorschlag der Zweiten Jugendstrafrechtsreformkommission, S 26.

474 DVJJ-Journal 1992, S 271ff, S 288.

475 Staudinger, Untersuchungshaft bei jungen Ausländern 2001, S 44ff.

476 Strafverfolgungsstatistik 2000, S 228, S 324.

477 Zusammenfassung der insoweit gleichlautenden empirischen Befunde bei Eisenberg, JGG 9. Aufl Anm 5 zu § 72.

478 Eisenberg, JGG, 9. Aufl Anm 5a zu § 72.

Vielmehr sind Ansatzpunkte für eine Lösung angesichts der Forschungsbefunde wohl in einer Kombination von frühzeitiger Verteidigerbestellung und der Bereitstellung von Alternativangeboten, die auf die besondere Klientel der Untersuchungshaft, nämlich junge Immigranten zugeschnitten ist. Die Untersuchungen von Staudinger zur Untersuchungshaft bei jungen Ausländern und von Schöch zu den Wirkungen der Strafverteidigung auf die Untersuchungshaft[479] erlauben bei einer zusammenfassenden Betrachtung der Ergebnisse, dass wohl von einer frühzeitigen Strafverteidigung nicht nur Haftverkürzung, sondern auch (vor allem aus dem von Staudinger hervorgehobenen Gesichtspunkt fehlender oder unzureichender Verhältnismäßigkeitsprüfung)[480] Untersuchungshaftvermeidung resultieren würden.

Deshalb dürfte der Vorschlag angemessen sein, zum einen auf ein ausreichendes Angebot an Alternativen für spezifische Gruppen zu drängen und zum anderen die Vorschrift des § 68 Nr 4 JGG so zu ändern, dass die Bestellung eines Verteidigers vor Erlass eines Haftbefehls vorgeschrieben wird.

Schließlich ist im Zusammenhang mit Fragen der Untersuchungshaft noch auf § 52 a JGG einzugehen. Denn die Nichtanrechenbarkeit von Untersuchungshaft gemäß § 52 a I, 2, 3 JGG muss auf erhebliche Bedenken stoßen.[481] Die Begründung zielt auf eine ausreichende erzieherische Einwirkung durch eine bestimmte Dauer der Jugendstrafe. Dies lässt sich schon heute für den Einzelfall nicht nachweisen und stellt den Jugendlichen, der neben Untersuchungshaft die volle Jugendstrafe verbüßt, nicht nur ungleich im Verhältnis zum Erwachsenen, der sich in derselben Situation befindet. Vielmehr lässt sich Untersuchungshaft auch bei jugendlichen Tatverdächtigen und vor dem Hintergrund der Unschuldsvermutung nur dann begründen, wenn dieser Eingriff durch Anrechnung kompensiert wird. Denn durch die Untersuchungshaft wird eine besondere Belastung zugemutet, die im JGG auch durch besondere Anforderungen an die Anordnung von Untersuchungshaft anerkannt wird. § 52 a Satz 2 und 3 JGG müssen deshalb ersatzlos entfallen.

---

[479] Staudinger (Fn 153); Schöch, Der Einfluß der Strafverteidigung auf den Verlauf der Untersuchungshaft 1997.

[480] Staudinger (Fn 153), S 93.

[481] Miehe (Fn 4), S 159; ablehnend auch Forum IV, Arbeitskreis IV/3 des 22. Deutschen Jugendgerichtstages DVJJ-Journal 1992, S 271 ff, S 287.

9. Unzeitgemäßes im Ausschluss Besonderer Verfahrensarten?

9.1 Strafbefehlsverfahren

Im Jugendstrafverfahren wird das summarische Strafbefehlsverfahren, das im Erwachsenenstrafverfahren große Bedeutung besitzt und in effizienter Art und Weise eingesetzt wird, durch § 79 I JGG ausgeschlossen. Eine Begründung des Ausschlusses mit erzieherischen Erwägungen hat freilich auszuscheiden. Jedoch wird auch und dies wohl zu Recht angeführt, dass das Strafbefehlsverfahren gegenüber Jugendlichen wegen der wohl selteneren Einlegung von Rechtsmitteln zu Benachteiligungen führen würde.[482] Gleichwohl bleibt ein Bedarf für eine einfache Form der Verfahrenserledigung jedenfalls für die Heranwachsenden, bei denen heute gemäß § 109 JGG im Falle der Anwendung des Jugendstrafrechts die Anwendung des Strafbefehlsverfahrens ebenfalls ausgeschlossen wird. Für diese Altersgruppe ist es bei einfach gelagerten Sachverhalten sicher denkbar, ein schriftliches und summarisches Verfahren zuzulassen.[483]

9.2 Beschleunigtes Verfahren

§ 79 JGG schließt nicht nur das Strafbefehlsverfahren gegen Jugendliche aus, sondern auch das beschleunigte Strafverfahren gemäß §§ 417ff StPO (das wiederum bereits heute gegen Heranwachsende auch bei Anwendung von Jugendstrafrecht zulässig ist (§ 109 II JGG)). Gerade die Einführung eines beschleunigten Verfahrens gegen Jugendliche wird seit geraumer Zeit erörtert.[484] Der Vorschlag, das beschleunigte Verfahren auch für jugendliche Angeklagte zu

---

482 Eisenberg, JGG, 9. Aufl Anm 3 zu § 79.

483 Gegen die Zulassung des Strafbefehlsverfahrens und für ein vereinfachtes Jugendverfahren bei Heranwachsenden sprach sich Forum IV, Arbeitskreis IV/3 des 22. Deutschen Jugendgerichtstages aus DVJJ-Journal 1992, S 271 ff, S 287.

484 Gesetzesantrag des Freistaates Bayern v 17. 10. 2000 BR-Dr. 637/00; Beschluss des Bundesrates v 10. 11. 2000, BR-Dr,. 549/00.

nutzen, wird begründet mit der Erwartung, dass nur eine Sanktion, die der Tat auf dem Fuße folge, die gewünschte erzieherische Wirkung bei jugendlichen Straftätern entfalten könne.

Deshalb wird gefordert, den Anwendungsbereich der §§ 417ff StPO zu erweitern und § 79 II JGG, der dies bisher für unzulässig erklärt, zu streichen, damit beschleunigte Verfahren auch gegen Jugendliche angewendet werden können. Auch die Möglichkeit einer zwangsweisen Vorführung im vereinfachten Jugendverfahren durch einen Verweis in § 78 JGG wird diskutiert. Der Vorschlag der Erweiterung der Einführung des beschleunigten Verfahrens hat Zustimmung[485] und Ablehnung gefunden. Während die Zustimmung ganz überwiegend mit Effizienzgesichtspunkten begründet wird, stützt sich die Ablehnung partiell auf die Überlegung, dass es sich eher um ein konsensuales Verfahren handelt.[486] Dafür sprechen auch die europäischen Modelle des beschleunigten Verfahrens, die grundsätzlich die Zustimmung des Angeklagten voraussetzen.[487] Auch der 25. Deutsche Jugendgerichtstag hat sich gegen die Einführung des beschleunigten Verfahrens ausgesprochen mit dem Argument, mit jugendlichen Beschuldigten dürfe kein „kurzer Prozess" gemacht werden, denn „für die Arbeit der Jugendgerichtshilfe, für Verteidigerbelange sowie für die Vorbereitung von Diversion müsse Zeit bleiben".[488] Im Übrigen wird geltend gemacht, dass Jugendverfahren ihrer Art nach bereits eilbedürftige Verfahren seien. Die zT als unangemessen eingestuften Terminierungsfristen in der Praxis seien allerdings nicht in den Verfahrensvorschriften begründet, sondern regelmäßig in organisatorischen Unzulänglichkeiten und insoweit auch durch organisatorische Veränderungen zu beantworten.[489]

Die Argumente sprechen eher dafür, Beschleunigung durch organisatorische Verbesserungen zu suchen. Jedenfalls sind Erwartungen an eine Erhöhung der präventiven Effizienz verfehlt, so dass lediglich die Beschleunigung selbst als Mehrwert verbleiben würde. Der kann jedoch auch durch andere Mittel erreicht werden. Ein erwägenswerter Vorschlag ist allerdings die Einführung der Vorführung im vereinfachten Jugendverfahren. Die Möglichkeit eines Haftbefehls hingegen ist abzulehnen, da bei der einschlägigen Zielgruppe eine Vorführung reicht.[490]

---

[485] Böttcher, Protokoll der 81. Sitzung des Rechtsausschusses am 9. Mai 2001, S 9.

[486] Ostendorf, Zentralblatt für Jugendrecht 1998, S 481ff; Ostendorf, Protokoll der 81. Sitzung des Rechtsausschusses am 9. Mai 2001, S 19.

[487] Albrecht H.-J., Settlements out of Court 2001.

[488] Thesen des 25. Deutschen Jugendgerichtstages Forum 3, These 4, DVJJ-Journal 2001, S 343; so auch Sonnen, DVJJ-Journal 2000, S 338.

[489] Scholz, DVJJ-Journal 1999, S 232ff, S 243.

[490] Sonnen, DVJJ-Journal 2000, S 332.

9.3 Nebenklage, Privatklage, Adhäsionsverfahren und Opferberücksichtigung

Die zunehmende Berücksichtigung des Opfers im materiellen wie im formellen Strafrecht sowie die zunehmende Bedeutung des Täter-Opfer-Ausgleichs (und auch anderer konfrontativer Verfahren) haben auch die Diskussion darüber wieder belebt, ob und inwieweit der kategorische Ausschluss der Privatklage, der Nebenklage und des Adhäsionsverfahrens (§ 80 I, III sowie § 81 JGG) gegen jugendliche Angeklagte zurückgenommen und eine über das Anwesenheitsrecht (§ 48 II JGG) und die Opferrechte der §§ 406d ff StPO hinausgehende Beteiligung des Opfers ermöglicht werden sollten.[491] Die Opferschutzgesetzgebung hat die Stellung des Opfers im Strafrecht und im Strafverfahren in den letzten 30 Jahren erheblich verändert und dabei gestärkt.[492] Dabei wurde allerdings das Jugendstrafrecht lange Zeit – mit der Begründung des erzieherisch legitimierten Sondercharakters, das dem Opfer(zeugen) lediglich ein Anwesenheitsrecht gewährt (§ 48 II JGG) – nicht sonderlich stark berührt. Jedoch hat sich seit einiger Zeit eine rege Diskussion ergeben, die zunächst die Einbeziehung der Opfer in Form der durch das Opferschutzgesetz 1986 gewährten Rechte thematisiert. Dabei ist jedenfalls nicht bestritten, dass das Opfer eines Jugendlichen jedenfalls hinsichtlich von Informationsrechten mit Opfern von erwachsenen Tätern gleichgestellt ist. Einfache Schutzrechte gelten auch im Jugendstrafverfahren ohne Einschränkung.[493] Freilich ist der erweiterte (passive) Opferschutz durch Beziehung eines Rechtsbeistands (§ 406f StPO) im Jugendstrafverfahren umstritten.[494] Die aktiven Teilhaberechte sind demgegenüber aber explizit ausgeschlossen (§§ 80, I, 1, III, 81 JGG, Privatklage, Nebenklage und Adhäsionsverfahren, vgl hierzu weiter unten).

Grundsätzlich wird eine restriktive Auslegung der opferbeeinträchtigenden Regeln des JGG allerdings heute bereits aus dem Erziehungsprinzip heraus vorgeschlagen, da „die Opferberücksichtigung durch Zulassung der Nebenklage gegen einen Heranwachsenden die Erziehung eines Jugendlichen nicht beeinträchtigt, sondern

---

491 Vgl hierzu die Erwägungen von Höynck, Anhang zu Zweite Jugendstrafrechtsreformkommission, S 28.

492 Überblick in Kerner, Opferrechte/Opferpflichten 1999.

493 Rössner in Dölling (Hrsg), (Fn 4), S 165ff, S 171; den Streitstand zusammenfassend Dölling in Weisser Ring (Hrsg), Täterrechte – Opferrechte 1996, S 72ff.

494 Rössner (Fn 493), S 171.

fördere.[495] Auch werden Forderungen nach einer Revision aber nicht nur mit den Veränderungen in der Sichtweise der Bedeutung des Täter-Opfer-Verhältnisses, der damit verbundenen Veränderung der Rolle des jugendlichen Straftäters im Strafverfahren,[496] sondern auch mit Veränderungen in der Funktion der Nebenklage, die in ein Instrument der Partizipation und des Opferschutzes verwandelt worden sei, begründet.[497] Angesichts der angedeuteten Entwicklungen ist die Forderung nach einer neuen Balance zwischen Täter- und Opferinteressen sicher gerechtfertigt.[498] Die veränderte Balance hat einmal die bereits eingeleitete Veränderung der Sichtweise von Erziehung und erzieherischen Belangen im Jugendstrafrecht Rechnung zu tragen. Auch wenn das Erziehungsziel bloß reformuliert würde, ergeben sich doch neue Schwerpunktbildungen, die durch Spezialprävention und Schutz des jugendlichen Täters (vor besonderen schädlichen Folgen staatlichen Zugriffs) gekennzeichnet sind. Insoweit dürften aber die regelmäßig in die historische Begründung des Ausschlusses eingeflossenen Motive der erzieherischen Beeinflussung ihre ehemalige Relevanz zum Teil verloren haben.[499] Im Übrigen gelingt es nicht, die Beeinträchtigung der erzieherischen Belange auch bei einer weitgehenden Opferberücksichtigung zu konkretisieren.[500] Jedoch können offensichtlich auch Erziehung einerseits und Konfrontation (mit dem Opfer) andererseits zueinander finden.[501] Eine neue Ausbalancierung hat dann die durch den Wiedergutmachungsgedanken und den Täter-Opfer-Ausgleich ausgelöste Veränderung in der Rolle des jugendlichen Beschuldigten oder Angeklagten in Erwägung zu ziehen, durch die eine Betonung der Subjektstellung, der Auseinandersetzung mit der Tat und insbesondere der Verantwortlichkeit und des Einstehen für die Tat hervorgerufen werden. Schließlich ist das Opfer aus der typischen Opferzeugenrolle des alten Strafprozesses entlassen worden; auch seine neue Subjektstellung und die Beteiligungs- und Abwehrrechte müssen mit ihrem erheblichen Gewicht in die Abwägung eingehen. Aus einer solchen Abwägung (die zudem zugunsten des Opfers gestützt wird durch die Declaration of Basic Principles of Justice for Victims of Crime and Abuse of Power sowie die Empfehlungen zu Opferrechten des Eu-

---

[495] So Rössner (Fn 493), S 172.

[496] Schelkens (Fn 223).

[497] Kauder in Weisser Ring (Hrsg), Täterrechte – Opferrechte 1996, S 48 ff, S 50 f.

[498] Kerner, Opferrechte/Opferpflichten 1999, S 62.

[499] Vgl aber die (vorsichtig) ablehnende Haltung von Dölling in Weisser Ring (Fn 497), S 72 ff, S 77 ff, freilich mit dem pauschalen Argument der Abträglichkeit für den Erziehungsgedanken.

[500] Vgl nur die Diskussion in Weisser Ring (Fn 497), S 82 ff.

[501] Vgl Dölling (Fn 499), S 78.

roparats (85) 11) kann nicht allein folgen, das Opfer in das „Büro des Vermittlers" zu verweisen, damit dort die Ausgleichsleistungen ausgehandelt werden.[502] Dass ein gelungener Täter-Opfer-Ausgleich in aller Regel die Durchführung einer Hauptverhandlung überflüssig macht und das Opfer unter Umständen auch zufriedenstellt, betrifft eine andere Fragestellung. Auch eine bessere Betreuung von Opfern außerhalb des Strafverfahrens ist keine Alternative zur rechtlich abgesicherten Beteiligung und Interessenvertretung. Die Geltendmachung von Schadensersatz kann sicher durch eine Betonung der Wiedergutmachung und des Ausgleichs in den Voraussetzungen der Verfahrenseinstellung und den Rechtsfolgen berücksichtigt werden. Jedoch dient die Nebenklage eben gerade nicht dem materiellen Ausgleich, sondern dem Schutz, dem Interesse an angemessener Verarbeitung des Viktimisierungsgeschehens und der Interessenvertretung des Opfers in den durch den Katalog des § 395 StPO ausgewiesenen und in der Regel schweren Gewalt- bzw Freiheitsdelikten. Hier bleiben über den reinen Schadensersatz und die Opferbetreuung Beteiligungsinteressen, denen auch im Rahmen eines Strafverfahrens gegen Jugendliche Rechnung getragen werden sollte.

Die Abwägung sollte angesichts der dargestellten Entwicklungen dazu führen, die Nebenklage auch im Verfahren gegen Jugendliche grundsätzlich zuzulassen. Ob und inwieweit Einschränkungen im Deliktskatalog (§ 395 StPO) geboten sind (ggfs Ehrdelikte und einfache Körperverletzungen) könnte uU auch durch die Einführung einer Experimentierphase und entsprechender Evaluation geklärt werden.

Was das Adhäsionsverfahren und das Privatklageverfahren betrifft, so sollten diese Verfahrensformen, die verschiedene Probleme, insbesondere in der Implementation aufweisen, zunächst in einer allgemeinen Reform des Strafverfahrensrechts aufgegriffen werden. Erst dann sollte über ihre Berücksichtigung im Recht des Jugendstrafverfahrens entschieden werden.

---

502 So aber Dölling (Fn 499), S 78.

10. Unzeitgemäßes in der Hauptverhandlung?

Die Debatten um die Hauptverhandlung im Jugendstrafverfahren, in denen um die Frage der erzieherischen Beeinflussung des jugendlichen Angeklagten in der Hauptverhandlung vor dem Jugendrichter gerungen wurde, sind weitgehend verstummt.[503] Dies ist vor dem Hintergrund der Entwicklungen in Diversion und Informalisierung des Jugendstrafverfahrens erwartungsgemäß. Jedoch ist die Hauptverhandlung gegen jugendliche Angeklagte durch einige Besonderheiten geprägt. Hierzu gehört der regelmäßige Ausschluss der Öffentlichkeit nach § 48 JGG, an dem freilich nach wie vor festgehalten werden sollte. Ferner wird überlegt, § 48 JGG auch für das Verfahren gegen Heranwachsende einzuführen.[504]

Die Besonderheiten liegen dann weiter in § 51 JGG, der den Ausschluss des Angeklagten aus erzieherischen Gründen aus der Hauptverhandlung vorsieht. Diese Regel überzeugt nicht mehr.[505] Sie ist wegen der Bedeutung des Anwesenheitsrechts für den jugendlichen Angeklagten aufzuheben. Der Ausschluss der Erziehungsberechtigten gemäß § 51 II JGG kann jedenfalls dann berechtigt sein, wenn die Gegenwart die Wahrheitsfindung beeinträchtigt. Insoweit bietet sich eine restriktive Konkretisierung der in § 51 II JGG angesprochenen „Bedenken" an (beispw Belastung oder Beeinflussung von Zeugen oder Angeklagten).[506] Entsprechendes gilt für die Kürzung der Urteilsgründe gemäß § 54 II JGG, wo ebenfalls erzieherische Gründe für das „Vorenthalten verurteilungsrelevanter Informationen" herangezogen werden. Wenn Normalisierung versucht werden soll, dann wäre dies auch möglich durch eine Angleichung der Begründungserfordernisse an die Urteile des Erwachsenenstrafverfahrens. Einer besonderen Betonung der seelischen, geistigen oder körperlichen Eigenart (§ 54 I JGG) bedarf es hierbei nicht.

Miehe hat neuerdings auf eine Entwicklung hingewiesen, die die Stellung der Eltern im Verfahren gegen Jugendliche und junge Volljährige betrifft. Miehe beklagt dabei eine drastische „Ausdünnung" der Beteiligung der Eltern am Verfahren gegen Jugendliche

---

503 Vgl die Aufarbeitung in Albrecht (Fn 337), S 364 ff.

504 DVJJ-Kommission zur Reform des Jugendkriminalrechts, DVJJ-J 1992, S 4 ff, S 23.

505 Vgl auch Eisenberg, JGG, 9. Aufl Anm 8 ff zu § 51.

506 Eisenberg, JGG 9. Aufl, Anm 15 zu § 51.

und warnt, die Eltern als „Informanten“ zu verlieren.[507] Offensichtlich wird hier an eine stärkere faktische Beteiligung der Erziehungsberechtigten und an eine Informantenrolle gedacht, wobei Letztere durchaus erhebliches Konfliktpotential andeutet. Jedoch gibt es auch angesichts der Entwicklungen hin zu Kinder- und Jugendrechten und einer von den Erziehungsberechtigten unabhängigen Interessenvertretung keinen Anlass, über die vorhandenen Beteiligungsrechte hinaus eine Verstärkung der Rolle der Erziehungsberechtigten im Prozess einzufordern.

Auch für die Beschränkung des Eideszwangs gem § 49 JGG vor dem Jugendrichter gibt es keine guten Gründe. Hier sollte ebenfalls durch einfache Aufhebung des § 49 JGG eine Angleichung an das Erwachsenenstrafverfahren stattfinden (die praktisch wohl keine Auswirkungen haben wird).[508]

Die Diskussion um ein Schuldinterlokut und die so genannte Hauptverhandlung am Runden Tisch ist offensichtlich abgeebbt. Dies ist verständlich angesichts der Verschiebungen in das Ermittlungsverfahren hinein sowie angesichts der Möglichkeiten, die sich heute schon im vereinfachten Jugendverfahren ergeben. Auch sollten derartige die Grundstruktur der Hauptverhandlung berührende Punkte wie das Schuldinterlokut nur in einer Gesamtreform des Strafverfahrens aufgegriffen werden.

---

[507] Miehe (Fn 4), S 146f.

[508] Vgl Eisenberg, JGG 9. Aufl Anm 5 zu § 49.

11. Unzeitgemäßes im Sanktionensystem des Jugendgerichtsgesetzes?

11.1 Einführung

Das System der jugendstrafrechtlichen Sanktionen bzw Rechtsfolgen gilt seit jeher als eines der Kernstücke eines besonderen Jugendstrafrechts. Es gilt teilweise immer noch als Hilfsmittel zur Förderung des Hineinwachsens junger Menschen in die Rechtsordnung und zum Rechtsgüterschutz, das subsidiär eingreife, dann nämlich, wenn die primär Zuständigen für das Hineinwachsen (Familie, Schule, Nachbarschaft, Gesellschaft) damit überfordert seien und der junge Mensch in der Gefahr stünde, ggfs sogar in eine kriminelle Karriere abzugleiten.[509] Dabei wird auch hervorgehoben, dass das Jugendstrafrecht natürlich dort, wo die primär Verantwortlichen versagt hätten, nicht insgesamt korrigierend eingreifen könne. Angesichts der vielfältigen empirischen Befunde zu den Wirkungen des Sanktionensystems, die tatsächlich eben nicht dafür sprechen, dass jugendstrafrechtliche Rechtsfolgen drastische Verhaltensänderungen zu initiieren vermögen, handelt es sich dabei um Euphemismen, die wenig mit den empirischen Grundlagen, dafür um so mehr mit den klassischen Zielvorstellungen des Jugendstrafrechts zu tun haben. Dies wird immer wieder und vor allem dort betont, wo mit freiheitsentziehenden Maßnahmen, insbesondere mit der Jugendstrafe eine „Gesamt"-Erziehung angestrebt wird, der nicht entsprochen werden kann. Die Aufgabe des Erziehungsgrundsatzes muss vor allem Konsequenzen für die Rechtsfolgen des JGG haben.

Kennzeichnend für das heute geltende System jugendstrafrechtlicher Sanktionen ist

- in formaler Hinsicht die Dreiteilung in Erziehungsmaßregeln, Zuchtmittel und Jugendstrafe,
- die (ebenfalls zunächst formale) Abstufung entlang ihres erzieherischen Potentials,
- die Abhängigkeit des jeweils nächsten Stufe von einem durch die vorhergehende Stufe nicht abdeckbaren erzieherischen Bedürfnis (§ 5 Abs 2 GG),

---

509 Dölling (Fn 398), S 182.

- die besondere jugendstrafrechtliche Subsidiarität,
- die Lockerung der Verbindung zwischen Tatbestand und Rechtsfolge, die vor allem in § 5 Abs 1 JGG zum Ausdruck kommt, wenn Erziehungsmaßregeln „aus Anlass“ der Tat angeordnet werden.

Insgesamt werden damit zwei Fragenkomplexe sichtbar:

- Die Ausgestaltung des jugendstrafrechtlichen Rechtsfolgensystems und
- Die Auswahl und die Bemessung der Rechtsfolgen.

Die Reformdiskussion im Sanktionenrecht des JGG war lange Zeit geprägt durch die Entwicklungen in den Weisungen und hier durch die Neuen ambulanten Maßnahmen wie Soziale Trainingskurse, Betreuungsweisung und gemeinnützige Leistungen. Die Vorschläge zu einer Reform des Rechtsfolgensystems betonen in besonderer Weise den Jugendarrest sowie die Jugendstrafe wegen schädlicher Neigungen. Zudem wird die Frage nach der Einschränkung der Verhängung oder gar dem Ausschluss der Jugendstrafe für wenigstens 14- bis 15-Jährige gestellt. Ferner geht es um den Konflikt zwischen einer Verhängung der Jugendstrafe wegen der Schwere der Straftat und der allgemeinen erzieherischen Orientierung des Jugendstrafrechts. Im Übrigen ist es die Trennung in Zuchtmittel und Erziehungsmaßregeln, die thematisiert wird. Die Vorschläge zur Einführung neuer Sanktionen reichen von neuen Kombinationsmöglichkeiten wie im Falle des Einstiegsarrests bis zur Einführung eines Fahrverbots[510] und einer besonderen Weisung in Form der Meldepflicht.

Freilich lassen sich nicht nur Stimmen hören, die eine tiefgreifende Reform des jugendstrafrechtlichen Sanktionensystems fordern. So meint z.B. Dölling, dass eine grundlegende Änderung des Sanktionensystems des JGG nicht erforderlich sei.[511] Denn nach dieser Auffassung weise das Sanktionssystem des JGG durchaus Verbesserungsmöglichkeiten auf, sei aber insgesamt sehr wohl geeignet, dem Richter sachgerechte, besonders zugeschnittene Reaktionen zu ermöglichen.

Gerade die Betonung von Flexibilität und Auswahlmöglichkeiten des Sanktionensystems erinnert manchmal an Pianisten, dann nämlich, wenn von der Klaviatur gesprochen wird, die angemessen bedient werden könne.[512] Es geht hier vor allem um die Frage, ob ein Katalog von Rechtsfolgen Einfachheit oder Vielfalt reflektieren soll. Der Vorschlag geht dahin, für Einfachheit und damit auch für eine

---

[510] Vgl das Modell des BMJ Referenten-Entwurfs § 15 a JGG.

[511] Dölling (Fn 398), S 195.

[512] Vgl van Essen, Protokoll der 81. Sitzung des Rechtsausschusses am 9. Mai 2001, S 36.

stärkere Betonung der Gleichmäßigkeit (und der gerechten sowie nachvollziehbaren Entscheidung) einzutreten.

11.2 Vorschläge zur Reform der Sanktionen im Einzelnen: Fahrverbot, Meldeweisung und Einstiegsarrest

Die Vorschläge, ein Fahrverbot in den Katalog der Zuchtmittel einzuführen,[513] knüpfen auch an Überlegungen an, eine solche selbstständige Sanktion (in Gestalt eines Fahrverbots oder einer Fahrerlaubnisentziehung) im Erwachsenenstrafrecht vorzusehen. Offensichtlich gelten die dort vorgetragenen Argumente einer fühlbaren Einwirkung auf den Verurteilten und präventive Überlegenheit gerade im Verhältnis zu Geldauflage oder Geldstrafe auch für die Befürworter einer Einführung im Jugendstrafrecht. Dem wird freilich entgegengehalten, dass das Fahrverbot als Zuchtmittel in Zeiten steigender Mobilitätsanforderungen und der schweren Kontrollierbarkeit abzulehnen sei.[514] Ein deliktsunabhängiges Fahrverbot berge zudem bei der Anwendung bei jugendlichen Straftätern zusätzliche, reifebedingte Probleme, nämlich den Reiz des Verbotenen und damit die mögliche Begründung einer Eskalation von Verstößen und Strafschärfe.[515]

An dem Vorschlag der Einführung einer Meldepflicht[516] wird kritisiert, dass diese unglaubwürdig erscheine, wenn mit ihr Urlaubsreisen oder der Besuch attraktiver Veranstaltungen verhindert werden sollen.[517] Andererseits wird ihre Aufnahme in den Katalog der Weisungen, sogar in die Zuchtmittel begrüßt.[518]

Für den Einstiegsarrest gilt, dass die „short sharp shock“ sowie die „taste of prison“ Annahmen bislang empirisch nicht überzeugen können, wie ausländische Erfahrungen zeigen.[519] Anderes war auch nicht zu erwarten. Dass trotzdem und immer wieder das Gegenteil behauptet wird, hängt offensichtlich mit Alltagstheorien darüber zu-

---

513 Gesetzesantrag des Freistaates Bayern v 17. 10. 2000: BR-Dr. 637/00; Gesetzesantrag des Landes Mecklenburg-Vorpommern v 16. 11. 2000: BR-Dr. 759/00

514 Scholz (Fn 63), S 246.

515 So Sonnen, DVJJ-Journal 2000, S 331; ähnlich Walter, ZStW 2001, S 743 ff und Ostendorf, Protokoll der 81. Sitzung des Rechtsausschusses am 9. Mai 2001, S 17 f, der von einer „Strafbarkeitsfalle“ spricht.

516 Gesetzesantrag des Freistaates Bayern v 17. 10. 2000: BR-Dr 637/00.

517 Sonnen (Fn 515).

518 Böttcher, Protokoll der 81. Sitzung des Rechtsausschusses am 9. Mai 2001, S 8 f.

519 Sherman ua, Preventing Crime. What Works. What Doesn't. What is Promising 1998.

sammen, die eine Wirkung allein von einer kurzen Andeutung dessen, was im Ernstfall geschehen kann, erwarten.[520] Dem wird auch entgegengehalten, dass die Gründe, die für den Einstiegsarrest geltend gemacht würden, eher für eine flexible (Teil-)Aussetzung der Freiheits- oder Jugendstrafe, wie beispw in Frankreich, Österreich und anderen ausländischen Sanktionsystemen auch für Jugendliche durchaus üblich, sprächen.[521]

Die Vorschläge versprechen Effizienz, die aber nicht eingelöst werden kann. Schon deshalb ist bei der Einführung neuer Sanktionen und Maßnahmen immer Vorsicht geboten. Es ist anzuraten, das Sanktionsystem nicht weiter zu überlasten mit Varianten, die zwar die Vielfalt erweitern, aber das Problem von Gleichmäßigkeit und Konsistenz weiter vergrößern. Letzterem steht aber kein präventiver Mehrwert gegenüber.

11.3 Ein Neues System der Rechtsfolgen

11.3.1 Einführung

Der hier vertretene Vorschlag geht dahin, eine grundsätzliche Revision des Sanktionensystems des JGG vorzunehmen, und zwar unter den Leitlinien

- der Verhältnismäßigkeit des Strafens
- der Kontrakt- und Aufgaben-Strafen
- der Demonstration der Verantwortlichkeit für die Straftat
- der Vereinfachung der Reaktionen,
- der gerechten und gleichmäßigen Reaktion auf eine Straftat in Gestalt einer proportionalen Strafe, die auf der Basis der weiter oben ausgeführten Strafzumessungsregeln verhängt wird,

sowie

- bei Betonung von Lernmöglichkeiten
- bei Vermeidung ungewollter und schädlicher Wirkungen des Strafverfahrens und strafrechtlicher Sanktionen (einschließlich der registerrechtlichen Folgen)
- bei Förderung von Einsicht und Konsens.

Auf weitergehende Zielsetzungen ist, wie weiter oben bereits erörtert, zu verzichten. Einen Grundsatz der Kompensation für Benachteiligungen, nach dem Jugendstrafverfahren und festgelegte

---

[520] Rachor, Protokoll der 81. Sitzung des Rechtsausschusses am 9. Mai 2001, S 24.
[521] Rachor (Fn 520), S 24.

Maßnahmen einführen zu wollen, würde das Jugendstrafrecht in noch größerem Maße überfordern, wie dies durch das Erziehungsprinzip geschah. Kompensation muss Aufgabe der allgemeinen Jugend- und Sozialpolitik bleiben. Im Rahmen eines Jugendstrafrechts können bei dem derzeitigen Wissensstand nur Reflexion und das Ziel der Vermeidung von unerwünschten Folgen des Verfahrens und der Sanktionen eingefordert werden.

In das System der Rechtsfolgen soll die Verfahrenseinstellung einbezogen werden, insbesondere dadurch, dass die Weisungen und Auflagen, die eine Verfahrenseinstellung begleiten, aus dem allgemeinen Katalog der Rechtsfolgen entnommen werden.

Damit soll vor allem die Gleichmäßigkeit der Handhabung sicher gestellt werden, im Übrigen auch dafür Sorge getragen werden, dass ein konsistentes und einsichtiges System entsteht, das insbesondere für junge Menschen transparent und nachvollziehbar ist.

11.3.2 Abschaffung des § 12 JGG und Trennung von Jugendhilfe und Jugendstrafrecht

Mit den oben begründeten Veränderungen in der Begründung des Jugendstrafrechts sind auch die in den Erziehungsmaßregeln enthaltenen Bezüge zum Jugendhilferecht aufzuheben. § 12 JGG, der Hilfen zur Erziehung, die Heimunterbringung sowie die Erziehungsbeistandschaft vorsieht, soll ersatzlos entfallen. Hilfen zur Erziehung können über die Jugendhilfe angeboten und implementiert werden. Auch Dölling stellt die Frage, ob angesichts der quantitativ zu vernachlässigenden Anwendung von Hilfen zur Erziehung diese in dieser Form beibehalten werden sollten. Seine Erwägungen gehen dahin, ggfs die Heimerziehung (für die ein praktisches Bedürfnis bestehen könne) mit einer eigenständigen Regelung im JGG zu belassen,[522] aber Hilfen nach § 12 JGG entfallen zu lassen. Die Vorschläge der Arbeiterwohlfahrt 1993 befürworten ebenfalls eine strikte Trennung der Jugendhilfe vom Jugendkriminalrecht und fordern von daher eine Aufgabe des § 12 JGG.[523]

Eine vollständige Aufgabe ist vorzuziehen. Dies entspricht auch einer neuen Ausrichtung des Jugendstrafrechts und ermöglicht zudem eine Zusammenarbeit der Institutionen des Jugendstrafrechts mit der Jugendhilfe, die nicht durch die bisherigen Probleme belastet ist.

Die Zusammenarbeit zwischen Jugendhilfe und Jugendstrafrecht könnte so auf organisatorische Ebenen und damit Kooperationsfor-

---

522 Dölling (Fn 398), S 188.
523 Frommel/Maelicke (Fn 5), S 32.

men verlagert werden, die in Einrichtungen, wie dem Haus des Jugendrechts in Stuttgart, bereits im Ansatz bestehen. Es spricht tatsächlich nichts dagegen, in einem Bagatellfall eine Einstellung wegen Geringfügigkeit vorzunehmen und für den Fall des Bedarfs an Jugendhilfemaßnahmen die notwendigen Informationen an die Einrichtungen der Jugendhilfe weiterzuleiten, die dann nach den Prinzipien des KJHG vorgehen. Entsprechendes gilt selbstverständlich auf allen Ebenen der Straftatenschwere.

11.3.3 Aufhebung der Trennung von Zuchtmitteln und Erziehungsmaßregeln

Die Entwicklung des Systems der Erziehungsmaßregeln und Zuchtmittel hat vor allem nach dem 1. Jugendgerichtsänderungsgesetz 1990 und der Einführung der Betreuungsweisung, sozialer Trainingskurse und des Täter-Opfer-Ausgleichs in § 10 I JGG[524] und der Erwartung, dass sie als Alternative zu freiheitsentziehenden Maßnahmen eingesetzt werden können, dazu geführt, dass die Abgrenzung zwischen Zuchtmitteln und Erziehungsmaßregeln wieter erschwert wurde. Im Übrigen wurde dadurch die Auferlegung von Arbeitsleistungen sowohl als Weisung gem § 10 JGG als auch als Auflage gem § 15 I JGG möglich. Auflagen können nun gem § 15 III JGG wie Weisungen nachträglich geändert werden. Angesichts der Konvergenz in Inhalt und Verfahren ist die Aufgabe der Unterscheidung zwischen Erziehungsmaßregeln und Zuchtmitteln angezeigt. Eine Zusammenlegung von Erziehungsmaßregeln und Zuchtmitteln wird auch von Walter favorisiert;[525] freilich bleibt für ihn der Übergang von Erziehung zur Strafe problematisch. Gerade in der Unterscheidung zwischen der als Erziehungsmaßregel angewendeten gemeinnützigen Arbeitsleistung einerseits und der als Zuchtmittel (Auflage) anwendbaren Arbeitsleistung andererseits haben sich für die Praxis offensichtlich deshalb keine Probleme ergeben, weil einheitlich Arbeitsleistungen angeordnet wurden; die jeweilige Auszeichnung ist für die Praxis nicht relevant. Die empirische Untersuchung dieser Fragestellung hat darauf hingewiesen, dass in der Praxis die Unterscheidung als theoretisch empfunden und ganz überwiegend eine einheitliche Arbeitsleistung auferlegt wird.[526]

---

524 Vgl zur Praxis Dünkel, DVJJ Journal 1999, S 170ff.

525 So auch Trenczek, DVJJ-Journal 1990, Nr 132, S 58f.

526 Kremerskothen, Arbeitsweisungen und Arbeitsauflagen im Jugendstrafrecht 2001, S 206ff.

Auch aus der Perspektive der jugendlichen Straftäter ist die Unterscheidung müßig; denn die Durchführung und die von ihnen abgeleistete Arbeit unterscheidet sich nicht danach, ob die Arbeitsleistung als Erziehungsmaßregel oder als Zuchtmittel abverlangt wird.[527]

Dölling dagegen sieht eine fortbestehende Bedeutung der Unterscheidung zwischen Erziehungsmaßregeln und Zuchtmittel (die er allerdings in Ahndungsmittel umbenennen will), da diese eine Orientierungsfunktion hätten in der Entscheidung, ob eine längerfristige und intensive erzieherische Einwirkung oder eine punktuelle und appellhafte Sanktion notwendig sei.[528] Freilich löst gerade eine solche Orientierung an der Erziehungsbedürftigkeit wieder Probleme aus, die doch gerade vermieden werden sollten.

An die Stelle der erzieherischen Eignung, die nicht inhaltlich bestimmt und insbesondere individualisiert ausgerichtet werden kann und im Zusammenhang mit Weisungen Dauerkonflikte mit dem Vorrang der elterlichen Erziehung gemäß Art 6 I, II, 1 GG mit sich bringt, soll die Geeignetheit der Rechtsfolgen des JGG treten, die Verantwortlichkeit des Jugendlichen für eine Tat zu demonstrieren und hierbei der Tatschuld zu entsprechen. Die Rechtsfolgen können von daher in einem einheitlichen Katalog zusammengefasst werden, der Abstufungen entlang der Bedeutung der Tat in Form der Tatschwere und der Tatschuld ermöglicht.

11.3.4 Weiterentwicklung der Weisungen und Auflagen zu einem einheitlichen System nicht freiheitsentziehender Sanktionen

Der Katalog der Rechtsfolgen zerfällt sodann in Sanktionen nicht freiheitsentziehender Art einerseits und die Jugendstrafe andererseits. Die Sanktionen können als Aufgaben- und Beschränkungsstrafen bezeichnet werden, jedoch auch einfach als „Sanktionen ohne Freiheitsentzug". Sie enthalten Beschränkungen in Form der Aufsicht, der Teilnahme an Lern- oder Trainingsprogrammen oder des Abverlangens von Leistungen. Schon die Beratungsergebnisse des Deutschen Jugendgerichtstags von 1992 haben aus einer komparativen Perspektive auf eine alternative Entwicklungsmöglichkeit verwiesen, die tatsächlich geeignet ist, an die Stelle des alten Systems von Erziehungsmaßregeln und Zuchtmittel zu treten, nämlich die Möglichkeit, Verpflichtungen zu vereinbaren oder per Urteil aufzu-

527 Kremerskothen (Fn 526), S 212.
528 Dölling (Fn 398), S 189.

erlegen.[529] Mit dem Gedanken der Verpflichtungen wird es auch möglich, dass im Rahmen der Festlegung der Rechtsfolgen auf ein Angebot des Jugendlichen im Hinblick auf Leistungen etc eingegangen werden kann.

Durch die Einführung eines standardisierten Systems von Aufgaben- oder Kontraktstrafen sowie der Supervision kann einerseits dem offensichtlichen Bedarf an einem konsistenten und auf Gleichmäßigkeit und Transparenz angelegten System von Rechtsfolgen entgegengekommen werden, zum anderen lässt sich an das bestehende System der Erziehungsmaßregeln und Zuchtmittel, vor allem aber an die Jugendstrafrechtspraxis anknüpfen.

Den Kern der nicht freiheitsentziehenden Rechtsfolgen der Straftat eines Jugendlichen bilden die Teilnahme an einem Trainingskurs, die Unterstellung unter einen Betreuer, gemeinnützige Leistungen oder die Bezahlung eines Geldbetrags (bzw einer Geldstrafe). Sie können darüber hinaus die Anordnung enthalten, Wiedergutmachungsleistungen zu erbringen, an einem Täter-Opfer-Ausgleich oder an Lernkursen (beispw Verkehrsunterricht) teilzunehmen sowie die Weisung, bestimmte Orte oder Kontakte zu vermeiden.

In der inhaltlichen Gestaltung kann damit an die bisherige Praxis angeknüpft werden, denn dort zeigt sich die Dominanz von Arbeitsleistungen und der Geldauflage, die mutmaßlich durch das Motiv proportionaler und vergleichbarer Rechtsfolgenbestimmung bedingt ist.

Die Dauer der nicht freiheitsentziehenden Sanktionen, soweit sie in einer Unterstellung oder in der Teilnahme an einem sozialen Trainingsprogramm bestehen, wird auf drei Monate beschränkt. Ihr Inhalt ist im Hinblick auf Zeitaufwand und Anzahl der Kontakte, wenn auch nicht im Hinblick auf den jeweiligen Inhalt, festzulegen, damit eine Quelle von Ungleichmäßigkeit vermieden wird.

Gemeinnützige Leistungen sind zu begrenzen auf 120 Stunden, die Geldauflage auf 2500 Euro. Die Höhe der Geldauflage ist nach den wirtschaftlichen Verhältnissen des Jugendlichen und insbesondere auch danach anzuordnen und zu bemessen, ob eigene Einkünfte vorhanden sind. Besser wäre es allerdings auch hier – gegebenfalls parallel zu einer Geldauflage – ein Tagessatzsystem einführen, das auf 90 Tagessätze und einen Tagesatzrahmen von 2 bis 100 Euro beschränkt werden könnte. Die Einführung eines Tagessatzsystems im Jugendstrafrecht könnte auch beschränkt bleiben auf die Untergruppe der Heranwachsenden.

---

529 Beratungsergebnisse des 22. Deutschen Jugendgerichtstages, vgl DVJJ-Journal 1992, S 290.

Die Verwarnung soll ersatzlos entfallen, da ihr kein Anwendungsbereich mehr entspricht.

11.3.5 Abschaffung des Jugendarrests und Beibehaltung einer Erzwingungshaft

Das 1. JGG-Änderungsgesetz 1990 hat zwar die Reform des Jugendarrests aufgegriffen, ist aber Forderungen nach einer Abschaffung des umstrittenen Zuchtmittels nicht nachgekommen. Die vollständige Abschaffung des Jugendarrests wird von der DVJJ-Kommission zur Reform des Jugendstrafrechts bereits im Jahre 1992 gefordert.[530] Die Zweite Jugendstrafrechtsreformkommission hat demgegenüber vorgeschlagen, den Jugendarrest – lediglich in der Form des Dauerarrests – beizubehalten und den Dauerarrest auf ein bis zwei Wochen zu beschränken. Die Probleme des Arrests sind bekannt; sie entspringen einmal dem Problem der kurzen Freiheitsstrafe, die sich in spezialpräventiver Absicht auf eine Risikogruppe konzentriert, auch daraus, dass die Beibehaltung des Jugendarrests wohl wesentlich nicht inhaltlich begründet wird, sondern mit dem Motiv, eine Lücke zwischen nicht freiheitsentziehenden Sanktionen und der Jugendstrafe zu schließen und zu verhindern, dass vorschnell von längerer Jugendstrafe Gebrauch gemacht wird. Insoweit wäre es aber sicher sinnvoller, die nicht freiheitsentziehenden Sanktionen in einer Linie als intensive Überwachung und Betreuung auszubauen.

Ein einheitliches System der freiheitsentziehenden Sanktionen ist vorzuziehen. Der Freiheitsentzug sollte sich in einem neuen Jugendstrafrecht auf die Jugendstrafe beschränken. Unterhalb der Jugendstrafe ist kein Raum für eine Form von Freiheitsentzug, die für andere Zwecke gedacht war und neuen Zielsetzungen eben nicht ohne weiteres angepasst werden kann. Nur so erklärt sich wohl auch die Stellungnahme im Bericht der Zweiten Jugendstrafrechtsreformkommission, der Arrest solle pädagogisch ausgestaltet werden, ohne ihn selbst jedoch als pädagogisch zu preisen.[531]

Jedoch ist eine als Erzwingungsarrest oder Erzwingungshaft zu bezeichnende Haftform beizubehalten, um die Implementation der nicht freiheitsentziehenden Sanktionen sicherzustellen. Der so genannte Ungehorsamsarrest wird zwar recht selten vollstreckt. Hieraus kann jedoch nicht abgeleitet werden, dass ohne eine Erzwin-

---

[530] DVJJ-Kommission zur Reform des Jugendkriminalrechts, DVJJ-J 1992, S 4 ff, S 34; so auch der Vorschlag der Arbeiterwohlfahrt, vgl Frommel/Maelicke (Fn 5), S 28 ff.

[531] Zweite Jugendstrafrechtsreformkommission der DVJJ, S 19.

gungsmöglichkeit die Anwendung der nicht auf Freiheitsentzug beruhenden Sanktionen sichergestellt werden könnte. Im Zusammenhang mit gemeinnützigen Leistungen mag dies jedoch zu Problemen mit dem Verbot der Zwangsarbeit führen. Zwar hat das Bundesverfassungsgericht die jetzige Praxis, die gemeinnützige Leistungen auch unter Androhung von Ungehorsamsarrest erzwingt, als verfassungskonform beurteilt.[532] Doch ist die Argumentation nicht unwidersprochen geblieben. Freilich bestünde eine andere Lösung nur in dem Wiedereintritt in eine Strafzumessungsphase – wie in vielen ausländischen Systemen beobachtbar –, in der dann eben Freiheitsentzug auferlegt werden kann.

11.3.6 Die Jugendstrafe

11.3.6.1 Jugendstrafe für wen?

Im Zusammenhang mit der Verhängung der Jugendstrafe ist der Frage große Aufmerksamkeit zuteil geworden, ob die Verhängung für bestimmte Untergruppen Jugendlicher und/oder auf bestimmte Straftaten beschränkt werden soll. Die Zweite Jugendstrafrechtsreformkommission der DVJJ schlägt beispw eine Jugendstrafe vor, die für 14 und 15 Jahre alte Straftäter beschränkt wird auf vorsätzliche Straftaten gegen das Leben und andere schwerste Gewaltverbrechen sowie für die 16 und 17 Jahre alten Straftäter und auf solche Angeklagte, die wiederholt wegen anderer schwerer Straftaten verurteilt wurden und bei denen andere Maßnahmen sich bisher als erfolglos erwiesen haben und auch künftig zur Verhinderung vergleichbarer Straftaten nicht ausreichen. Damit wird die Jugendstrafe, außerhalb der Ahndung von Tötungsdelikten, in die Nähe der Sicherungsverwahrung gerückt. Denn ganz offensichtlich ergeben sich strukturelle Parallelen insoweit als erhebliche Vortaten (und Verurteilungen wegen solcher Vortaten) sowie eine Gefährlichkeitsprognose und ferner ein Sicherungsbedürfnis, das nur durch physische Exklusion befriedigt werden kann, verlangt werden. Insoweit macht der Vorschlag sowohl in der Begründung als auch in den Normen selbst klar, dass die Jugendstrafe

1. unter erzieherischen oder spezialpräventiven Gesichtspunkten als kontraproduktiv betrachtet wird und
2. eine Verhängung der Jugendstrafe lediglich aus Schuldschwere und Sicherungsbedürfnissen heraus erfolgen darf.[533]

---

[532] BVerfGE NStZ 1987, S 502.
[533] Jugendstrafrechtsreformkommission der DVJJ (Fn 12), S 20f.

Der vollständige Ausschluss der 14- bis 15-Jährigen aus dem Geltungsbereich der Jugendstrafe wurde noch unter dem Gesichtspunkt der Einführung einer Strafmündigkeitsgrenze von 16 Jahren und der besonderen Verletzlichkeit dieser Altersgruppe durch die Haft in den siebziger und achtziger Jahren – vor allem auch unter dem Eindruck der Untersuchungen von P. A. Albrecht und Schüler-Springorum zur Situation von 14- und 15-Jährigen in der Haft[534] – gefordert.[535] Anlässlich des 22. Deutsche Jugendgerichtstags von 1992 trat die Unterkommission I (Entkriminalisierung) für eine Strafmündigkeitsgrenze von 16 Jahren ein, womit die Verhängung von Jugendstrafe und Jugendarrest, also alle freiheitsentziehenden Sanktionen für unter 16-Jährige generell ausgeschlossen werden sollte.[536] Jedoch haben sich offensichtlich in der letzten Dekade Veränderungen ergeben, die eine generelle Heraufsetzung heute nicht mehr so viele Befürworter finden lassen wie zuvor. So ist beispw Schaffstein unter dem Eindruck allerdings dreier spektakulärer Tötungsdelikte durch 14- und 15-Jährige von dem Vorschlag einer generellen Heraufsetzung der Altersgrenze schon Anfang der neunziger Jahre abgerückt, mit dem Ratschlag, jedenfalls für Tötungsdelikte und andere schwere Gewaltverbrechen auch für diese Altersgruppe Jugendstrafe zuzulassen.[537] Der 25. Deutsche Jugendgerichtstag hat sich wiederum wohl eher dafür ausgesprochen, für 14- und 15-Jährige allein Unterbringung in sicheren Einrichtungen der Jugendhilfe vorzusehen.[538]

Die Vorschläge schwanken somit zwischen Schuld- und Tatschwere, Sicherungsinteresse, den Forderungen der Öffentlichkeit und dem Bestreben, die schädlichen Folgen der Jugendstrafe zu vermeiden.

Jedoch sollte Jugendstrafe grundsätzlich bei allen Jugendlichen und Heranwachsenden zugelassen werden.

11.3.6.2 Die Dauer der Jugendstrafe

Gegenwärtig liegt das Höchstmaß der Jugendstrafe für 14 bis 17 Jahre alte Straftäter bei 5 Jahren, unter den Bedingungen des § 17 JGG wird die Strafandrohung auf 10 Jahre erweitert. Für Heran-

---

534 Albrecht/Schüler-Springorum (Hrsg), Jugendstrafe an Vierzehn- und Fünfzehnjährigen 1983.

535 So beispw von Frehsee (Fn 60), S 395.

536 DVJJ (Hrsg), Jugend im sozialen Rechtsstaat. Für ein neues Jugendgerichtsgesetz 1996, S 219.

537 Schaffstein (Fn 320), S 373 f, mit Verweis auf offensichtlich fehlende erzieherische Wirksamkeit der Jugendstrafen, aber mit Blick auf die „gerechte und angemessene Reaktion", vor allem aus der Perspektive der Opfer.

538 Thesen des 25. Deutschen Jugendgerichtstags, Forum 3, These 8, DVJJ-Journal 2001, S 343.

wachsende gilt, soweit sie nach § 105 JGG unter das Jugendstrafrecht fallen, immer eine Obergrenze von 10 Jahren. Andererseits kann die Dauer der Freiheitsstrafe für Heranwachsende, die nach allgemeinem Strafrecht abgeurteilt werden, auf 15 Jahre begrenzt werden. Die zur Dauer der Jugendstrafe vorliegenden Vorschläge beinhalten Reduzierungen wie Erweiterungen. Die Reduzierung wird vorgeschlagen in dem Zwischenbericht der Zweiten Jugendstrafrechtsreformkommission, die eine verbindliche Obergrenze von 5 Jahren setzen will.[539] Die Jugendstrafe sollte nur bei schweren Gewalttaten verhängt, und ihre Dauer auf max 5 Jahre reduziert werden,[540] was auch einigen ausländischen Modellen in Europa entsprechen würde. Die Erweiterung findet sich als Vorschlag in der Ausdehnung der Jugendstrafe auf einen Bereich von bis zu 15 Jahren für Heranwachsende. Vorschläge der DVJJ-Reformkommission aus dem Jahre 1992 treten für eine Obergrenze für Jugendliche von 2 Jahren und für Heranwachsende von 5 Jahre ein, wobei es jedoch bei Kapitaldelikten (§ 74 Abs 2 GVG) bei einer Höchststrafe von 10 Jahren bleiben soll. Die Untergrenze soll nach diesen Vorstellungen auf eine Mindestdauer von 3 Monaten festgesetzt werden. Ferner wird die Einführung einer § 47 StGB entsprechenden Regelung im JGG empfohlen, um einer bei Abschaffung des Jugendarrests denkbaren „Flucht" in die kurze Freiheitsstrafe vorzubeugen.[541]

Was die Höchstdauer der Jugendstrafe für Heranwachsende betrifft, so scheint jedenfalls die Praxis keinen Bedarf an einer über 10 Jahre hinausreichenden Jugendstrafe zum Ausdruck zu bringen.[542] In der Strafvollzugsstatistik ist für die Jahre 1995 bis 2000 jedenfalls für Heranwachsende kein Gefangener gezählt worden, der eine Strafe von mehr als 10 Jahren verbüßen würde.[543] Desgleichen waren 14- und 15-Jährige nicht festzustellen, die Jugendstrafe von mehr als 5 Jahren verbüßten. Zwischen 1998 und 2000 wurden dagegen 11 16- und 17-Jährige gezählt, an denen Jugendstrafe zwischen 5 und 10 Jahre vollzogen wurde. Gestützt wird diese Sichtweise auch durch die Untersuchungen von Schulz,[544] der bei Einbeziehung aller auf Jugendstrafen von 10 Jahren lautenden Urteile zwischen 1986 und 1995 nur zwei Urteile fand, in dem die durch den BGH grundsätz-

---

[539] Jugendstrafrechtsreformkommission (Fn 12).

[540] Frommel/Maelicke (Fn 5), S 33.

[541] DVJJ-Kommission zur Reform des Jugendkriminalrechts DVJJ-Journal 1992, S 4ff, S 35; Vorschläge für eine 4-Jahresobergrenze und 8 Jahre bei Straftaten mit einer Erwachsenenstrafandrohung von mehr als 10 Jahren finden sich in den Beratungsergebnissen des 22. Deutschen Jugendgerichtstages vgl DVJJ-Journal 1992, S 290.

[542] Kerner/Sonnen, DVJJ-Journal 1997, S 339ff.

[543] Statistisches Bundesamt Reihe 4.4, 1998, 1999, 2000, jeweils S 10f.

[544] Schulz, MschrKrim 2001, S 320.

lich offen gehaltene Möglichkeit, durch Nichteinbeziehung rechtskräftiger Urteile die Obergrenze der Jugendstrafe zu überschreiten,[545] genutzt worden ist (obschon dies in einer erheblichen Zahl von Fällen möglich gewesen wäre). Zu Recht wird dies im Zusammenhang mit anderen Anhaltspunkten als Indiz dafür interpretiert, dass offensichtlich kein dringendes Bedürfnis der Jugendstrafrechtspraxis zu sehen ist, die Strafrahmen über die 10-Jahresgrenze hinaus zu öffnen.[546]

Insoweit wird vorgeschlagen, die Obergrenze für Jugendliche bei 5 Jahren zu belassen und eine Untergrenze von drei Monaten vorzusehen. Die jugendrichterliche Praxis zeigt im Übrigen eine gewisse Konzentration von Jugendstrafen bei dem Strafmaß von 6 Monaten, was uU Bedarf auch für eine Unterschreitung der Mindeststrafe von 6 Monaten andeuten kann. Während die historische Festsetzung der Mindeststrafe von der Erwartung auf eine Gesamterziehung geprägt war, ist das heutige Festhalten an der 6 Monatsgrenze im Wesentlichen durch die Angst motiviert, Richter könnten sich veranlasst sehen, bei einer Absenkung der Mindeststrafe mehr Angeklagte als zuvor zu freiheitsentziehenden Sanktionen zu verurteilen. Diese Angst kann zwar erklärt werden – sie geht zurück auf den Generalverdacht des net widening – sie ist aber – soweit ersichtlich – unbegründet. Mit dieser Veränderung der Mindeststrafe würde das deutsche Jugendstrafrecht auch wieder stärker an die allgemeinen europäischen Standards herangeführt, die tendenziell nicht in der Kürze des Freiheitsentzugs, sondern im langen Freiheitsentzug das Problem sehen.

Die Höchstdauer für Heranwachsende ist auf 10 Jahre anzusetzen, für sie gilt dasselbe Minimum wie für Jugendliche. Auch für Heranwachsende zeigt sich offensichtlich in der Praxis kein Bedarf an einem höheren Strafrahmen, denn grundsätzlich vorhandene Umwege und Wege zu längeren Freiheitsstrafen oder gar der lebenslangen Freiheitsstrafe werden nicht bzw kaum genutzt. Wenn – wie weiter oben berichtet – über einen Zeitraum von 30 Jahren nur etwas mehr als 10 Heranwachsende gezählt werden, deren Verbüßungszeit über 10 Jahren liegt, dann handelt es sich um solche extremen Ausnahmefälle, die durch einen wie vorgeschlagen abgesteckten Strafrahmen nicht erfasst werden müssen.

11.3.6.3 Keine Jugendstrafe wegen schädlicher Neigungen

Die Jugendstrafe, die bislang wegen schädlicher Neigungen verhängt wird, muss freilich bei einem allein auf Tatschuld beruhenden

---

[545] BGH NStZ 1989, S 574; ablehnend Ostendorf, JGG, Anm 15 zu § 31.
[546] Schulz (Fn 544) S 320.

Modell entfallen. Sie wird seit langer Zeit kritisiert und ihre Abschaffung wird ebenso lange gefordert.[547] Schlüchter hat beispw dafür plädiert, die Jugendstrafe nur noch wegen „Schwere der Schuld" zuzulassen, will allerdings stationäre Maßnahmen im Rahmen „anleitender Erziehung" an die Stelle der bisherigen Jugendstrafe wegen schädlicher Neigungen treten lassen.[548] Die Vorschläge der Arbeiterwohlfahrt 1993 beinhalten ebenfalls eine Abschaffung der Jugendstrafe wegen schädlicher Neigungen und treten für die Verhängung von Jugendstrafe, die sich in erster Linie an der Schwere des zurechenbaren Unrechts orientiert, ein.[549] In dieselbe Richtung gehen die Thesen des 25. Deutschen Jugendgerichtstags, die richtig annehmen, dass sich Freiheitsentzug mit Strafcharakter allein mit der Schwere der Schuld legitmieren lasse.[550] Freilich erheben sich auch Stimmen, die für die Beibehaltung plädieren. So findet Dölling, dass nach wie vor die Jugendstrafe wegen schädlicher Neigungen Anwendungsbereiche habe. Dafür bezieht er sich freilich offensichtlich gerade solche Bereiche, die besonders problematisch erscheinen und Kritik hervorgerufen haben. Denn er will die Jugendstrafe wegen schädlicher Neigungen bei Mehrfachtätern verhängt sehen, bei denen die Schwere der Schuld nicht unbedingt die Jugendstrafe gebiete bzw bei deren Anwendung die Konturen der Schuldstrafe verschwimmen würden, bei denen andererseits aber durch Jugendarrest und Heimunterbringung eine geeignete erzieherische Antwort nicht ermöglicht werde. In solchen Fällen ist es aber gerade die Anwendung von Jugendstrafe, die durch die Schwere der Tat nicht getragen wird, die Kritik hervorruft. Eine reine Änderung des Etiketts, nämlich Jugendstrafe wegen schädlicher Neigungen umzubenennen in einen weniger stigmatisierenden Begriff,[551] dürfte ebenso wenig Konsequenzen haben, wie der reine Begriff der schädlichen Neigungen wiederum zur Stigmatisierung geeignet war und ist. Dies spricht für die Forderung, die Jugendstrafe wegen „schädlichen Neigungen" ersatzlos zu streichen. Ferner sollte festgesetzt werden, dass die im Erwachsenenstrafrecht gesetzten Obergrenzen des Strafmaßes auch im Jugendstrafrecht nicht überschritten werden dürfen. Entfällt nämlich die erzieherische Zweckbestimmung der Jugendstrafe, so ist unter Schuldgesichtspunkten grundsätzlich eine Privilegierung Ju-

---

[547] Trenczek, DVJJ-J 1990, Nr 132, S 58f; Thesen des 24. Deutschen Jugendgerichtstages DVJJ-Journal 1998, S 295ff, S 297.

[548] Schlüchter (Fn 279), S 139.

[549] Frommel/Maelicke (Fn 5), S 28ff.

[550] Thesen des 25. Deutschen Jugendgerichtstags, Forum 3, These 8, DVJJ-Journal 2001, S 343, vgl auch schon DVJJ-Kommission zur Reform des Jugendkriminalrechts DVJJ-J 1992, S 4ff, S 34.

[551] Dölling (Fn 398), S 193.

gendlicher gegenüber den Erwachsenen angezeigt, wie dies die ursprünglich mit dem JGG 1923 verfolgte Absicht war.[552]

11.3.7 Aussetzung der (Verhängung einer) Jugendstrafe zur Bewährung

Die Jugendstrafe kann derzeit (übersteigt sie nicht 2 Jahre) unter den Voraussetzungen des § 21 I bzw II JGG zur Bewährung ausgesetzt werden. Die Praxis nutzt die Strafaussetzung zur Bewährung bei positiver Beurteilung der Folgen in erheblichem Umfang, wobei die Anwendungshäufigkeit – wie weiter oben beschrieben – die normativen Unterschiede zwischen Absatz 1 und Absatz 2 (Vollstreckung ist geboten) des § 21 JGG widerspiegeln. Möglich ist dann die Aussetzung eines Strafrestes zur Bewährung (§§ 88, 89 JGG), wenn ein Drittel der Jugendstrafe verbüßt ist. Die Voraussetzung der Strafaussetzung zur Bewährung sind im Vergleich zum Erwachsenenstrafrecht erleichtert. So sind generalpräventive Erwägungen nicht zugelassen. Schließlich kann der Jugendrichter, vermag er nicht sicher die schädlichen Neigungen festzustellen, die Verhängung einer Jugendstrafe zur Bewährung aussetzen (§ 27 JGG). In der Praxis hat sich (außerhalb des Gesetzes) die sogenannte „Vorbewährung" entwickelt. Sie beruht auf der Regelung des § 57 JGG, nach der (Absatz 2) eine Strafaussetzung zur Bewährung, die im Urteil abgelehnt wurde, nachträglich angeordnet werden kann, dann nämlich, wenn sich zwischen Urteil und der Vollstreckung der Jugendstrafe Veränderungen nachweisen lassen. Insoweit hat die Praxis teilweise eine Vorbewährung entwickelt, mit der einerseits zwar eine Jugendstrafe ausgesprochen, andererseits aber mit der Anordnung der Vollstreckung der Jugendstrafe eine Zeitlang zugewartet wird (bis zu 4–5 Monate). Diese Zeit wird wie eine Strafaussetzung zur Bewährung ausgestaltet. Verhält sich der Verurteilte entsprechend den Weisungen des Jugendrichters, dann kann behauptet werden, dass nunmehr eine neue Sachlage eingetreten ist. Der Verurteilte hat nachgewiesen, dass er sich bewähren kann. Der Jugendrichter kann nunmehr gem § 57 JGG nachträglich und durch Beschluss die Strafaussetzung zur Bewährung anordnen.

Die Aussetzung der Jugendstrafe auf Bewährung wurde behutsam erweitert. § 21 II JGG hat das Regel-Ausnahme-Verhältnis im 1. Jugendgerichtsänderungsgesetz 1990 umgekehrt und die Aussetzung einer Jugendstrafe bis zu zwei Jahren vorgeschrieben, es sei denn, die

552 Begemann, DVJJ-Journal 1991, S 278ff.

Vollstreckung sei im Hinblick auf die Entwicklung des Jugendlichen geboten.

Vorschläge zur Aussetzung einer Jugendstrafe zur Bewährung betreffen einmal Erleichterungen in der Aussetzung der Jugendstrafe im Rahmen des geltenden § 21 JGG in Form von Veränderungen in den Anforderungen an die Prognose (so beispw durch die Einführung einer Negativprognose (Umkehrung des Regel-Ausnahme-Verhältnisses) bei einer Verurteilung von bis zu 2 Jahren Jugendstrafe, um die Aussetzung auf Bewährung auszuweiten[553] oder die Streichung der Prüfung des „Gebotenseins der Vollstreckung der Jugendstrafe“ in § 21 II JGG.[554] Im Übrigen wird in Anlehnung an entsprechende Erörterungen für das Erwachsenenstrafrecht[555] die Ausdehnung der zur Bewährung aussetzbaren Strafen auf Jugendstrafen bis zu drei Jahren diskutiert. Auch eine Jugendstrafe von mehr als 2 Jahren soll bei günstiger Sozialprognose ausgesetzt werden können,[556] wobei teilweise auch die Einführung einer teilbedingten Jugendstrafe nach österreichischen oder anderen europäischen Vorbildern erwogen wird. Der zu vollstreckende Teil darf nicht mehr als ein Drittel der Jugendstrafe betragen.[557] Gerade der Vorschlag der Ermöglichung einer Teilaussetzung der Strafe ist gut begründet, erlaubt die Teilaussetzung doch einen Übergang zwischen vollständig zur Bewährung und unbedingter Strafe, der ansonsten durch zusätzliche Auflagen und Weisungen nur unzureichend gestaltet werden kann. Freilich handelte es sich hier um eine Fragestellung, die für Erwachsenen- und Jugendstrafrecht einheitlich gelöst werden sollte.

Die Frage der Ausgestaltung der Aussetzung der Jugendstrafe zur Bewährung führt wieder in das Problem der Handhabung von Individualprognosen. Dies hat zu Vorschlägen Anlass gegeben, die Strafaussetzung nurmehr an Kriterien wie Tatschwere oder Vorstrafenbelastung anzubinden.[558] Die letztere Auffassung hat den Vorzug, dass die nicht lösbaren Probleme, die eine Individualprognose mit

---

[553] DVJJ-Kommission zur Reform des Jugendkriminalrechts DVJJ-Journal 1992, S 4 ff, S 35.

[554] Dölling (Fn 398), S 193; diese Anregung ist gut begründet, kann doch angesichts der Folgen der Jugendstrafe deren Vollstreckung – jedenfalls aus spezialpräventiver Sicht – nie geboten sein.

[555] Vgl beispw den Vorschlag im SPD-Entwurf eines Gesetzes zur Reform des strafrechtlichen Sanktionensystems, BT-Drs 13/4462.

[556] So auch der Vorschlag der Zweiten Jugendstrafrechtsreformkommission der DVJJ, S 22, bei Reduzierung der Bewährungszeit, Unterstellung unter einen Bewährungshelfer für die gesamte Bewährungszeit sowie deutlicher Senkung der Probandenzahl pro Bewährungshelfer.

[557] DVJJ-Kommission zur Reform des Jugendkriminalrechts DVJJ-Journal 1992, S 4 ff, S 36.

[558] Frommel/Maelicke (Fn 5) S 28 ff.

sich bringt, entfallen würden, und dass ein größeres Maß an Vorhersehbarkeit entsteht. Tatsächlich ist die praktische Aussetzungsentscheidung wohl schon heute an solchen Kriterien orientiert, wenn Befunde zum Erwachsenenstrafrecht herangezogen werden.[559] Allerdings würde eine solche Lösung einen vollständigen Bruch mit dem Gesamtsystem der Entscheidung über Alternativen zur Freiheitsstrafe wie zur Strafaussetzung zur Bewährung mit sich bringen, so dass auch diese Fragestellung in eine Gesamtreform des Sanktionensystems verlagert werden sollte.

Für eine an die Feststellung des Vorliegens „schädlicher Neigungen" gebundene Aussetzung der Entscheidung über die Bewährung gemäß § 27 JGG gibt es freilich keinen Bedarf mehr.[560]

Insoweit scheint es sinnvoll, die derzeitigen Voraussetzungen der Jugendstrafe zur Bewährung beizubehalten und einheitliche Voraussetzungen für die Strafaussetzung der Jugendstrafe bis zu zwei Jahren festzulegen. Dies hätte zur Folge, dass § 21 II JGG entfallen könnte und dass in Absatz 1 „Jugendstrafe von nicht mehr als einem Jahr" zu „Jugendstrafe von nicht mehr als zwei Jahren" abgeändert würde.

Die Frage einer gesetzlichen Regelung der Vorbewährung[561] ist abhängig davon, ob es eine praktische Notwendigkeit für ein solches Institut gibt. Die Probleme der Individualprognose lösen sich allerdings nicht innerhalb weniger Monate. Zudem hat dies eine deutliche Verlängerung der Zeit bis zur endgültigen Entscheidung über die Sanktion zur Folge. Deshalb bietet sich eine gesetzliche Regelung wohl nicht an.

Auch hinsichtlich der Strafrestaussetzung gemäß § 88 JGG liegen Reformerwartungen im Zusammenhang mit Mindestverbüßungszeit sowie Prognoseerfordernissen vor. So wird beispw die Abschaffung des § 88 II JGG empfohlen neben der Regelaussetzung nach Verbüßung der Hälfte der Jugendstrafe ohne Sozialprognose.[562] Auch für diese Bereiche gilt ebenso wie für Vorschläge, den Widerruf der Strafaussetzung nicht an die Begehung einer neuen Straftat, sondern an die Verurteilung wegen einer Tat anzuknüpfen, die der Proband während der Bewährungszeit begangen hat,[563] die Abstimmung mit dem Erwachsenenstrafrecht. Gerade das mit der Frage des Abstellens auf eine Verurteilung im Zusammenhang mit dem Widerruf verweist

---

559 Albrecht, H.-J., Strafzumessung bei schwerer Kriminalität, 1994.

560 Vgl auch DVJJ-Kommission zur Reform des Jugendkriminalrechts, DVJJ-Journal 1992, S 4 ff, S 37.

561 Zustimmend Dölling (Fn 398), S 194.

562 Frommel/Maelicke (Fn 5), S 28 ff.

563 DVJJ-Kommission zur Reform des Jugendkriminalrechts, DVJJ-J 1992, S 4 ff, S 36; so auch Frommel/Maelicke (Fn 5) S 28 ff.

auf die Unschuldsvermutung und damit ein allgemeines Prinzip, das gleichermaßen für Erwachsenen- und Jugendstrafrecht einheitlich geregelt werden muss und nicht abweichend im Jugendstrafrecht geregelt werden darf.

Insoweit sind die Regelungen zur Aussetzung der Jugendstrafe zur Bewährung mit wenigen Modifikationen beizubehalten.

12. Fragen der Strafvollstreckung und des Vollzugs

Die Veränderung der Zielsetzung eines neuen Jugendstrafrechts muss auch Konsequenzen für die Regelung der Vollstreckungszuständigkeiten haben. Die besonderen exekutiven Funktionen des Jugendrichters im Zusammenhang mit der Vollstreckung von Urteilen des Jugendgerichts begründen sich ebenfalls allein mit erzieherischen Gesichtspunkten. Insoweit empfehlen sich aber eine Angleichung der Vollstreckung und des Vollzugs an das Erwachsenenstrafrecht und damit die Übertragung der Vollstreckungsfunktionen an die Jugendstaatsanwaltschaft sowie die Regelung des Vollzugs der Jugendstrafe und des Jugendarrests in eigenständigen Gesetzen, in denen dann die richterliche Kontrolle ebenfalls entlang der bewährten Grundsätze des Erwachsenenstrafvollzugsrechts geordnet werden könnte. Damit wäre auch eine Verlagerung insbesondere der §§ 91f sowie 114f JGG in ein Jugendstrafvollzugsgesetz verbunden.[564]

---

[564] Dölling 2001, 194f.

13. Zum Rechtsmittelsystem

Im Jugendgerichtsgesetz finden sich mehrere Ansätze, die Beschränkungen der Rechtsmittel mit sich bringen. Sie sind ganz wesentlich mit dem Erziehungsgrundsatz und der erzieherischen Einwirkung begründet[565] und sollen auch Ausdruck eines jugendstrafrechtsspezifischen Beschleunigungsprinzips sein. Hierbei geht es um Beschränkungen der Beschwerde (§ 59 II, Satz 2 JGG), um die Beschränkung der Rechtsmittel in sachlicher (§ 55 I JGG) und in instanzieller (§ 55 II JGG) Hinsicht.

Gefordert wird die Gleichstellung der Jugendlichen mit den Erwachsenen im Hinblick auf die Rechtsmittelausgestaltung; insbesondere wird aber gefordert, § 55 Abs 1 JGG ersatzlos zu streichen.[566] Vorgeschlagen wird auch, den Arrest aus der Beschränkung des § 55 I, 1 JGG wegen der besonderen Eingriffsintensität herauszunehmen.[567]

Die rechtspolitische Einschätzung der Bedeutung des so genannten Einheitsrechtsmittels differiert. Die Differenzen hängen auch davon ab, ob ein einheitliches Rechtsmittelsystem angestrebt wird.[568]

Grundsätzlich werden im Jugendstrafverfahren weniger Rechtsmittel eingelegt als im Erwachsenenstrafverfahren (25 vs 33%).[569] Dies mag damit zusammenhängen, dass weniger jugendliche Angeklagte durch einen Strafverteidiger vertreten sind (45 vs 56%), und dass sich das Geständnisverhalten ebenfalls drastisch unterscheidet (91% geständige Angeklagte im Jugendstrafverfahren vs 67% im Erwachsenenstrafverfahren).[570]

Insgesamt gesehen ergeben die neueren Forschungen zu den Auswirkungen möglicher Reformen im Rechtsmittelrecht allgemein

---

565 Zusammenfassend Schaumann, Die Rechtsmittelbeschränkung des § 55 JGG 2001, S 194.

566 DVJJ-Kommission zur Reform des Jugendkriminalrechts, DVJJ-J 1992, S 4ff, S 24; sowie Ergebnisse des 22. Deutschen Jugendgerichtstags, DVJJ-Journal 1992, S 271ff, S 287.

567 Schaumann (Fn 565), S 198.

568 Vgl einerseits Ostendorf, Kommentar JGG Grdl zu §§ 55, 56 sowie Böhm, Einführung in das Jugendstrafrecht 1996, S 94, wo ein einheitliches und vereinfachtes Rechtsmittelsystem vorgeschlagen wird; andererseits Bedenken bei Eisenberg, JGG Rdnr 37 zu § 55.

569 Becker/Kinzig, Rechtsmittel im Strafrecht 2000 Bd 2, S 166.

570 Becker/Kinzig (Fn 569), S 167f.

(freilich auch unter Einbeziehung des Einheitsrechtsmittels im Jugendstrafverfahren) ein Bild, wonach offensichtlich die vielfach genannten Gründe der Beschränkung der Rechtsmittel keine große Rolle spielen können. Denn die wesentlichen Voraussetzungen dafür, dass keine Rechtsmittel eingelegt werden, sind (nicht nur im Jugendstrafverfahren) Konsens und Geständnis. Sodann steht im Vordergrund die Berufung, die freilich ebenfalls relativ selten eingelegt wird. Die Revision dagegen spielt kaum eine Rolle und ist insbesondere (im Vergleich zur Berufung) kaum erfolgreich. Insoweit würden sich aller Voraussicht nach durch die Angleichung an das System der Rechtsmittel im Erwachsenenprozessrecht keine praktischen Auswirkungen ergeben. Der Schwerpunkt läge nach wie vor auf der Berufung. Deshalb ergibt sich jedenfalls kein dringender Reformbedarf. Eine Angleichung an das Erwachsenenrecht ist gleichwohl zu überlegen, zwar nicht mit der Zielsetzung praktischer Auswirkungen der Rechtsmittel auf das Verfahren, jedoch mit der Folge der Entlastung von Begründungen, die schon zu Beginn der Einführung der Regeln nicht valide waren.

14. Thesen

A. Bestandsaufnahme

I. Zur Entwicklung und Bedeutung von Kinder- und Jugendkriminalität

1. Die Kinder- und Jugendkriminalität lässt in den neunziger Jahren einen starken Anstieg der polizeilich registrierten Belastung erkennen; dieser Anstieg ist besonders deutlich im Bereich der Raub- und Körperverletzungsdelikte. Dabei handelt es sich ganz überwiegend um Straßenkriminalität unter Gleichaltrigen.
2. Jedoch bestimmen strukturell gerade bei Kinderkriminalität nach wie vor einfache Eigentumsdelikte das Gesamtgeschehen.
3. Schwere Formen der Kinder- und Jugendkriminalität, so insb Tötungsdelikte, sind selten und über die letzten Jahrzehnte stabil.
4. Nach allen verfügbaren Quellen wird der Anstieg der Kinder- und Jugendkriminalität freilich relativiert.
5. Die Relativierung folgt für Kinderkriminalität insbesondere aus dem Befund, dass es sich auch bei abstrakter Schwere der verwirklichten Gewalttatbestände regelmäßig um konkret wenig ernsthafte Delikte handelt.
6. Die Relativierung folgt dann aus Hinweisen, dass für den Anstieg der Kinder- und Jugendkriminalität wesentlich auch Veränderungen in Anzeigemustern beitragen.
7. Schließlich ist Kinder- und Jugendkriminalität überwiegend Kriminalität unter Gleichaltrigen und ferner überlappen sich zu einem guten Teil die Opfer- und Täterrolle.
8. Besondere Bedeutung kommt dem Phänomen der Hassgewalt zu, deren Bedeutung jedoch nicht in ihrem Gewicht für Jugendgewalt insgesamt liegt, sondern in der sozialen Sensibilität für diese Formen der Gewalt.
9. Die Struktur der jungen Tatverdächtigen hat sich auch durch massive Prozesse der Immigration verändert. Freilich spielen in der Erklärung der Kriminalität junger Immigranten im Wesentlichen die Faktoren eine Rolle, die auch für die Jugendkriminalität insgesamt als aussagekräftig herangezogen werden.

II. Kriminelle Karrieren

1. Die Kriminalitätsbelastung steigt in jungen Jahren bis etwa zum Alter von 17/18 Jahren stark an, um ab dem 3. Lebensjahrzehnt ebenso stark zurückzugehen.
2. Straffälligkeit in jungen Lebensjahren ist weit verbreitet, jedenfalls was leichte Delikte betrifft; es handelt sich ganz überwiegend um Einmal- oder gelegentliche Kriminalität, was auch in dem Rückgang der Kriminalitätsbelastung fortgeschrittener Altersgruppen erkennbar wird.
3. Dem unter 1. angesprochenen Alterskurvenverlauf passt sich eine Gruppe nicht an, deren kriminelle Auffälligkeiten auch über das Jugendalter hinaus stabil bleibt (kriminelle Karriere). Diese Gruppe ist klein (ca 3–5% einer Geburtskohorte), auf sie lässt sich aber ein größerer Teil der für eine Geburtskohorte insgesamt festgestellten Kriminalität zurückführen.
4. Längsschnittuntersuchungen können zwar nachweisen, dass sich in der Gruppe der Karrieristen früh auftretende Verhaltensprobleme und Auffälligkeiten häufen. Diese Erkenntnisse lassen sich aber weder für treffsichere Prognosen noch für sinnvolle strafrechtsgestützte Interventionen nutzen.
5. Aus Untersuchungen weiss man, dass der Ausstieg aus kriminellen Karrieren sehr facettenreich ist; wesentliche Lebensereignisse, die mit einem Ausstieg jedenfalls assoziiert sind, beziehen sich auf das Eingehen fester Bindungen und die Integration in die Berufs- und Arbeitswelt.
6. Jugendrechtliche Maßnahmen und strafrechtliche Sanktionen spielen für den Abbruch krimineller Karrieren jedenfalls keine bedeutsame Rolle.
7. Jedoch hat die Forschung nachweisen können, dass Sanktionen in der Einstiegsphase und für die Stabilisierung von chronischer Deliktsentwicklung eine verstärkende Funktion wahrnehmen.

III. Zur Entwicklung der Jugendstrafrechtspraxis

1. Die Durchführung von Ermittlungen und Strafverfahren gegen Jugendliche ist (im Vergleich zu Erwachsenen) grundsätzlich gekennzeichnet durch größere Geständnisbereitschaft von Jugendlichen, die geringere Beiziehung von Strafverteidigern sowie durch wenig Komplexität in den Delikten.
2. Die Einstellung des Strafverfahrens (Diversion) hat in der jugendkriminalrechtlichen Praxis eine herausragende Bedeutung erlangt.

3. Eine strukturell erhebliche Bedeutung kommen den Geldauflagen, den gemeinnützigen Leistungen sowie dem Jugendarrest zu.
4. Die Jugendstrafe und gerade die lange Jugendstrafe von mehr als 5 Jahren, spielt vor allem bei den jüngeren Altersgruppen keine Rolle mehr.
5. Auch für Heranwachsende, ob nach Erwachsenenstrafrecht oder nach Jugendstrafrecht verurteilt, wird offensichtlich nur in extremen Ausnahmefällen langer Freiheitsentzug verhängt.
6. Obwohl dem Täter-Opfer-Ausgleich große Aufmerksamkeit und eine positive Bewertung zuteil wird, ist seine Anwendung wohl weithin auf den Zusammenhang mit der Einstellung des Jugendstrafverfahrens beschränkt.
7. Eine nur mehr sehr geringfügige Bedeutung kommt den jugendhilferechtlichen Ansätze nach § 12 JGG zu (Heimerziehung, Erziehungsbeistandschaft).
8. Heranwachsende werden im Falle des Vorwurfs schwerer Straftaten fast ausnahmslos als Jugendliche nach materiellem Jugendstrafrecht behandelt. Eine größere Bedeutung des Erwachsenenstrafrechts findet sich bei leichteren Delikten, insbesondere im Bereich der Verkehrskriminalität.
9. Die Jugendstrafrechtspraxis ist einerseits durch teilweise erhebliche Unterschiede im Vergleich zur Erwachsenenstrafrechtspraxis gekennzeichnet, andererseits fallen Gleichförmigkeiten auf.
10. Die Untersuchungshaftpraxis zeigt eine größere Bedeutung der Untersuchungshaft bei Jugendlichen im Vergleich zu Erwachsenen. Dies mag mit apokryphen Haftgründen zu tun haben, freilich auch mit Unterschieden in der Beiziehung von Strafverteidigung.
11. Die Unterschiede finden sich insbesondere in partiell härterer Sanktionierung, die sich jedoch nicht nur auf die Handhabung der freiheitsentziehenden Sanktionen bezieht.
12. Auch im Vergleich der Einstellungsmodalitäten sind bedeutsame Unterschiede sichtbar, bei sehr viel ausgeprägterem Gebrauch der folgenlosen Einstellung im Erwachsenenstrafverfahren.
13. Andererseits gilt auch für die Praxis des Jugendstrafverfahrens eine Bedeutungsverschiebung von der Erledigung in der Hauptverhandlung hin zur Erledigung durch Einstellung.
14. Die Strafzumessungsentscheidung ist derjenigen des Erwachsenenstrafrechts vergleichbar. Dies ergibt sich aus der starken Berücksichtigung von Tatfaktoren ebenso wie aus der im Längsschnitt beobachtbaren Zunahme der Sanktionsintensität entlang Tatschwere und Vorstrafenbelastung.
15. Jedoch ergeben sich auch Hinweise für die schärfere Sanktionierung von jugendlichen Straffälligen, bei denen sich soziale und

biographische Belastungsfaktoren häufen, im Wesentlichen in Bereichen bis zu mittelschwerer Kriminalität.

16. Die Jugendstrafrechtspraxis ist dann durch erhebliche regionale Unterschiede (und mutmaßlich auch erhebliche interne Unterschiede) gekennzeichnet. Dies gilt auf allen Ebenen der Entscheidung (insbesondere aber an den Weichenstellungen von Diversion, Jugendarrest, Jugendstrafe und der Entscheidungen nach § 105 JGG).
17. Der große Anteil junger Immigranten an der Klientel des Jugendstrafrechts verlangt nach einer auch auf diese Gruppen abgestimmte Jugendkriminalpolitik (insbesondere in der Untersuchungshaft und im Jugendstrafvollzug).

IV. Wirkungen und Wirksamkeit des Jugendstrafrechts

1. Eine international vergleichende Betrachtung der Unterschiede in der Ausgestaltung des Jugendstrafrechts ergibt keine Hinweise auf Auswirkungen auf Struktur, Umfang oder Trends der registrierten Kinder- oder Jugendkriminalität.
2. Methodisch angemessen angelegte Evaluationsforschung im Hinblick auf jugendstrafrechtliche Interventionen liegt für Deutschland kaum vor.
3. Zu empfehlen ist deshalb eine stärkere Betonung und Förderung der (auch experimentell angelegten) Wirkungsforschung gerade im Bereich des Jugendstrafrechts. Mit einem solchen Zugang lassen sich unwirksame und erfolgversprechende Ansätze identifizieren; die Jugendkriminalpolitik lässt sich so auch auf gut begründete Kosten-Nutzen-Analysen stellen.
4. Der größere Teil der Untersuchungen zum Rückfall nach verschiedenen jugendstrafrechtlichen Sanktionen spiegelt die Auswahlkriterien der Strafzumessung wider, die dafür sorgen, dass sich Sanktionsschwere und das Ausmaß von Rückfallrisiko (und tatsächlicher Rückfälligkeit) parallel entwickeln.
5. Insbesondere die Konstanzer Untersuchungen zur spezialpräventiven Auswirkung von Sanktionierung bei Erstauffälligen zeigen aber, dass sich Zurückhaltung vor allem bei der Gruppe erstmals auffälliger Jugendlicher eher auszahlt. Denn weniger intensive Reaktionen sind in dieser Gruppe auch mit niedrigeren Rückfallquoten verbunden.
6. Dies deckt sich mit dem internationalen Forschungsstand, der annehmen lässt, dass auch jugendstrafrechtliche Sanktionen eher zur Entstehung und Stabilisierung chronischer Verläufe der Jugend- und Jungerwachsenenkriminalität beitragen.

7. Die internationale Evaluationforschung zu Wirkungen spezifischer Behandlungsprogramme zeigt, dass geringe Effekte, allerdings nur bei einer sehr genauen Anpassung von Programmen an spezifische Untergruppen von Hochrisikogruppen, erwartet werden können.
8. Die Konsequenzen, die aus den Befunden der empirischen Sanktionsforschung gezogen werden können, sind in rechtspolitischer Hinsicht eindeutig: Zurückhaltung, was die Erwartung präventiver Folgen bei Variation in Verfahren und Sanktionen betrifft. Freilich besteht bezüglich dieser Einsicht offensichtlich eine gewisse Resistenz, die dann erklärbar wird, wenn mit der Sanktionierung andere Ziele als die der Spezialprävention verfolgt werden.
9. Die Reformbedürftigkeit des Jugendgerichtsgesetzes folgt somit nicht aus Veränderungen der Jugendkriminalität, sondern eher aus der Anpassungsbedürftigkeit des Jugendgerichtsgesetzes und seiner Handhabung selbst.

V. Europäische Trends im Jugendstrafrecht

1. Insgesamt gesehen ergibt die komparative Perspektive bei drastischen Differenzen im Einzelnen doch auch bemerkenswerte Gleichförmigkeiten in den Zielen, die mit neueren Reformen verfolgt werden.
2. Jedoch scheint sich ein gewisser Trend zur Verfolgung von Spezialprävention jedenfalls dort durchzusetzen, wo der Gesetzgeber die Ziele des Jugendstrafrechts expliziert.
3. Es findet sich eine starke Variation in den Strafmündigkeitsgrenzen, jedoch lässt sich auch bei Annahme niedriger Altersgrenze ganz überwiegend nur die Anwendung von jugendwohlfahrtsrechtlichen Maßnahmen feststellen.
4. Die volle Anwendung des Erwachsenenstrafrechts setzt bei sehr unterschiedlichen Modellen einer besonderen Behandlung (Strafmilderung) der Heranwachsenden wohl mit 18 Jahren ein.
5. Die neueren Reformen des Jugendstrafrechts zeigen eine starke Betonung der Diversion sowie des Täter-Opfer-Ausgleichs und der Wiedergutmachung.
6. Die Diversion von jugendlichen Straftätern findet entweder in Form einer polizeilichen und/oder staatsanwaltlichen Diversion (Einstellung des Verfahrens [unter Auflagen]) oder in Form einer Diversion in jugendwohlfahrtsrechtliche Maßnahmen statt.
7. Die neueren Reformen zeigen auch eine Orientierung der Sanktionsbemessung an der Tatschwere bei grundsätzlicher Berück-

sichtigung der Einsicht in die Schädlichkeit von Freiheitsentzug und der Verfolgung auch präventiver Zielsetzungen (jedenfalls in kontinentalen Systemen; andere Bewertungen dominieren die Politik und Praxis in England und in den USA bei besonderer Betonung der negativen Generalprävention und der Sicherung).

8. Wegen der Einsicht in eine besondere Schädlichkeit des Freiheitsentzugs lassen sich sehr unterschiedliche Vorgehensweisen bei der Beschränkung des Einsatzes der Freiheitsstrafe und des Freiheitsentzugs bei unter 18-Jährigen und insbesondere bei unter 16-Jährigen beobachten.
9. Eine starke Orientierung jugendstrafrechtlicher Sanktionssysteme an dem Strafensystem des Erwachsenenstrafrechts lässt sich ebenfalls beobachten (wobei die Entwicklung von Alternativen zur Freiheitsstrafe partiell für Jugendliche und Erwachsene parallel verläuft).
10. „Strafrechtstreibende“ Effekte der Einbeziehung von jungen Straftätern in die Systeme der Erwachsenensanktionen lassen sich nicht feststellen.
11. Die Betrachtung des europäischen Raums lässt auch Hinweise für eine neuerliche Wiederbelebung des Systems der so genannten Statusdelikte beobachten, wie im Übrigen für die Wiederentdeckung von kontrollierenden und disziplinierenden Praktiken des Ausgangsverbots, der Sperrstunden und der Haftung von Erziehungsberechtigten.

B. Vorschläge zur Reform des Jugendstrafrechts

I. Die Grundausrichtung des Jugendstrafrechts

1. Altersgrenzen der strafrechtlichen Haftung und für die Anwendung des Erwachsenenstrafrechts

a. Die Strafmündigkeitsgrenze von 14 Jahren soll beibehalten werden. Eine Absenkung auf 12 Jahre empfiehlt sich nicht.
b. Auch die gegenwärtige Fassung des § 3 JGG, die eine individuelle Prüfung vorschreibt, soll erhalten bleiben.
c. Eine Erweiterung des Jugendhilferechts um disziplinierende oder sanktionierende Eingriffsmöglichkeiten gegenüber strafunmündi-

gen Kindern ist nicht empfehlenswert. Die gegenwärtigen Handlungsoptionen des KJHG reichen aus.

d. Die sichere Heimunterbringung von Kindern ist grundsätzlich möglich. Die Entwicklung dieser Einrichtungen und ihre Handhabung gegenüber auffälligen strafunmündigen Kindern sollen aber der Kinder- und Jugendhilfe überlassen bleiben.

e. Die Heranwachsenden (18–20-Jährige) sind vollständig in das Jugendstrafrecht einzubeziehen.

f. Eine Untergliederung der Jugendlichen in „Freiheitsstrafen-Mündige“ und „Freiheitsstrafen-Unmündige“ empfiehlt sich nicht.

2. Zielsetzungen des Jugendstrafrechts

a. Das Erziehungsziel als Begründung des Jugendstrafrechts und als Leitlinie der Bemessung von jugendstrafrechtlichen Sanktionen hat zu entfallen.

b. Erziehungsziel und Erziehungskonzeption haben die damit verfolgten Ansprüche nicht einlösen können. Vielmehr sind die Folgen eher zu Lasten junger Straffälliger ausgefallen.

c. Es empfiehlt sich deshalb eine grundsätzliche Trennung zwischen Jugendhilfe und Jugendstrafrecht.

d. Ein besonderes Jugendstrafrechts legitimiert sich in Überlegungen der besonderen sozial und normativ begründeten und abgesicherten Jugendphase, die auch besondere Verletzlichkeiten für die Entstehung und Stabilisierung sozialer Bindungen mit sich bringt, andererseits dazu führt, dass ein voller Schuldvorwurf nicht erhoben werden kann. Auch sind Normstabilisierungsbedürfnisse bei Straftaten in dieser Altersphase grundsätzlich nicht in dem Maße vorhanden wie bei Straftaten Erwachsener.

II. Neue Regelungen im Jugendgerichtsgesetz

1. Strafzumessung

a. Die Rechtsfolgenbestimmung des Jugendstrafrechts sollte grundsätzlich an die Struktur und an den Inhalt des § 46 StGB angelehnt werden.

b. Das in der Jugendstraftat zum Ausdruck kommende verschuldete Unrecht ist Grundlage für die Bestimmung der Rechtsfolgen.

c. In die Strafzumessungsvorschrift des Jugendstrafrechts sind Grundsätze aufzunehmen, die den Besonderheiten der Jugendstraftat und der Jugend und den Unterschieden zu Erwachsenen Rechnung tragen.

d. Im Falle einer Gesamtrevision auch des Systems der Strafrahmen des Erwachsenenstrafrechts wäre zu überlegen, ob nicht ein jugendspezifisches System von besonderen Strafrahmen entwickelt werden kann.

e. Im Übrigen ist aber der einheitliche Sanktionsrahmen im Jugendgerichtsgesetz beizubehalten und auch an der Einheitsstrafenbildung festzuhalten.

2. Institutionen des Jugendstrafverfahrens

a. Die gegenwärtige Formulierung des § 37 JGG als „Soll"-Vorschrift ist beizubehalten. An Stelle der erzieherischen Fähigkeiten und Kenntnisse ist auf Grundkenntnisse der Jugendsoziologie, der Entwicklungspsychologie sowie des Jugendkriminalrechts abzustellen.

b. Aus der Sicht veränderter jugendstrafrechtlicher Zielbestimmung ist die Jugendhilfe vom Jugendstrafrecht auch in den Funktionen und Teilnahmeformen der JGH bzw des Jugendamts zu trennen.

c. Die ermittlungs-, berichts- und überwachungsbezogenen Funktionsbereiche der Jugendgerichtshilfe sollen einer Untergliederung der Gerichtshilfe im Zuständigkeitsbereich der Jugendstaatsanwaltschaft oder einer besonderen Jugendbewährungshilfe übertragen werden.

d. Die Jugendhilfe behält Informations- und Beteiligungsrechte, um Angebote von Jugendhilfeleistungen und die Verfolgung des Ziels des Wohls des Kindes auch anlässlich der Durchführung von Jugendstrafverfahren gewährleisten zu können.

3. Ermittlungsverfahren, Einstellung (Diversion) und Untersuchungshaft

a. Die Regelungen zur Umsetzung der Diversion und die Praxis hierzu haben sich grundsätzlich bewährt.

b. Die Einstellungsvoraussetzungen der §§ 45, 47 JGG sind aber an der Struktur der §§ 153, 153a StPO auszurichten, auch mit dem Ziel, die noch bestehenden Unterschiede in der folgenlosen Einstellung zu beseitigen.

c. Eine Angleichung empfiehlt sich angesichts der durchschnittlich geringeren Schwere von Jugendstraftaten sowie angesichts der positiven Einschätzung der Legalbewährung nach folgenloser Einstellung.

d. Auf das Erfordernis eines Geständnisses für die Einstellung des Jugendstrafverfahrens ist zu verzichten.

e. Mit einer Neuregelung des § 43 JGG soll die (besondere) Anhörung von Anderen als den Erziehungsberechtigten zur Ausforschung des Beschuldigten oder Angeklagten entfallen.

f. Zur weiteren Förderung der Reduzierung vermeidbarer Untersuchungshaft ist auf ein ausreichendes Angebot an Alternativen für spezifische Gruppen zu drängen.

g. Zur Reduzierung vermeidbarer Untersuchungshaft ist die Vorschrift des § 68 Nr 4 JGG so zu ändern, dass die Bestellung eines Verteidigers schon vor Erlass eines Haftbefehls vorgeschrieben wird.

h. Die Nichtanrechenbarkeit von Untersuchungshaft gemäß § 52a I, 2, 3 JGG ist ersatzlos zu streichen.

4. Besondere Verfahrensarten

a. Für die Gruppe der Heranwachsenden besteht ein Bedarf für eine einfache Form der Verfahrenserledigung in Form eines Strafbefehlsverfahrens, das gewisse Risiken in sich trägt, andererseits aber vor Stigmatisierung schützt. Für diese Altersgruppe soll für einfach gelagerte Sachverhalte ein schriftliches und summarisches (Strafbefehls-)Verfahren zugelassen werden

b. Für die Einführung eines beschleunigten Verfahrens ist kein Bedarf ersichtlich.

c. Angesichts der Entwicklungen im Opferschutz und der Bedeutung, die dem Opfer heute auch im Jugendstrafverfahren zukommt, ist die Nebenklage auch im Verfahren gegen Jugendliche grundsätzlich zuzulassen.

d. Einschränkungen im Deliktskatalog (§ 395 StPO) der Nebenklage sind zu prüfen. Ggfs sind Ehrdelikte und einfache Körperverletzungen auszunehmen.

e. Hier bietet sich die Einführung einer Experimentierphase samt Evaluation an, nach deren Vorliegen dann über die bedingungslose Einführung entschieden werden könnte.

f. Was das Adhäsionsverfahren und das Privatklageverfahren betrifft, so sollten diese Verfahrensformen, die verschiedene Probleme, insbesondere in der Implementation aufweisen, zunächst in einer Reform des Strafverfahrensrechts aufgegriffen werden. Erst dann sollte über ihre Berücksichtigung im Recht des Jugendstrafverfahrens entschieden werden.

5. Hauptverhandlung

a. § 51 JGG, der den Ausschluss des Angeklagten aus erzieherischen Gründen aus der Hauptverhandlung vorsieht, ist ersatzlos zu streichen.
b. Zu streichen ist auch die Kürzung der Urteilsgründe gemäß § 54 II JGG.
c. Die Beschränkung des Eideszwangs gem § 49 JGG soll entfallen.

6. Das Sanktionensystem

a. Das Sanktionensystem des Jugendstrafrechts soll auf den Prinzipien der Einfachheit und damit auch der Gleichmäßigkeit und der gerechten sowie nachvollziehbaren Entscheidung aufbauen.
b. Die Grundorientierung an einer gleichmäßigen und proportionalen Sanktion schließt nicht einlösbare Erwartungen an individual- oder generalpräventive Effizienz aus.
c. Deshalb sind Vorschläge, Fahrverbot, Meldepflicht oder Einstiegsarrest als neue Sanktionen einzuführen, abzulehnen. Die Vorschläge versprechen Effizienz, die aber nicht eingelöst werden kann.
d. Das Sanktionensystem des Jugendstrafrechts orientiert sich an der Verhältnismäßigkeit des Strafens, der nicht freiheitsentziehenden Sanktionen in Form von beispw Aufgaben-Strafen, der Demonstration der Verantwortlichkeit für die Straftat, der Vereinfachung der Reaktionen, der gerechten und gleichmäßigen Reaktion auf eine Straftat in Gestalt einer proportionalen Sanktion.
e. Die Sanktionen berücksichtigen Lernmöglichkeiten und in besonderem Maße die Vermeidung ungewollter und schädlicher Wirkungen des Strafverfahrens und strafrechtlicher Sanktionen (einschließlich der registerrechtlichen Folgen).
f. Das Sanktionensystem soll auch Förderung von Einsicht und Konsens berücksichtigen.
g. § 12 JGG soll ersatzlos entfallen. Dies entspricht einer neuen Ausrichtung des Jugendstrafrechts und ermöglicht zudem eine Zusammenarbeit der Institutionen des Jugendstrafrechts mit der Jugendhilfe, die nicht durch die bisherigen Probleme belastet ist.
h. Die Trennung von Erziehungsmaßregen und Zuchtmitteln ist aufzuheben.

i. Die Rechtsfolgen sind in einem einheitlichen Katalog zusammenzufassen, der Abstufungen entlang der Bedeutung der Tat in Form der Tatschwere und der Tatschuld ermöglicht.
j. Sanktionen ohne Freiheitsentzug enthalten Beschränkungen in Form der Aufsicht, der Teilnahme an Lern- oder Trainingsprogrammen und/oder des Abverlangens von Leistungen.
k. Sanktionen ohne Freiheitsentzug können kombiniert werden, müssen aber immer einem proportionalen Tatausgleich entsprechen.
l. Nicht freiheitsentziehende Rechtsfolgen der Straftat sollen die Teilnahme an einem Trainingskurs, die Unterstellung unter einen Betreuer, gemeinnützige Leistungen oder die Bezahlung eines Geldbetrags (bzw einer Geldstrafe) beinhalten. Sie können darüber hinaus die Anordnung enthalten, Wiedergutmachungsleistungen zu erbringen, an einem Täter-Opfer-Ausgleich oder an Lernkursen (beispw Verkehrsunterricht) teilzunehmen sowie die Weisung bestimmte Orte oder Kontakte zu vermeiden.
m. Gemeinnützige Leistungen sind zu begrenzen auf 120 Stunden, die Geldauflage auf 2500 Euro.
n. Es empfiehlt sich, an die Einführung des Tagessatzsystems auch für das Jugendstrafrecht zu denken, bei einer Beschränkung auf 90 Tagessätze und einen Tagesatzrahmen von 2 bis 100 Euro.
o. Jugendstrafe ist grundsätzlich bei allen Jugendlichen und Heranwachsenden zuzulassen.
p. Die Obergrenze der Jugendstrafe für Jugendliche ist bei 5 Jahren zu belassen und eine Untergrenze von drei Monaten vorzusehen.
q. Die Höchstdauer der Jugendstrafe für Heranwachsende ist auf 10 Jahre anzusetzen; für sie gilt dasselbe Minimum wie für Jugendliche.
r. Die Jugendstrafe wegen schädlicher Neigungen entfällt.
s. Die derzeitigen Voraussetzungen der Strafaussetzung zur Bewährung der Jugendstrafe sind beizubehalten, jedoch sind einheitliche Voraussetzungen für die Strafaussetzung der Jugendstrafe bis zu zwei Jahren festzulegen. § 21 II JGG entfällt und in Absatz 1 wird „Jugendstrafe von nicht mehr als einem Jahr" zu „Jugendstrafe von nicht mehr als zwei Jahren" abgeändert.

6. Rechtsmittel

Eine Angleichung des Rechtsmittelsystems des Jugendstrafrechts an das Erwachsenenstrafrecht ist überlegenswert. Dies freilich nicht in der Erwartung erheblicher Veränderungen im Gebrauch von Rechtsmitteln, jedoch mit der Folge der Entlastung von Begründungen, die mit dem Wegfall des Erziehungsgrundsatzes keine Bedeutung mehr haben.

6. Vollstreckung

a. Die Mischung richterlicher und exekutiver Funktionen kann im Jugendstrafrecht entfallen. Eine Angleichung an das Erwachsenenrecht ist empfehlenswert.
b. Die bisher dem Jugendrichter obliegenden Vollstreckungsfunktionen sind an die Jugendstaatsanwaltschaft abzugeben.
c. Die Regelung des Vollzugs der Jugendstrafe und des Jugendarrests erfolgt in eigenständigen Gesetzen; die entsprechenden Vorschriften des JGG können dann entfallen.